INTERNET FINANCE

互联网金融

罗党论 ◎ 主编

北京大学出版社
PEKING UNIVERSITY PRESS

图书在版编目(CIP)数据

互联网金融/罗党论主编. —北京:北京大学出版社,2016.11
ISBN 978-7-301-27409-5

Ⅰ. ①互⋯　Ⅱ. ①罗⋯　Ⅲ. ①互联网络—应用—金融—高等学校—教材　Ⅳ. ①F830.49

中国版本图书馆 CIP 数据核字(2016)第 192290 号

书　　名	互联网金融 HULIANWANG JINRONG
著作责任者	罗党论　主编
责任编辑	周　莹
标准书号	ISBN 978-7-301-27409-5
出版发行	北京大学出版社
地　　址	北京市海淀区成府路 205 号　100871
网　　址	http://www.pup.cn
电子信箱	em@pup.cn　QQ:552063295
新浪微博	@北京大学出版社　@北京大学出版社经管图书
电　　话	邮购部 62752015　发行部 62750672　编辑部 62752926
印 刷 者	北京宏伟双华印刷有限公司
经 销 者	新华书店
	787 毫米×1092 毫米　16 开本　印张 13.25　260 千字 2016 年 11 月第 1 版　2021 年 8 月第 3 次印刷
印　　数	6001—7000 册
定　　价	30.00 元

未经许可,不得以任何方式复制或抄袭本书之部分或全部内容。
版权所有,侵权必究
举报电话:010-62752024　电子信箱:fd@pup.pku.edu.cn
图书如有印装质量问题,请与出版部联系,电话:010-62756370

《互联网金融》编委会

主　　　编：罗党论

副 主 编：宁　宇　黄　向　刘晓忠　齐　曜

编委会成员：（以姓氏拼音为序）

　　　　　　　金婷婷　陶小敏　王恒泰　吴　维
　　　　　　　杨　倩　杨锐彬　张宇凡　张玉川
　　　　　　　张　媛　张紫艺

前言 Foreword

互联网金融,已成为当下最热门的话题之一。以互联网为代表的现代信息科技,特别是移动支付、云计算、社交网络和搜索引擎等,将对人类金融模式产生深远影响。

金融最基础的功能有五个:第一是账户功能,第二是支付功能,第三是信用转借功能,第四是融资功能,第五是增值功能。此外,金融还有两个附加功能:一是借助金融手段完成管理机制上的升华(如股权融资),二是利用金融手段进行资产购买或处置实现财税调整功能(如融资租赁)。互联网金融作为金融的新兴行业形态,在上述金融的七大功能中又引入了互联网独特的优势。

互联网金融是传统金融机构与互联网企业利用互联网技术和信息通信技术实现资金融通、支付、投资和信息中介服务的新型金融业务模式。互联网与金融深度融合是大势所趋,将对金融产品、业务、组织和服务等方面产生深刻的影响。

互联网介入金融之后具有三大特点:一是金融脱媒,二是便捷支付,三是长尾经济。互联网给金融带来的最大冲击是脱媒化,信息不对称在互联网中很大程度被缩减乃至归零。以手机为代表的移动便携设备成为移动互联网时代最重要的信息流载体,便携支付实现了随时随地支付,摆脱了银行卡等设备的限制。长尾经济在互联网金融中的表现是,以往只有大额资金才有的增值机会通过众筹拆分的形式让小额资金也拥有了投资的机会。这三个特点使得每一个人都成为互联网金融的受益者,发展"互联网+金融"是有利于国计民生的大事,也是未来金融发展的趋势。

互联网金融未来的发展趋势主要表现为:(1)以用户为核心,(2)跨界融合。

以用户为核心,是互联网企业的生存之本和估值之本,互联网金融企业也概莫能外。传统金融企业的经营核心是资金运营,赚取利润是企业经营最核心的目标。然而对于互联网金融企业而言,企业所提供的互联网金融产品能吸引多大规模的用户,有多少具有黏性的用户才是企业经营的核心,用户是互联网时代企业的核心资产。举个例子，A公司是传统基金管理公司，客户要求500万元投资额起，公司基金管理规模是100亿元，客户规模大约为2 000人，公司每年靠基金管理费收入盈利约1.5亿元（管理费为1.5%）。B公司是互联网基金公司，投资额在1 000元以上即可投资公司列示的投资项目，公司基金管理规模是100亿元，客户规模约为1 000万人。如果A公司和B公司的基金由同样的管理团队操作，且资本回报率相同，那么把基金管理费和收益分成两个方面，两个公司具有同样的价值。然而，对于B公司而言，1 000万用户是其核心资产，公司借由这些用户打造的具有黏性的金融社区，收集了用户的个人信息、投资行为偏好、投资能力和社交行为数据，通过其他金融或非金融产品定向精准营销及互联网广告等社群经济方式，公司还可以获得相当可观的收入。基于此，B公司就具备了降低乃至免去管理费的竞争优势，只要保证其基金管理的核心能力，B公司的估值将远远超过A公司，因为1 000万的用户在互联网时代具有无限的可能性。

"产业+互联网+金融"的融合是未来互联网金融跨界融合的方向，用户、产业企业、互联网金融企业等多个参与主体能实现多赢。用户的核心需求，一是资金保值增值，二是获得额外的消费产品的机会。产业企业的核心需求是实现更大规模的产品销售，如果企业同时是某个项目的运营方，其另一个核心需求是获得低成本的资金。互联网金融企业的核心需求是聚集有黏性的用户，如果企业同时是某个项目的运营方，获得低成本的资金也是其核心需求。举个例子，某众筹项目希望募集2 000万元的低成本资金，使用期限为1年，通过互联网金融平台销售的产品是：2万元/份，封闭期为1年，保证本金归还（第三方监管资金），到期后用户获得3%的利息，此外获得云南某高级度假酒店旺季期间3次800元/间房的消费机会（市场价为1 200元，且旺季很难预订）。在这个产品中，用户不仅获得了投资机会，还获得了非常具有吸引力的消费机会。对于产业端的度假酒店而言，它以折扣价800元提前实现了销售收入，保证了预订率。对于互联网端的平台而言，它获得了1 000名具有投资和消费能力的用户。对于互联网端的项目方而言，其资金成本是利息和房价补差，综合大概为10.5%，比市场上绝大部分资金都便宜。在这个例子中，跨界融合实现了多方共赢。

互联网金融对促进小微企业发展和扩大就业发挥了现有金融机构难以替代的积极作用，为大众创业、万众创新打开了大门。促进互联网金融健康发展，有利于提升金融服务质量和效率、深化金融改革、促进金融创新发展、扩大金融业对内对外开放、构建多层次金融体系。作为新生事物，互联网金融既需要市场驱动，也需要政策助力。

相比我国空前增长的互联网金融关注度，国内相关问题的研究还远未跟上用户的需求。目前各家新闻媒体和社会团体关于互联网金融的信息发布都是以普及类的信息为主，相关深入研究则相对贫乏。

在阿里巴巴和天弘基金推出的"余额宝"凭借超高的活期利率收益及灵活的资金流动优势进入广大投资者眼帘，并在上线短短五个月资金规模即超过1 000亿元人民币、用户达3 000万人次后，暗潮涌动已久的互联网金融热点终于被引爆。腾讯、百度、易宝支付等大批企业迅速渗透入局，人人贷、红岭创投等P2P互联网借贷平台也风生水起，一时间，中国掀起一股互联网金融热潮。

然而，这股热潮绝不是一时兴起。近些年来，政府对于互联网金融创新总体持支持态度。尽管传统金融从业人员、互联网金融从业人员、媒体、学者对互联网金融行业争论不断，有人认为互联网金融模式将颠覆传统金融模式，还有人认为互联网金融对将传统金融业带来挑战，二者将相互促进、共同发展，不可否认的是互联网金融以其强大的自身优势及发展趋势，将对未来金融业产生不可忽视的深远影响，而互联网金融未来发展道路既充满机遇又遍布荆棘。

在互联网金融信息瞬息万变的大背景下，传统金融从业人员、互联网金融从业人员、媒体、学者甚至普通个人，都面临中立信息与即时数据的匮乏、专业知识与技能的不足。纵观已有的关于互联网金融的信息，普遍存在客观性与中立性不足、深度不足、数据缺乏、研究非持续、影响力较低等问题。而关于互联网金融中立信息、专业分析、持续研究及影响力较大的平台目前少有存在，其搭建迫在眉睫。

我们其实不是在写一本互联网金融的书，而是在编著一本互联网金融相关的书。我们在接触这个迅速发展的领域时，把市面上相关的图书都通读了一遍，发现缺少一本通用的教科书。一方面，院校教学体系滞后于实务的发展，目前开设互联网金融课程的院校较少；另一方面，课程师资力量也略显不足。毕竟更多懂互联网金融的人都活跃到实务界了，高校中能系统理解互联网金融的老师确实是可遇不可求。随着互联网金融的进一步发展，人才需求日益提高，相应地，高校的人才培养十分关键。我们希望能给某天投身这个浪潮的学生提供一些基础知识，或者是一些理念。因此，一本通用的互联网金融教材也是当前市场必需的。

在过去的一年，我组织了一个"互联网金融"兴趣小组，招募了很多有兴趣的学生，我们共同分专题进行研究，然后不定时讨论，最终形成了这本教材，在此感谢他们的付出。

罗党论　黄　向

2016年5月于康乐园

Preface 序一

我为何想做一个互联网金融众筹平台

宁宇，文橙众筹 CEO

1. 引言

金融发展的历史表明，金融体系以适应当时生产基础和组织方式为核心，沿着"缓解信息不对称""改善公司治理"和"合适风险收益比"三轴发展。在新旧工业时代的转换期，成功采用新技术、新模式的企业正位于新周期产业革命的开端，是技术、产业乃至整个经济进化的源头，只有把金融改革的重心放在往企业生命周期前移的直接融资方式上，扶持适应时代需要的新技术、新模式，才是提高中国经济增长潜力和国际竞争力的关键。

2. 互联网时代特征 & 互联网金融发展趋势

2015 年《政府工作报告》中指出：要制订"互联网＋"行动计划，推动移动互联网、云计算、大数据、物联网等与现代制造业结合，促进电子商务、工业互联网和互联网金融健康发展，引导互联网企业拓展国际市场。

李克强总理的《政府工作报告》给公众传递了一个很明确的信息——鼓励和支持互联网金融的发展。互联网金融，是一个充满想象空间的概念，也是一个谱系概念。一端是传统银行、证券、保险、交易所等金融中介和市场，另一端是瓦尔拉斯一般均衡对应的无金融中介或市场情形；介于两端之间的所有金融交易和组织形式，都属于互联网金融的范畴。这几年互联网金融的飞速发展呈现出井喷趋势，第三方支付、余额宝、P2P 等各种金融产品的出现给传统的金融行业带来了巨大的冲击。与此同时，新兴的股权筹资模式——股权众筹，也开始在中国兴起。

理解互联网金融，必须把握现代科技对社会的影响。自 20 世纪 60 年代梅棹忠夫首先提出信息社会概念、80 年代托夫勒指出第三次浪潮以来，以信息化和网络化为代表的现代科技进步，已广泛改变了人类社会的生产和生活形态。如果说工业社会，人力和自然资源是最重要的生产资源，专业化分工和大规模集中型生产是主要生产方式，那么信息则是信息社会最重要的生产资源，对信息的处理则将是信息社会的代表性生产方式。正如贝尔所说，信息不但越发介入到产品分配中，而且逐步主导着财富分配。20世纪70年代末,计算机依靠超大规模集成电路的发明,以微型化、智能化的姿态逐渐走入人们的日常工作生活。此时,一群嗅觉灵敏的金融从业者洞察到了之中所蕴含的巨大活力空间,电子数据交换(EDI)和电子资金转账(EFT)技术应运而生,构建了电子商务应用系统的雏形,交易摆脱了实物,进入了更加快捷、便利的阶段。1994年8月11日,NetMarketg公司完成了世界上第一笔网上交易,这笔交易的金额虽然只有8.69美元,但却昭示着人类电子商务的发展开启了一段新纪元。4年后,中国内地第一笔网上交易成功,拉开了国内网上交易的序幕。而时隔20年不到,互联网金融便在金融领域掀起了第三次革命。网络信息技术前两次对金融领域的变革,本质上都是技术的进步和效率的改进,计算机和网络的使用对于金融行业来说,电话的范畴始终未被突破。而这一次,互联网金融有着完全不同的逻辑起点和商业模式:互联网金融把互联网作为资源,建立起以大数据为核心资源,以大数据、云计算为基础的新金融模式,第一次把互联网作为金融活动赖以开展的资源平台而非技术平台,形成基于互联网大数据的金融信用体系和数据驱动金融服务模式,有效地规避了信息不对称的问题,极大地提高了风险定价能力,从根本上颠覆了传统金融服务的理念和业务方式,提升了金融资源配置效率和风险管理水平。互联网行业和金融领域内在的发展需求是互联网金融兴起的原动力,尤其是金融变革的深层次需求,驱动着互联网金融的快速发展。互联网服务功能的广度和深度依托金融业得到了很好的拓展,反之,互联网的发展则推动了金融业的产品和服务创新及低成本扩张,对传统金融体系形成有益的补充,满足了不断增长的多样化的金融需求。归根到底,互联网金融是互联网技术与金融功能的融合,是依托大数据和云计算,在互联网平台上形成的开放式、功能化金融业态及其服务体系,包括但不限于基于网络平台的金融组织体系、金融市场体系、金融产品体系、金融服务体系、金融消费者群体和互联网金融监管框架等。从广义上讲,金融领域应用到网络技术的业务就是互联网金融;从狭义上讲,之所以信息技术在金融领域的第三次革命才真正称得上是互联网金融,是因为它真正挑战了传统金融的内部结构,并且挑战程度越来越深,超越或替代传统金融的可能性大幅增加,这也揭示了互联网进入金融领域多年后直到最近才得到足够重视的原因。2015年1月麦肯锡发布的市场调查报告 *Four Trends Shaping China's Retail Banking Landscape* 告诉我们,随着多样化的金融产品渗透三、四线城市,及互联网银行的崛起,中国个人金融客户对银行的忠诚度将会降低,若其他银行提出更优惠的利率,仅有不到50%的客户会坚持使用原先的银行服务,而在亚洲新兴国家这一数据则高达70%。一方面,个人银行服务、投资理财及保险产品等在中国三、四线城市的渗透率在近年急剧上升,缩小了与一、二线城市的差异;另一方面,受到社交媒体的口碑传播、监管层对创新的鼓励、阿里巴巴和腾讯等新进入者三股力量的共同推动,网上银行、移动银行、互联网公司金融服务平台等基于数据的金融服务正在成为主流选择。在利率市场化的过程中,由于在银行业市场之外的市场能够提供给投资者更高的回报,譬如互联网金融产品收益率的提升,势必提高商业银行的负债成本。从资产端看,现阶段互联网金融对传统金融机构的冲击不大,更多的是促进和补充。P2P平台、众筹融资等对商业银行业务的冲击基本上处于个人、小微企业领域。这些额度小的业务是银行不愿意做的业务,现在互联网金融所服务的对象是不符合银行贷款条件的个人、个体业主,还有一些民营的小企业。但是互联网金融这个尚处于发展阶段的行业已经倒逼强大的传统金融业采取行动,可以预见的是当互联网金融真正成型之时将会给社会带来深刻的变化。

目前,互联网金融正在向去中心化发展,可以量化的各细分领域均处于高速增长的优质风口之下。从互联网其他行业的历史经验来看,处于"大风"和"台风"风口产业下的创业公司大部分都获得了高估值,进而吸引了大量人才和资本的进入,使行业本身的活性远超其他行业,而互联网金融所呈现出的行业格局也当之无愧地使之成为互联网产业第三次革命的主要方向。从金融功能来看,互联网金融减少了资源配置的市场摩擦,降低了交易、信息和参与成本,创造了价值(即提供价值增值)的服务。结合信息文明的发展趋势,可发现未来金融体系将沿两个维度发展:一是顺应科技进步的趋势,应用新兴技术手段以降低市场失灵成本;二是根据社会主体不断发展变化的金融需求,提供相应的增值服务。无论传统金融机构是否承认,作为原有金融机构的补充,互联网金融的多样性和灵活性既有效地将金融服务下沉到原本无法服务的客户中去,又开展了之前所没有涉猎的业务,极大地提高了我国金融体系的活性和服务广度,而且必将在未来助力社会形成多层级的金融服务体系,以抽象逻辑组合不同的金融业务。从纵向来看,虽然已经出现了一批具有垄断优势的综合性金融平台,但是依然存在竞争对手未覆盖的领域,互联网金融行业依然遍地黄金待掘;从横向来看,出于用户对普惠性和便捷性的需求,互联网金融行业的同质化整合将会成为降维竞争的核心,也是众多互联网金融行业新竞争者的明智之选。

3. 众筹行业的发展现状及趋势

2015年上半年我国众筹平台总数量已经达到211家,其中53家属于2015年上半年新诞生的平台,成功募集46.66亿元。众筹平台主要集中于北京、广东和上海三个地区,其中北京的平台数量处于绝对优势,占总平台数的27.5%。奖励类众筹项目数量最多,约占总项目数的55.59%,股权类众筹项目占比27.6%,公益类项目数量最少;而就平台数量而言,股权类众筹的平台数量达98家,为最多;其次是奖励类众筹和混合类众筹,最少的是公益类众筹平台,不足10家。我国众筹产业形成了以奖励类和股权类众筹为主、混合类众筹和公益类众筹为辅的局面。众筹平台分类众多,虽然模式不同,但是项目质量参差不齐是各家众筹平台都正在面临的难题。同时,即使很多股权类众筹平台都建立了诚信评分体系,但仍然无法遏制融资方的诚信问题,在股权类众筹领域,建立信任仍然任重道远。此外,股权类众筹虽大大降低了公众参与的门槛,但却没有改变投资风险,并且在国内的股权类众筹领域尚未完全建立起合适的退出机制,当缺乏专业投资经验、一心求利的普通投资人通过股权类众筹的方式参与到风险投资中时,股权类众筹平台就得肩负起教育投资者、筛选合格投资人的使命。另外,国家对于这个新兴的行业也未能出台合适的政策指导,行业管理的旧思路没有从根本上打破,与国际主流的互联网金融监管方式尚未完全吻合,相关法规尚不完善,无法解决影响我国互联网金融发展的许多根本性问题。

因此,管理层还需要在以下几个方面进行制度创新与改进:首先,需要进一步细分不同互联网金融业态的具体监管思路,在深入梳理合理的业态划分基础上,进一步落实相应监管细则,跳出监管主体分割、围绕机构对象的传统思路,真正以功能监管、业务监管为主,通过加强监管协调和配合,真正解决互联网信息技术所导致的混业型金融创新带来的潜在风险与不确定性;其次,需要着力解决不同互联网金融模式背后的根本矛盾,解决各种模式的市场乱象,在打好制度根基方面着力;最后,还需构建多层次的监管协调机制,一方面,制定和完善法律予以约束往往是最终不得不采取的手段,其成本最高、效率最低,另一方面,在各国都面临互联网金融形态不断变化的时代,"一步到位"的规则显然难以形成,更需要以自律来构建良好的发展生态环境。随着国家的大力支持和市场的热情推动,众筹行业将会进入一个更加规范的快速发展时期,风投将会加速进入,个性化平台将会不断涌现,并且投资门槛会进一步降低,让股权投资更为亲民;有担保的股权众筹将会出现,并且平台将会更加注重投后管理,致力于服务链的延长。

4. 方橙众筹的特点与发展规划

方橙众筹作为我国首家尝试"众筹+众包"模式的专业股权众筹平台,旨在通过独有的双系统结合以共同打造互联网金融新生态圈,致力于推广一站式互联网创业,"筹智、筹人、筹资",求解互联网创业的方程。方橙众筹以目前大多数众筹平台采取的领投、跟投模式为基础,在符合国家相关法规的条件下,创新地开设了"威客"模式和"荐客"模式,改善了之前众筹平台存在的入股形式单一和项目估值不公允的问题。通过环环相扣的数据联通和信用增信,保障互联网创业生态链的健康和完整;重点打造一站式支付产品"橙宝"和在线刹车机制,有效地沟通和协调投融资双方,提高融资效率,保障资金安全,解决投后管理难题。方橙众筹建立伊始就通过众筹方式囊括了一批投融资行业的实战精英、金融领域的专家学者以及互联网技术高手,有金融行业资深从业人员、创投机构合伙人、著名高校教授、注册会计师、营销专家等,对互联网金融发展不但有着深刻的研究和敏锐的触觉,更有坚定的信心和梦想。方橙众筹坚持"客户第一、服务至上"的企业精神和"真诚创造感动"的服务理念让客户得到最完善的服务;倾力打造的最有价值的资讯平台，为客户作出正确的筹资、投资决策提供最有价值的资讯；重点打造一站式支付产品"橙宝"和在线风控机制，有效地沟通和协调投融资双方，提高融资效率，保障资金安全，成为客户最坚实的后盾；独创的保荐人托管制度，对项目进行筛选，监督项目的执行，扶持创业进展，让客户接触到更多可靠的优质项目；与众多投资机构、创业服务机构建立了战略合作关系，大大拓展项目来源通道，基于各方资讯、全球创业投资与并购数据库与案例库，实时跟踪全球新兴产业投资动态与趋势，多渠道项目覆盖，联通境内外资源，为项目成长助力。

方橙众筹未来将在资源整合创新"威客计划"与股权众筹保荐新生代"荐客计划"的基础上，深入应用大数据，基于大数据形成行业准入门槛的标准。随着项目的增加和审核机制的完善，逐步建立大数据分析机制，通过后台数据的处理，逐步整合各行业项目的特点，形成对于项目的一整套评估标准。项目可直接在平台上进行资料的填写，通过数据分析可得到对于项目的评估；综合"荐客"分析，在加强项目审核效率的同时，提高项目优质率，在技术上实现快速、高效审核，项目从审核到上线的周期减短，真正实现高效服务。加强尽职调查、投资、投后管理三方面的专业化分工，使得"荐客"各尽所长，加强对项目的专业化指导，为项目未来的发展提供专业意见，同时加强对项目的信息的完整性的了解，为项目众筹过程中提供更为公正的信息，更好地保障投资者利益。

在方橙众筹网站上所发起的创业项目，都终将走向市场营销、产品制造、公司运营、产品物流等层面，逐渐会形成价值链、企业链、供需链和空间链四个维度。这四个维度在相互对接的均衡过程中形成了产业链，将促进行业的良性发展，提供更多的共享价值资源。从单链式变成链群化、从有中心变成去中心、从担保型到信贷化、从单项服务变成生态化综合服务的趋势是未来产业链金融发展的重要方向，而方橙众筹正走在最前面，以荐客和数据中心为特色，朝着一个会思考的产业链众筹平台大步迈进，在本轮互联网金融大潮中乘风破浪。

序二 Preface

强化互联网金融研究，走出"治乱"思维

刘晓忠，资深互联网金融研究者

互联网金融自2013年兴起至今，"野蛮成长"成为这一阶段的烙印。这将监管思路推上了"治乱"轨道。根据2016年4月中旬14部委联合发布的互联网金融联合整顿实施方案，地方政府要在5月前出台地方整顿方案，8—10月开始清理整顿。

当前对互联网金融的监管，主要还是采取一种"治乱"思维，而要推动互联网金融的健康发展，单靠这种"治乱"思维是不够的，促进互联网金融的健康发展，还需培育市场自律自治体系，厘清权力与市场边界，明确以何种监管立场把捏金融创新的自由边际等方面。而这需要的是正确地研究、认识互联网金融业态。

目前国内对互联网金融的研究，主要还是以现象级描述为主，对互联网金融这一前沿型领域的基础性研究不足，质量也参差不齐；尤其是很多研究者，要么脱胎于传统金融研究，用旧思路来解决新问题，存在思维定势；要么知识厚度、学科跨度等不够，虽想突破传统理论的思维定势，具备了理论破题的自觉意识，但缺乏构建理论新框架的知识储备，一只脚迈出门槛，另一只却找不到落脚的地儿。

当前国内对互联网金融研究的现状，应该是互联网金融野蛮成长的一个根源型因素。当然，这一研究现状，主要受两个因素牵制：

一是互联网金融还是舶来品，而且舶来的是在发达市场都未成熟的创新业态，而国内自身的创新能力、存量知识厚度等又不足，加之长期对发达市场的模仿，使研究和实业界在知识结构、思维方式上存在缺陷，研究停留在"知其然，不知其所以然"的节点上，对互联网金融新业态是什么和前沿发展航向，缺乏明确的理解和辨识能力，如究竟互联网金融业态是怎样兴起的，它会怎样改变不同主体间的生产关系和交易关系，而这方面国内的研究还是太过实用和机会主义了。

二是国内的金融市场深度和广度不够，金融压抑还是国内金融市场的主要问题。国内互联网金融还是在解决金融的有无问题、覆盖率的问题，而不是金融生态的变化问题。同时国内金融市场的市场化分工、信用的独立性等都尚不完善，信托责任和对契约的尊重有待加强。这使得国内互联网金融还是打着技术变革的旗

帜,做传统金融的事,互联网金融的失控就自然是无法避免的死结。

互联网金融是什么?国内普遍的定义为,互联网金融是指传统金融机构与互联网企业利用互联网技术和信息通信技术实现资金融通、支付、投资和信息中介服务的新型金融业务模式。这一看似非常基础的问题,国内给的定义其实是相当模糊甚至是肤浅的,如该定义更多是对国内所谓的互联网金融企业怎样运作的现象级描述。

其实,这是非常容易产生误解甚至曲解的,如把利用互联网技术和信息通信技术,从事金融相关的服务就认定为互联网金融公司,甚至人们将P2P等统称为网贷,等等,就是一种误解和曲解。

事实上,互联网金融是一个金融生态创新,而不是一个公司概念。严格来说,一家公司或几家公司是不能称为互联网金融公司的。互联网金融的生态,首先是基于金融市场分工的高度专业化、精细化和市场化;其次,互联网金融的运营是极大地降低信息不对称的信息不完备博弈运营模式;最后,互联网金融是不同专业机构进行的市场化众包协作,是去信用中介和去中心的新型金融服务业态。

首先,上述三点尽管难以看作是对互联网金融的定义,但对互联网金融的研究走出了单纯的现象级描述,初步开启了对其价值的揭示。我们可以将从事信用中介、投资银行等的公司,定义为银行、贷款机构和券商等金融企业,但不能将某个利用互联网技术和数字信息技术,且从事金融服务的企业,笼统地称为互联网金融公司,因为严格地说,如果一家公司可以完整地从事整个金融服务流程的话,可以肯定这样的企业从事的不是互联网金融,也不可能有效去信用中介和去中心化,跨越资金池业务、期限分拆等业务,即便想要跨越也在实际中难以实现,这样的公司在信用方面无法从其提供的服务中独立出来,最终将不可避免地走向传统金融机构的运营模式。

道理很简单,真实市场的权责是通过市场合作博弈聚焦出来的、严丝合缝的契约结构,并借此孕育出市场自律自治系统,规范各参与主体的行为。根据2016年4月中旬14部委联合发布的互联网金融联合整顿实施方案,14部委组成的"处置非法集资部级联席会议"开会讨论落实细节和当前典型案例学习,以及2015年下发的《国务院关于进一步做好防范和处置非法集资工作的意见》(国发〔2015〕59号),央行等10部委2015年发布的《关于促进互联网金融健康发展的指导意见》(银发〔2015〕221号)等,不难发现,P2P、众筹、互联网券商、互联网保险和互联网资管等,在职能和运营范围上,都不能等同于传统金融机构,对其监管沿用传统的机构监管思路,值得商榷。

从业务定位上,这些被冠以"互联网金融"称谓的公司,都无法独立提供全套式金融服务,且对各参与主体的契约权责厘定、契约结构的明晰等多是模糊的。尤其是信息中介的服务定位,使国内特色的互联网金融公司,更倾向于用高收益去诱导和麻痹投资者,淡化、弱化风险意识,而一旦出事,要在法律上厘清双方责任就不容易了。

最典型的就是挤兑,若国内特色的互联网金融公司交易的产品出现风险,投资者要求刚性兑付是无法得到法律支持的,而投资者实际又缺乏甚至基础性的风险管理能力和水平,进行风险识别、风险策略制定和应对等,法律也未规定从事信息中介的互联网金融公司的信息披露程度,信息应获取而未获取的责任厘定,以及藏匿信息如何定责等。

这使得国内的互联网金融公司面临运营上的两难困境:如果有效开展业务,需要变相的刚性兑付和信用输出允诺,以及变相的准资金池业务(备付金),而这是监管所禁止的;同时信息中介业务则又为其提供了免责金牌,出现如何运营都会触碰违规风险按钮的问题。

概言之,互联网金融是多个专业化金融服务公司,基于信息通信技术和互联网技术,通过众包合作的一种新型金融生态系统任何从事某一特定服务的公司,都只是互联网金融的重要组成部分,而非互联网金融本身,否则容易犯盲人摸象的错误,以局部的片面理解全局。

互联网金融生态的核心内涵,可以理解为通过完善的工具理性服务,帮助客户提高价值理性判断的能力和水平,以代替直接向客户输出价值理性判断的决定。互联网技术等对传统金融来说是工具理性的创新,这种工具理性是为提高自身输出的价值理性效率和能力。

互联网金融生态构建的必要前提是,金融市场的深度市场化、专业化分工,以及基于专业分工带来的金融市场深度和厚度。如P2P、众筹等信息中介服务商的目的是,利用自身的信息获取优势,及在信息契约方面构建的激励相容机制等,极大地降低信息的不对称性,使金融服务由信息不对称博弈向信息对称下的信息不完备博弈转型。而诸如金融工程服务设计商、专业独立的第三方风控提供商、专业的理财规划服务提供商等,是基于自身的专业服务,为用户提供完善的工具理性,帮助用户提高价值理性的判断能力和水平。

更确切地说,传统金融实际是一种基于产品的制造思维,即工厂制造思维,而互联网金融是一种将产品服务化的生态系统,是一种服务思维。这是两者的理念差别。互联网金融研究若不能在这些领域深耕,不能帮助国内企业识别服务思维和工厂制造思维的理念差别,互联网金融的监管和发展,要真正走出治乱思维是很难的。

举个典型例子,直至现在,国内主流研究者还认为,美国等发达国家制造业产值在GDP中占比低,是美国制造业竞争力不强、经济空心化的表现,认定美国次贷危机等就是由美国制造业空心化带来的,并据此解释奥巴马政府提出的再工业化及美国的制造业回归。

这是一种误解甚至曲解，危害也是巨大的和长期的。事实上，发达国家制造业产值占 GDP 比重低，不是因为其制造业不发达，而是其市场的高度专业化分工，使大部分经济增加值，从制造业产值转向了服务业产值；市场交易成本上升，是因为生产效率的提高使生产成本下降的幅度更大，以及交易产生的经济增加值远高于制造带来的经济增加值，而不是发达国家的工业和制造业真的不强，被中国等新兴经济体超越了。事实上，中国制造业带来的真实经济增加值是有限的，也就是人们所说的量大利薄，而国内学者给了一个好听的名字，就是人口红利，即廉价劳动力的比较优势。

这个例子说明，一国是秉承工厂制造思维还是服务思维，本质上是一个格局问题。金融作为一种服务业，但至今我们却依然用工厂制造思维来运营之，在监管上用工业思维管理和规范服务业，对市场化名义上拥抱，实际却放不开手脚，甚至排斥市场，把市场当作一种工具理性等，这些给一国带来的是观念和理念转型的问题。近年来国内经济社会转型知易行难，本质就是观念和理念没有转型，用旧思维解决新问题，结果必将是越解决、越积极，问题越多，难度越大。

总之，当前国内互联网金融的野蛮成长，各界对互联网金融的认知水平，都凸显出了国内对互联网金融的研究不足，以及研究方向的扭曲。因此，加强互联网金融的基础研究、应用研究等，是推动互联网金融走出野蛮成长和互联网金融监管走出"治乱"思维的必要前提。

目录 Contents

第一部分 了解互联网金融

◆ 第一章 互联网金融的缘起 / 3
一、互联网金融新动力 / 3
二、中外互联网金融的发展环境对比 / 12
三、中美互联网金融的发展历程 / 16
四、互联网金融的布局 / 18
五、互联网金融的相关政策 / 20

◆ 第二章 互联网金融的本质 / 24
一、互联网金融的爆发式发展 / 26
二、互联网金融的本质 / 26
三、互联网金融的特点 / 27

第二部分 互联网金融之模式篇

◆ 第三章 第三方支付 / 33
一、第三方支付概述 / 34
二、第三方支付的发展历程 / 36
三、第三方支付的运营模式 / 40
四、第三方支付存在的风险 / 44

- 第四章 **P2P 网络借贷** / 47
  - 一、P2P 网络借贷简述 / 48
  - 二、P2P 网络借贷的发展历程和现状 / 49
  - 三、P2P 网络借贷模式 / 59
  - 四、P2P 网络借贷存在的风险 / 64

- 第五章 **众筹** / 70
  - 一、众筹定义和特点 / 72
  - 二、众筹的起源、发展历程及现状 / 73
  - 三、众筹的模式 / 76
  - 四、众筹的优势及风险分析 / 82

- 第六章 **电商小额贷款** / 88
  - 一、电商小额贷款简介 / 89
  - 二、电商小额贷款的兴起原因 / 89
  - 三、电商+金融的优势 / 91
  - 四、电商小额贷款的发展历程 / 91
  - 五、电商小额贷款的模式 / 91
  - 六、电商小额贷款的优缺点 / 97
  - 七、电商小额贷款的发展趋势 / 98
  - 八、电商小额贷款的风险分析 / 98

- 第七章 **其他模式** / 101
  - 一、供应链金融 / 101
  - 二、互联网金融产品搜索门户 / 104
  - 三、互联网基金 / 106
  - 四、比特币 / 106

第三部分　互联网金融之影响篇

- 第八章 **互联网金融对传统银行业的影响** / 117
  - 一、互联网金融对商业银行业的影响 / 117
  - 二、银行应对互联网金融冲击的对策 / 121

- 第九章 **互联网金融对证券行业的影响** / 124
  - 一、证券通道业务变革、两融业务成大势 / 124

二、互联网金融的"鲶鱼"式搅局 / 128
三、证券行业的主动应对 / 134

◆ **第十章　互联网金融对保险行业的影响** / 138
一、互联网金融对保险企业经营的影响 / 140
二、互联网保险的兴起 / 144

◆ **第十一章　互联网金融对基金行业的影响** / 152
一、余额宝横空出世 / 152
二、互联网基金快速发展的原因 / 153
三、对基金行业的影响及基金业的应对 / 155
四、打破了基金原有渠道之间的竞争格局 / 156
五、互联网金融的信息优势 / 156

第四部分　互联网金融之监管篇

◆ **第十二章　互联网金融的监管** / 163
一、互联网金融监管的必要性 / 164
二、互联网金融监管的核心原则 / 165
三、互联网金融监管的国际经验 / 166
四、我国互联网金融监管探析 / 171

◆ **第十三章　互联网金融与新三板** / 174
一、新三板的出现 / 174
二、新三板中的互联网金融公司 / 176
三、主板上的互联网金融企业 / 182
四、互联网金融企业应借力新三板 / 184
五、新三板适合互联网金融公司的原因 / 185

◆ **中国互联网金融大事记** / 188

◆ **参考文献** / 190

第一部分　了解互联网金融

第一章　互联网金融的缘起
第二章　互联网金融的本质

第一章

互联网金融的缘起

2013年因互联网金融的迅猛发展而被称为"互联网金融元年"。

2013年6月13日,支付宝余额理财产品"余额宝"上线。上线一年内用户数量超1亿人次,规模超过5 700亿元人民币,成为世界第四大货币基金。随后多家互联网企业、传统银行乃至中国电信等通信运营商也纷纷推出"宝宝类"理财产品。

2014年春节期间,腾讯微信凭借"抢红包"活动使得微信支付在短短几天内绑定了上亿银行账户,成功地将大量非资金账户转型为资金账户。

2014年2月13日,京东率先推出为用户提供1.5万元人民币额度以内的消费信贷服务。用户可在数分钟内完成在线实时申请和授信,方便快捷地获得低利率贷款。

2014年2月底,民生直销银行上线,通过全线上流程和标准化产品开启全新的银行模式,上线三个月内就已吸引近50万注册用户。

此外,在这前后不到一年的时间里,P2P网络借贷平台迅猛发展,众筹融资平台开始起步,第一家专业网络保险公司获批,一些银行、券商也以互联网为依托,对业务模式进行重组改造,加速建设线上创新型平台,互联网金融的发展引起了广泛关注。

一、互联网金融新动力

作为互联网技术和思维对传统金融的一场深刻改造,互联网金融正在促进金融行业整体的改革与提升。这股热潮产生于互联网经济、金融脱媒、利率市场化的大背景之下,脱胎于中国长久以来的金融压抑,由技术的进步、客户的改变所驱动,并将在监管的包容下不断探索前行。

（一）金融压抑是革新的土壤

尽管中国的金融体系在数十年中已经取得了显著的发展，然而与其他许多国家一样，中国的金融体系仍面临一些深层次的问题，首当其冲当属**需求和供给的不匹配，居民财富水平偏低**。据波士顿咨询公司（BCG）全球财富管理数据库的统计，财富水平较低（金融资产少于10万美元）的家庭数量占中国内地家庭总数的比例高达94%，这一比例在美国仅为49%，在中国香港地区仅为42%，在日本甚至不到15%（如图1-1所示）。这说明中国市场的主体仍是普通家庭的大众型客户，他们代表了大部分金融需求。但实际情况是，这些客户往往最缺乏金融服务，他们通常达不到5万元人民币的银行理财门槛，缺乏有关股票和基金交易的专业知识和经验，只懂得简单的储蓄业务；同时又因为缺乏有效的抵质押物和完善的信用记录，难以获得银行贷款。

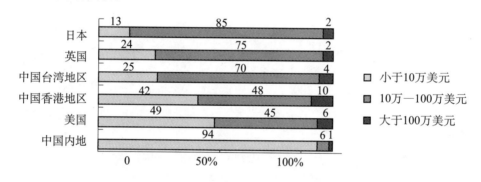

图1-1 按金融资产水平划分的家庭数量（2013）

资料来源：波士顿咨询公司（BCG）全球消费者信心调查（2013）。

缺乏小额投资渠道，大量资金用于储蓄。据2013年BCG全球消费者信心调查显示，由于缺乏投资渠道，超过30%的中国消费者会将收入的20%以上进行储蓄，而在其他许多国家往往只有不到10%的消费者会这样做（如图1-2所示）。中国客户的庞大需求未能在传统金融行业中得到充分满足，从而构成了中国的金融压抑，这种需求和供给之间的不平衡也成为互联网金融发展的原动力。事实上，余额宝等互联网金融产品的成功正是这一突出矛盾的最佳证明（支付宝发展现状如图1-3所示），中国互联网用户细分如表1-1所示。

从图1-3和表1-1可以看到，如果将中国6亿网民按照收入水平和对网络金融的接受程度进行划分，传统金融机构关注的是家庭月收入在1万元以上的8 000多万客户，而余额宝目前服务的主要对象是家庭月收入在1万元以下、对网络金融接受度较高的近2亿客户。而处在表1-1左下方的是那些家庭收入较低、目前对网络金融接受度还不高的3.6亿客户，这代表了互联网金融未来有待填补的巨大空白。

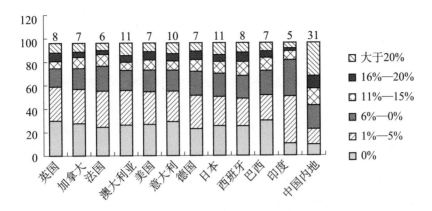

图 1-2　BCG 调查结果集（关于"您将收入的百分之几用于储蓄？"）

资料来源：波士顿咨询公司（BCG）全球消费者信心调查。

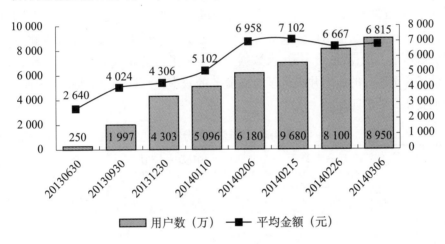

图 1-3　支付宝用户数及用户平均存入金额

表 1-1　中国互联网用户细分

客户潜力 （按家庭月收入计算）	传统金融机构目标客户			
>10 000 元人民币	4 720 万	1 380 万	2 070 万	互联网金融客户
6 000—10 000 元人民币	4 720 万	2 100 万	3 160 万	
4 000—6 000 元人民币	6 490 万	2 860 万	4 290 万	
<4 000 元人民币	1.3 亿	7 650 万	1.1 亿	
	无网银用户	非活跃网银用户	活跃网银用户	

传统金融机构在针对**中小客户金融服务上开发力度不足**。作为营利性机构，以银行为代表的传统金融机构以追求自身利益最大化为运营目的，单位业务规模

较大的客户能够帮助金融机构在实现相同收入的情况下有效摊低人力、物业和设备等运营成本和风控成本,利润贡献占比更高,这使得金融机构的各类资源必然会向大客户倾斜,由此导致针对中小客户的产品种类、服务深度不足。传统金融机构的主要业务是中高额贷款,对小额贷款涉及的较少,而小额贷款在民间的需求量是巨大的。根据阿里巴巴平台调研数据,约89%的企业客户需要融资,53.7%的客户需要无抵押贷款,融资需求在50万元以下的企业约占55.3%,200万元以下的约占87.3%(如表1-2所示)。

(二)技术进步是革新的条件

金融的本质功能是融通资金,实现供需双方的匹配。由于需求双方的信息不对称,以银行、券商为代表的一系列金融机构承担起了中介的角色,推动了资金的所有权和使用权的分离,实现风险和收益的匹配。而技术进步改变了金融的形态。从需求来看,互联网及移动互联网使得客户随时随地处于"连接"和"在线"的状态,其偏好、行为甚至情绪能够被实时发现和追踪,从而使其金融需求显性化,更容易被低成本地发现;从供给来看,大数据分析丰富了营销和风险管控的手段,云计算降低了金融服务的成本并提升了金融服务的效率,金融的需求和供给因此得到了更加高质高效的匹配。

表1-2 融资需求的分布　　　　　　　　　　　　　　　　　　　单位:元

融资需求	10万	10万—20万	21万—50万	51万—100万	101万—200万	201万—500万	501万—1 000万	1 000万以上
比例(%)	9.36	19.35	26.61	20.76	11.26	6.63	3.22	2.83
50万以下	55.31							
100万以下	76.07							
200万以下	87.33							

传统金融机构对中小客户金融服务存在明显缺失

移动互联。 移动设备、3G/4G网络的普及大大缩短了人与人之间的距离,一张无形的大网连接着每一个个体。在网络之中,人们的行为与想法都能够被实时发现和追踪。此外,移动设备的各种功能及属性为商业和金融应用打下了良好的基础,例如:高分辨率的摄像头可以扫描条形码和二维码;GPS定位功能可以与基于地理位置的服务及产品轻松相联;网络连接便于人们实时进行各种信息查询、支付和分享活动。随着智能手机的普及和移动网络的升级换代,商业服务和金融服务得以无形地嵌入人们生活的方方面面,为互联网金融、移动金融的创新和广泛应用提供了基础。

大数据。传统数据库管理工具难以驾驭的海量、瞬时、多样化的数据被称为"大数据",如我们在网络上的任何一次点击都可以被完整地记录和保存,而企业则通过对这些数据的高效分析,准确预判我们的消费行为及消费心理等极具价值的信息,并推送相应的产品或服务。

随着信息技术的发展,几乎所有数据都能得到记录和保存,由此产生的数据量是过去的数百倍甚至数万倍,全球数据总量有 90% 产生于最近两年。例如,作为中国最大的小商品市场,义乌小商品批发市场共有 7.5 万卖家;相比之下,中国各类线上卖家总计已超过 1 000 万,而且这些卖家所有的交易活动都被完整地记录下来。更重要的是,这些数据正在产生卓越的商业价值。亚马逊早在 2009 年就推出大规模数据集并行计算的技术——MapReduce,并实现了云计算与大数据的结合,成为其打造庞大帝国的重要力量;Visa 把发现信用卡欺诈的时间从 1 个月缩短到了 13 分钟,极大地减少了信用卡欺诈带来的损失;澳洲联邦银行运用大数据分析来提供个性化的交叉销售,从而成功将交叉销售率从 9% 提高到 60%。丰富的数据资源可以成为金融行业企业的核心竞争力之一。通过数据的积累和分析可以有效降低金融产品的不确定性,从而简化金融产品,推动金融的去中介化,使过去难以获得服务的金融客户也能够以低成本的方式得到覆盖。例如,P2P 公司对用户个人信息的分析已远超出人行征信的范畴,通过涵盖社交网络痕迹、手机通信记录等全方位的信息,以降低借贷过程中的不确定性。从长远来看,以大数据分析为基础的信用体系不仅能够运用于金融领域,还能广泛应用于所有需要解决陌生人之间诚信问题的场景。数据的战略地位堪比工业时代的石油,对数据的分析和应用能力也将成为最有价值的竞争优势。

云计算与搜索引擎。云计算是一种通过互联网以服务的方式提供动态可伸缩的虚拟化资源的计算模式。从理论上说,所有的计算机应用与服务都可以通过互联网和云计算远程实现。作为一种基于互联网的计算方式,云计算有效保障了移动金融服务所需要的存储和计算能力,保障了资金供需双方的信息通过社交网络得以揭示和传播,被搜索引擎组织和标准化,最终形成时间连续、动态变化的信息序列,由此可以以极低的成本给出任何资金需求者(机构)的风险定价或动态违约概率,有效降低了运营成本。

对客户而言,云计算是移动互联与多屏互动的基础。云技术通过对信息的远程存储和处理,降低了对终端的要求,使得基于轻终端(手机、平板电脑)的移动互联成为可能。同时,云平台作为跨终端的存储和处理"后台",使得同样的内容和应用可以在不同终端之间流畅切换、无缝连接,由此实现多屏互动。例如,作为面向个人用户的云服务,"百度云"免费为用户提供网盘存储、个人主页、通讯录、相册、文章、记事本、短信、手机找回等多种应用。2012 年 10 月,"百度云"推出仅两个月,其个人用户数量就已突破 1 000 万。在 2013 年 9 月"百度云"上线一年之际,其用户数量已超过 1 亿。对金融机构来说,云计算有助于显著降低运营成本和创新成本。云计算本身是虚拟的主机资源,与传统的 IT 系统相比具有较强的延展性和灵活性,即"需要多少、使用多少",无需巨额的初始投入,并且能够从容应对互联网突发"高峰"事件,因此能够大幅降低中小金融机构和企业的系统投资及运营成本。更重要的是,云计算为金融机构提供了低成本创新和"试错"的基础。例如,2013 年 6 月,余额宝上线后短时间内交易量暴增,一期使用的传统系统遭遇挑战,因此改由"阿里云"支持余额宝。这是首次以云计算支撑国内最大的基金直销和清算系统,而在将近一年的实践中,其处理能力和稳定性得到了验证:改用"阿里云"后,余额宝每日清算时间从 8 小时缩短至 30 分钟。2013 年 11 月 11 日,余额宝参加"双十一"大促,完成了 1 679 万笔赎回和 1 288 万笔申购的清算工作,成功为 639 万用户正确分配收益,且完成所有清算工作只花费了 46 分钟。更重要的是,具备强大处理能力和扩容灵活性的"阿里云",其成本不到一期系统投入的 1/10。

云计算和搜索引擎的发展更使得对大数据的高效分析成为可能。各互联网金融机构,特别是由互联网平台企业转型而成的金融机构,凭借由平台获取的海量数据,借助云计算进行解读分析,通过搜索引擎等方式最终将结果呈现于数据需求者面前。例如,以阿里"小贷"、ZestFinance、Kreditech 为代表的网络借贷模式,正是基于大数据方法对信贷申请人进行全面评估的。这不仅在一定程度上能够解决中小企业融资难的问题,而且能够为资金方提供庞大的数据支撑和信用基础,从而有效控制信用风险和操作风险。根据中国互联网金融行业协会转载的数据,阿里"小贷"的不良贷款率为 0.87%,低于中国银行业的 0.96%。根据 2012 年 12 月中国金融新闻网转载的有关报道披露,供应商利用京东供应链金融平台获得融资的资金成本为每日 0.019%,相当于 7% 的年化利率,远低于同类银行贷款产品的年利率。

互联网技术的进步,尤其是大数据、云计算、搜索引擎等技术出现以后,市场信息不对称程度减弱,个人和企业的日常行为可以被充分地记录、查找和分析。以此为基础构建的风险定价模型,使得信息处理成本和交易成本大幅度降低。随着资源配置的有效性进一步提升,在供需信息充分、透明以及交易成本极低的情况下,中介的职能将会被削弱,资金的供求双方可以进行面对面交易,双方或多方交易可同时进行;供求双方的机会公开、均等,市场的公平性和有效性较之传统金融行业大幅度提高,达到接近完全竞争的理想状态。

(三) 客户改变是革新的动力

互联网、移动互联网的普及以及数字化新时代的兴起已经深刻改变了客户的金融意识和行为。

互联网改变了用户的消费习惯。在环境优化和终端技术进步的推动下,互联网的渗透率不断提升。截至 2015 年年底,中国互联网用户的规模为 6.68 亿,渗透率超过48.8%(如图1-4所示)。互联网已经成为用户生活的一部分,手机定位(LBS)、移动支付、二维码等技术的应用,更让用户可以随时随地完成消费行为,极大的便利性使越来越多的用户开始将消费场所由线下转移至线上。

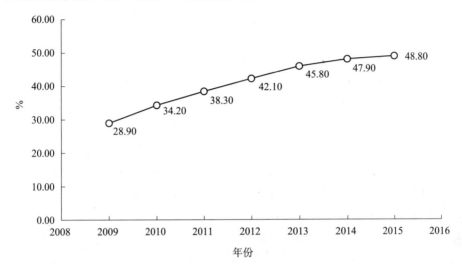

图1-4 中国互联网普及率

自主获取信息并做出决策。BCG于2014年针对中国银行业消费者开展的一项调研显示,尽管仍有超过50%的消费者将金融机构官网作为获取信息的重要渠道,但选择社交网络、博客(blog)、手机应用等作为信息来源的客户也已经占到10%—15%,并且这一比例正在快速增长。过去,消费者习惯于被动地得到信息推送,他们愿意相信官方和权威专家,并且满足于被告知可获得的金融服务。如今,传统金融机构在信息与产品上的"权威性"以及"特许供应"的地位已经相对弱化,消费者已日益习惯于主动获取信息,他们更愿意相信自己的判断或朋友的推荐,并且希望决定和主导自己获得的金融服务及投资决策。

美国一家名为Motif Investment的公司很好地抓住了客户的这种变化,使普通的投资者有机会变身为基金经理。Motif Investment公司由前微软高管于2012年创立,其推出的Motif产品其实就是"投资组合"的概念,通常为某一主题下的股票组合,如"3D打印主题""医疗科技主题""网络游戏主题"等。客户可以直接购买并持仓一个已有的Motif,也可以自己新建一个Motif并将它推荐给自己的好友,从而扮演类似基金经理的角色。该网站不像传统基金公司一样收取管理费,而是针对每只Motif收取不足10美元的交易费,以低佣金吸引更多的客户。当客户自创的Motif取得较好业绩并吸引了一定数量的投资者后,网站还会与客户进行交易费分成。截至2015年12月,这家网站已获得摩根大通、高盛等战略投资者超过5 000万美元的投资。

自主选择接受服务的时间。过去,传统金融机构单向规定了金融服务的提供时间,绝大部分金融交易只能在银行等金融机构 9:00—17:00 的工作时间完成。但互联网渠道打破了实体网点对金融服务的垄断,将金融服务的时间延长至 24 小时,客户能够主导和决定他们希望进行交易的时间段。以余额宝为例,超过 50% 的互联网基金交易发生在金融机构工作时间以外,甚至有将近 20% 的交易发生在 0:00—5:00,这正是客户金融自主的最好体现。

自主选择接受服务的渠道。根据 BCG 的测算,到 2020 年,互联网和移动渠道总共将为银行贡献近 40% 的销售交易以及 66% 的售后服务和转账交易,远高于 2012 年两者总计的贡献水平(分别为 20% 和 50%)。由此,互联网和移动渠道的重要性将不容忽视。客户行为的上述改变必将倒逼整个金融行业发生改变,包括金融服务的生活化、金融服务覆盖客群的下沉以及金融服务地域的拓展等。

(1) 金融服务的生活化。它指金融服务和产品深度嵌入人们日常生活的方方面面,在客户既有的消费体验中无缝提供金融服务,如:使用手机应用打车并通过手机支付、查看电影排期并直接购买电影票、购买大型耐用消费品并直接分期支付等。引用 Brett King 的《银行 3.0:移动互联时代的银行转型之道》一书的观点来说,就是"银行不再是你前往的一个地方,而是你使用的一种服务"。

(2) 金融服务覆盖客群的下沉。传统商业银行最关注的客户群包括:家庭金融资产在 600 万—800 万元的私人银行客户、家庭金融资产在 50 万元以上的财富管理客户(或称贵宾客户),以及至少达到 5 万元银行理财门槛的理财客户。传统的银行网点和客户经理体系均是围绕这些客户展开。但互联网金融的出现使得金融服务所覆盖的客户群真正下沉到那些广泛存在却长期受到忽视的普通大众家庭。比如中国民生银行于 2014 年 2 月上线的直销银行,其客户的户均管理资产额不到 3 万元,而余额宝这样推崇真正的"草根"经济的产品,其户均余额更是只有约 5 000 元。

(3) 金融服务地域的拓展。一般来说,传统基金公司在渠道拓展方面通常只关注北上广深以及部分东部沿海发达省份,基金理财在三、四线城市及农村地区几乎还是一片空白。而新兴的网络货币基金产品则完全打破了传统的地域布局限制。余额宝统计数据显示,截至 2015 年年底,从省级行政区域分布来看,广东的"宝粉"最多,占全国余额宝用户的 13.2%;江苏位列第二,占全国余额宝用户的 7.9%;浙江排名第三。排名前十位的城市分别是:北京、上海、广州、深圳、成都、杭州、重庆、苏州、武汉和东莞。更多的余额宝用户增长则来自经济相对落后的地区。其中,四、五线城市的余额宝用户规模增长速度最快,分别达到 48.1% 和 45.5%。农村地区的用户规模同比 2014 年激增 65%,数量占到总用户的 15.1%,相当于每 7 个余额宝用户中就有一个来自农村。

(四) 监管包容是革新的环境

监管上的包容为中国互联网金融的发展提供了相对宽松的环境。尽管中国相关法律法规建设相对滞后,但 2003 年以来也有不少有利于互联网金融发展的政策相继出台。

1. 相对滞后的法律环境

当前,互联网金融诸多业务在法律法规方面还存在大量的空白。法律定位、监管主体、准入机制、业务运转流程监控、个人及企业的隐私保护措施,以及沉淀资金及其孳息的监管处理方式等还不明确。部分实行债权转让模式的 P2P 网络借贷平台以及实行股权制的众筹平台游走在法律的灰色地带,有些甚至已经触碰了非法吸收存款、非法集资的法律底线。

互联网金融是金融领域的新生事物,势必会在诸多方面对传统金融模式进行突破,而在突破时,难免步子迈大走入法律的禁区。但如果极其严格地在法律框架内进行创新,创新力度十分有限,此时,部分法律法规存在的滞后性和僵硬性便凸显出来。如《中华人民共和国证券法》关于"禁止公开发行证券"的认定标准过于苛刻,应适当放宽;在适度监管、风险可控的前提下应为众筹平台、P2P 网络借贷等互联网金融模式提供有利于其健康、快速发展的法律环境。

2. 相对宽松的政策环境

2013 年以来,不少有利于互联网金融发展的政策相继出台。如 2013 年 6 月 19 日,国务院发布措施推动民营资本进入金融业,鼓励金融创新;2013 年 7 月 5 日,金融"国十条"出台,再次强调要扩大民间资本进入金融业,明确了民间资本进入金融业的改革政策;2013 年 7 月 19 日,央行进一步推动利率市场化改革,取消金融机构贷款利率 0.7 倍的下限,由金融机构根据商业原则自主确定贷款利率水平,等等。2014 年 3 月,国务院总理李克强在政府工作报告中提出,要促进互联网金融健康发展,完善金融监管协调机制,密切监测跨境资本流动,坚守不发生系统性和区域性金融风险的底线。这表明互联网金融已进入决策层视野,互联网金融创新在政府层面正式获得认可。2015 年 11 月 3 日,《中共中央关于制定国民经济和社会发展第十三个五年规划的建议》正式发布。在《建议》的第三节中提到,"坚持创新发展,着力提高发展质量和效益",具体的"构建发展新体制"中的表述为"规范发展互联网金融"。

此外,监管高层同样对互联网金融体现出支持和规范并重的态度。例如,央行行长周小川曾重申在金融领域"鼓励科技的应用",对于余额宝等金融产品肯定不会取缔,未来有些政策会更完善一些。央行副行长潘功胜也指出,互联网金融的发展在满足微小企业融资、增加百姓投资渠道、提高社会金融服务水平、降低金融交易成本、推进利率市场化等方面都发挥了积极作用。2014 年 5 月推出的央行《中国金融稳定报告》也明确提出互联网金融监管的五大原则。可以说,决策层和监管层对互联网金融创新的包容态度是基本明确的。除此之外,互联网金融的监管架构也已初步成型。参考海外互联网金融监管的实践和电子商务监管的经验,互联网金融监管很有可能在未来几年形成**官方监管、行业自律、市场自治**的三层架构。

官方监管主要指以一行三会为主的监管主体。根据目前的初步分工,央行主要负责对支付相关业务(如第三方支付)的监管;银监会主要负责对P2P网络借贷的监管,同时在一定程度上加强与各地方政府合作;证监会则主要负责对众筹平台,尤其是股权众筹的监管。

行业自律主要指由行业参与者自发组织成立的协会或机构,其目的包括:明确行业发展目标、制定行业规范、促进行业公平竞争等。从国际来看,2011年8月成立的英国P2P金融协会就是典型代表。目前国内也已经成立类似的机构,如中国互联网金融协会和互联网金融专业委员会。

市场自治主要指建立在客户评价和口碑基础之上的公共评价体系。该体系能够影响客户决策并规范商家行为,类似于目前电商的评价体系。市场自治由交易平台设定交易规则、评价规则、纠纷处理规则等基础机制,客户和商家在此基础上针对产品、服务和交易过程给予评价,从而提升交易过程中信息的透明度和交易的公正性。目前互联网金融领域的市场自治还有待形成。

尽管监管的态度和决心已经明确,但针对具体业务的监管细则仍有待落地。可以说,互联网金融的创新也是对政府监管智慧的一次考验。

二、中外互联网金融的发展环境对比

(一)互联网金融兴起的国际背景

互联网诞生至今已经影响了许多行业,首当其冲的是**物流性质较弱的行业**。过去10年来,通信、出版、唱片、商品零售等多个领域均在互联网的影响下,发生了颠覆性的改变,这一点从传统书信在E-mail兴起后的迅速式微可窥一斑。金融具有天然的数字属性(金融产品可以看作数据的组合,金融活动也可以看作数据的移动),因此,作为一种本质上与互联网具有相同数字基因的行业,金融没有可能,也不应该成为不受互联网影响的"圣域"。

此外,走向数字化是未来社会的整体趋势。目前,全社会信息中约有70%已经被数字化。未来,各类传感器会更加普及并在大范围内得到应用,购物、阅读等活动均会从线下转到线上,互联网上会产生很多复杂的沟通和分工协作方式。在这种情况下,全社会信息中将有90%可能会被数字化。这就为大数据在金融中的应用创造了条件。如果个人、企业的大部分信息都存放在互联网上,那么基于网上信息就能准确评估这些人或企业的信用资质和盈利前景。部分实体企业已积累了大量可用于金融活动的数据和风险控制工具。

最后,共享经济(sharing economy)也正在全球范围内悄然兴起。这些经济既为互联网金融提供了应用场景,也为互联网金融打下了数据基础和客户基础,体现了实体经济与金融在互联网上的融合。

(二) 中美互联网金融的发展对比

互联网金融并不是突如其来的创新,自它在美国出现至今已经有些年头。之所以现在在国内如此受热捧,是因为现阶段国内具备的各种成熟条件触发其井喷。我们把视线投向大洋彼岸,看看美国互联网金融的发展现状。美国互联网金融比之中国出现得早,直到现在也没成什么大气候,是什么原因让大洋两边冰火两重天呢?

1. 宏观环境对比

(1) 经济结构差异明显。美国经济的四大支柱产业(军事、科技、金融、教育)均衡发展,四足鼎立。政府大体上放手让市场去调节资源,在市场动态调整下,四大行业形成"你中有我,我中有你"的局面。对比 BAT(百度、阿里巴巴、腾讯),GAF(Google、Amazon、Facebook)没有一家涉足金融领域。而国内行业发展却极其不平衡,这与政府的行政管制过多不无关系。近几年,中国的科技特别是互联网得到迅猛发展,某些领域如移动互联网甚至赶超美国。高速发展让市场已经走向成熟,互联网公司内部竞争激烈,渴求新的利润增长点。反观国内的金融业,在政府长期政策保护下改革步伐缓慢,国企性质的银行成为既得利益集团,既没有动力也没有压力进行自我优化。国内金融业不仅没有借机发展壮大,反而更加依靠政策垄断,由此导致资源配置不当、服务种类匮乏、服务品质不高、对投资服务普遍收费过高,成为"日进斗金"的敛财机器,雄踞暴利行业榜首。这种不合理的资源配置局面引发了互联网金融全面井喷式的爆发。

(2) 利率水平差别巨大。作为老牌资本主义国家,美国发展已进入稳定阶段,GDP 徘徊于 2%—3%。美国利率市场化已经完成了接近三十年,市场利率被压到极其低的水平:1 年国债不到 0.6%。与此相反,中国经济处于蓬勃发展阶段,GDP 增速稳定在 7%。利率由国家制定,1 年 SHIBOR(上海银行间同业拆借利率)到了 3.05%。只有足够高的利率水平,碎片理财才有存在的基础,而以目前美国的货币市场基金接近于零利率的情况来看,存不存在货币市场基金对其国内普通投资者几无差别。

2. 市场需求对比

主要表现在金融市场完备程度与投资渠道多样性存在差异。美国成熟的金融市场为各种投资需求提供了全方位的产品。金融机构之间竞争激烈,留给互联网金融的需求空间已经非常有限。以个人贷款为例,在美国,由于有完备的个人信用体系,只要信用合格,信用卡公司会主动联系信用好的人多贷款,因而实现信用卡贷款是一件十分简单的事。而反观中国,老百姓有大量的闲置资金,却缺乏足够的投资选择。可供选择的只有几家国家大型银行金融机构,有时存款利率比通货膨胀率还低,投资产品的品种也非常有限。在金融业作为高度垄断行业的背景下,老百姓不得不接受"高收费,低服务"的双重压榨,并迫切希望打破银行金融机构的垄断,实现投资的方便快捷、低成本和高回报。而互联网金融正是这种需求下的必然产物。

3. 互联网成熟度对比

（1）互联网用户。十几年前，美国还是互联网用户最多的国家，但现在这个位置已经被中国取代。中美两国的互联网用户占到了全世界用户的30%以上。中美两国互联网用户数量如图1-5所示。

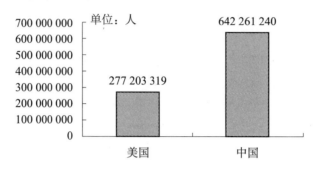

图1-5　中美互联网用户数量对比

资料来源：Internet World Stats。

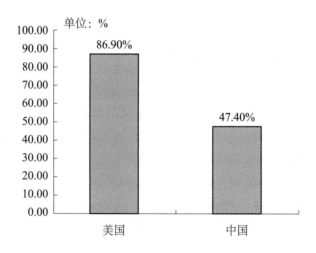

图1-6　中美互联网普及率对比

资料来源：Internet World Stats。

（2）互联网普及率。在真正意义的互联网普及率，即接入互联网的人口份额上，美国是遥遥领先于中国的（如图1-6所示）。但中国还有非常大的发展空间。你可以试想一下，如果中国有同美国一样的互联网普及率，那么将会有超过10亿的互联网用户。

（3）互联网发展。如果比较纯粹的增长，中国过去十年一直是居高不下的，其互联网用户数量从2000年到2014年不可思议地增长了2 754.49%。同一个时间段内，美国的互联网用户数量增长了一倍左右，自然无法企及中国的增长水平（如

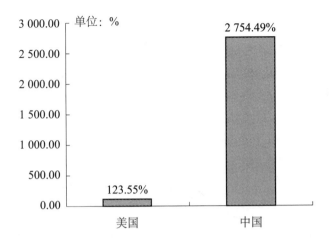

图 1-7　中美互联网增长对比（2000—2014）

资料来源：Internet World Stats。

图 1-7 所示）。在这种情况下，及时地回顾是非常有意义的。在 2000 年美国就已经有 1 亿互联网用户，截至 2014 年年底这个数据为 2.77 亿。而中国在相同的时间段内从 2 200 万增长到 6.42 亿。

（4）网络主机。在拥有连接到互联网的服务器数量方面，美国是领先于中国的。这并不奇怪，美国在网络主机方面一开始就处于领先位置并保持到现在。即使不在美国的个人和公司也都将他们网站的主机放在了美国。从美国中央情报局世界概况中的数据表明，在美国的主机数量是中国的 2.8 倍之多如图 1-8 所示。尽管我们不确定这个数据是如何搜集到的，但是中国对互联网的严格控制对此影响很大。尽管美国主机的数量庞大，代管中心网路基础架构也很发达，但是这个数据并不完全可信。从以上的数据可以得出以下几个结论：中国互联网用户基础越来越大；美国互联网基础设施遥遥领先于中国，至少对终端用户而言；中国在互联网发展上具有很大的潜力，尽管已经是互联网大国。

4. 监管制度与文化背景对比

（1）监管制度。美国遵循个人财产和隐私神圣不可侵犯。只要涉及这两方面的业务，都有多重法律法规和监管部门来保护投资者，这样使得互联网涉猎金融领域门槛高，投入大，成本较高。国内由于历史原因，对投资的保护力度相对较弱，有关隐私的保护就更少了。而互联网金融领域的法律法规也几乎是一片空白，这样一方面有助于企业迅速做大，新产品层出不穷，另一方面也让良莠不齐的企业能轻而易举地进入，造成盲目竞争，甚至发生金融欺诈。

（2）个人习惯。美国的社保、养老、医疗及教育体制相对完善，没有后顾之忧的美国人普遍没有储蓄和投资的习惯，资本市场的投资也大都以机构操作为主。因此，作为互联网金融服务主要对象的个人并不是美国资本市场上的主角；在中

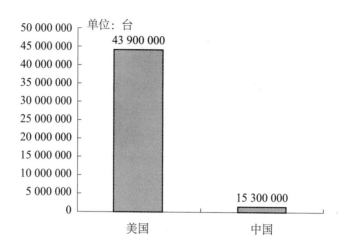

图1-8 中美网络主机对比

资料来源:Internet World Stats。

国,由于社会保障体系还不够完善,居民普遍通过储蓄来防范风险。庞大的可投资个人资产的存在,给个人理财市场留下了非常广阔的发展空间。此外,美国人对智能手机的接受度要低于中国民众,零售市场的发达也让他们更倾向于在线下购物。

三、中美互联网金融的发展历程

美国互联网在20世纪90年代得到高速发展,同时渗透到了各个领域,当然也进入了金融领域,在这个阶段涌现出了大量互联网金融企业。美国的互联网行业和金融行业的企业发展较早,到今天已经非常成熟,因此我们以美国互联网金融的发展历程来映射全球互联网金融的发展和其未来的方向(如图1-9所示)。

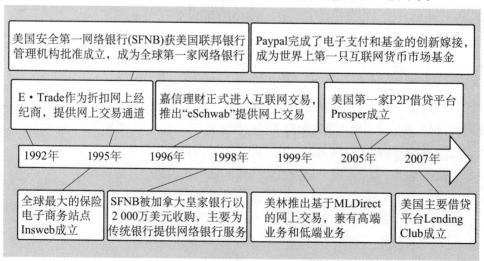

图1-9 美国互联网金融的发展历程

网络券商。E·Trade 于 1992 年创立后不久，就赶上了美国第二波佣金降价潮，并成为美国佣金价格战的先驱。随着 E·trade 的兴起，网络券商行业经历了快速的整合和发展，包括嘉信理财和 TD Waterhouse 都开始进入网络券商领域。

网络银行。1995 年美国安全第一网络银行（SFNB）成立，宣布了全球第一家网络银行诞生。SFNB 在 1995—1998 年，充分发挥网络银行的方便性和安全性，几个月内募集 6 000 多万美元的存款。但后来由于经营上存在问题，公司一直未获盈利。在 1998 年被加拿大皇家银行以 2 000 万美元收购了其除技术部门以外的所有部分。在被收购后，SFNB 主要为传统银行提供网络银行服务。SFNB 在经营中处处以客户为中心，提供一系列优惠、方便的服务，其业务涵盖电子账单支付、利息支票业务、基本储蓄业务、自动取款、大额可转让定期存单、信用卡、回报性项目等。

网络保险。INSWEB 公司于 1995 年 2 月成立，随后很多保险公司都开始设立自己的网站。网络保险交易主要有两种模式：第一，通过代理，与保险公司开展业务合作，从而实现网上保险交易并且获得规模经济效益；第二，进行网上直销。

网络基金销售。PayPal 成立于 1998 年 12 月，1999 年 PayPal 完成了电子支付和基金的创新嫁接，成为世界上第一只互联网货币市场基金。PayPal 于 2007 年达到峰值，规模接近 10 亿美元。而随着 2008 年金融危机爆发，基于宏观金融环境的变化，PayPal 货币市场基金的收益也直线下跌。数据显示，2011 年，PayPal 货币市场基金的收益仅为 0.05%，相对于 2008 年贬损达 98%。PayPal 最终对货币市场基金选择了抛弃。

网络借贷。截至 2013 年 4 月 2 日，美国两家主要的 P2P 借贷平台——Prosper 和 Lending Club，各自促成了 4.47 亿美元和 15.21 亿美元的贷款。从成立背景来看，Prosper 是在 2005 年成立的，Lending Club 则成立于 2007 年，这两家公司成立之初正好碰上了 Web 2.0 的兴起和 2008 年金融危机的爆发，前者提供了 P2P 借贷产生的可能性，后者则是 P2P 借贷成长的助推器。如果在接下来的五年内 P2P 借贷还能保持现有的增长速度，从 2013 年到 2017 年，Prosper 和 Lending Club 预计可以总共发放 1 430 亿美元的贷款。

相比美国在互联网金融发展上的迅速发展、日趋成熟，我国的互联网金融时代始于 1994 年，互联网金融润物细无声般渗入了我们的生活，如招商银行的网上银行、易保在线的网络投保等；2004 年，支付宝出现；2013 年被称为中国互联网金融的元年，它是互联网金融理念传播最快的一年，也是互联网金融爆发式发展的一年。表 1-3 大致概括了我国互联网金融发展的三个阶段。

表 1-3　我国互联网金融发展的三个阶段

时间	第一阶段 2005 年以前	第二阶段 2005—2011 年	第三阶段 2012 年至今
内容	互联网为金融机构提供技术支持，帮助银行"把业务搬到网上"	网络借贷开始在我国萌芽，第三方支付公司逐渐成长起来，互联网与金融的结合开始从技术领域深入到金融业务领域	P2P 网络借贷平台快速发展，以"天使汇"等为代表的众筹融资平台开始兴起，第一家专业网络保险公司获批，一些银行、券商也以互联网为依托，对业务模式进行重组改造，加速建设线上创新平台。同时，政府部门也开始关注互联网金融的规范发展问题
标志事件	还没有出现真正意义的互联网金融业态上	2011 年央行开始发放第三方支付牌照，第三方支付公司进入了规范发展的轨道	2013 年被称为互联网金融元年，是互联网金融得到迅猛发展的一年

四、互联网金融的布局

按照互联网金融的构造，互联网金融总共有四大制高点：基础设施、平台、渠道、场景。其中，基础设施是最有可能产生颠覆性创新的领域；平台是互联网行业平台模式在金融领域的延续和创新；渠道则是互联网时代对金融机构传统核心资产的重新审视，也是互联网企业线上线下整合的重要阵地；场景是金融"生活化"以及"以客户为中心"的核心体现。

基础设施主要指支付体系、征信体系和基础资产撮合平台。平台是指连续两个或多个特定群体，为其提供行为规则、互动机制和互动场所（常常是虚拟场所），并从中获取盈利的一种商业模式。渠道的核心议题是多渠道整合，即客户能够自由选择在何时通过何种渠道获得何类金融产品和服务，其背后是机构的不同渠道在产品、服务、流程和技术上的无缝对接。场景意味着金融不是独立存在于人们的生活中，而是嵌入在众多的生活场景中，让人感受不到金融的存在，可它实际上又无处不在。

针对这四大制高点，传统金融机构、互联网公司、互联网金融新兴业态、运营商、基础设施提供商等各类机构已纷纷开始布局。表 1-4 基本概括了各类机构的布局情况。

表 1-4 互联网金融五类主要机构在四大制高点上的布局情况

四大制高点			基础设施	平台	渠道	场景
五类主要机构	银行金融机构	银行	依靠传统基础设施,如人行清算结算系统、人行征信体系、证券交易所等	理财平台	实体渠道为主,逐步向多渠道整合发展	电商,如善融商务
		证券等				
		保险	如平安基础资产交易	平安"万里通"积分平台、P2P平台		"平安好车""万里通"等
	互联网公司	阿里巴巴	电商征信体系、支付宝支付清算体系	电商平台为主,理财平台、社交平台为辅	互联网、移动互联网渠道为主	电商、交通、娱乐等
		腾讯	无	社交平台为主,理财平台、电商平台为辅		社交、游戏、交通、美食、娱乐等
		百度	无	信息平台为主,理财平台为辅		搜索、地图等
		京东	电商及物流的基础设施,数据基础	京东商城、O2O	智能物流	京东众筹、消费金融、供应链金融
	互联网金融新兴业态	P2P	无	投融资撮合平台	联网、移动互联网渠道为主	无
		众筹	云筹有自己的支付体系	投融资撮合平台		无
		搜索	无	信息搜索平台,第三方评价平台		无
	运营商	通信运营商	无	无	实体网点为主	无
		手机厂商	无	内容平台,应用平台	无	无
	基础设施提供商	银联	第三方支付清算体系	无	无	无
		征信	民间征信体系	无	无	信贷、征信等
		评级	大公国际等评级机构,评级联盟	无	无	无

五、互联网金融的相关政策

在互联网金融蓬勃发展的同时,央行、地方政府又在其中扮演着什么样的角色?总体来看,央行对于互联网金融的发展是肯定的,称其为"传统金融的有效补充"。地方政府也从其中看到了新的经济增长点,将地方政策倾向于互联网金融,作为吸引投资的筹码。

(一)央行方面的政策支持

目前,央行已出台有关互联网金融的法律法规包括:《支付机构网络支付业务管理办法》(征求意见稿)、《关于防范比特币风险的通知》《关于暂停支付宝[微博]公司线下条码(二维码)支付业务意见的函》《关于加强商业银行与第三方支付公司合作业务管理的通知》《支付机构网络支付业务管理办法》以及《手机支付业务发展指导意见》草案。

此外,央行还在制定《促进互联网金融健康发展的指导意见》,将按照"适度监管、分类监管、协同监管、创新监管"的原则,建立和完善互联网金融的监管框架。

一是在监管规则和监管框架的设计上,坚持开放、包容的理念。冷静观察互联网金融的新兴业态,要在明确底线的基础上,为行业发展预留一定的空间。要在对互联网金融主要业态的业务模式进行充分研究的基础上,准确把握法律关系和风险实质,分类进行强度不等的监管。

二是坚持监管规则的公平性,加强监管协同,防止监管套利。不论金融机构还是互联网企业,只要开展相同的业务,监管的政策取向、业务规则和标准就应大体一致,不应对不同市场主体的监管标准宽严不一,引发监管套利。部分机构将线下业务搬到线上的,要在当前金融监管框架内,按照现有的金融监管规则进行监管。

三是市场主体要正确理解监管与行业自律的关系。行业自律水平与监管强度之间具有较强的负相关关系,实质上体现的是监管层面对效率和风险的平衡。一旦潜在风险过度累积和暴露,会迫使监管部门降低监管容忍度、强化监管刚性,采取更为严格的监管理念和监管措施,从而在某种程度上抑制行业的发展。应充分利用中国支付清算协会、正在组建中的互联网金融协会平台,推动支付清算和互联网金融行业的自律管理,发挥行业自律在行业治理中的积极作用,形成监管与自律的协同和均衡。

四是监管部门和从业机构之间需要保持良好的沟通。金融管理部门将加强对互联网金融发展在宏观及战略层面的研究,鼓励从业机构按照市场化原则进行兼并重组,提升行业核心竞争力。建立监管部门和从业机构的良好沟通和互动机制,有利于找到"最大公约数",达成共识,从而推动规则的进一步完善和有效实施。

五是坚守业务底线,合规经营,谨慎经营。互联网金融业务的多样性、差异性特征明显,但每项业务都要遵守一定的业务边界,否则业务的性质可能会发生质的改变,甚至会触及法律的底线。比如,在网络借贷领域,平台本身不得进行担保,不得归集资金搞资金池,不得非法集资和非法吸收公众存款。

(二)地方政府方面的政策支持

表1-5梳理了部分地方政府对互联网金融的支持政策。

表1-5 部分地方政府对互联网金融的支持政策

	准入门槛	奖励标准	财政贡献补贴	小微服务奖	政策支持
深圳	2亿元以上	一次性奖励200万—2 000万元 缴纳的企业所得税年度达到500万元以上(含),一次性奖励200万元			允许企业在名称中使用"互联网金融服务"
广州	2 000万元以上	100万—1 200万元 缴纳的企业所得税年度达到500万元以上(含),一次性奖励50万元		融资总额5亿—10亿元,奖励20万;融资总额10亿—30亿元,奖励50万;融资总额30亿元以上,奖励80万元	
广州越秀区	500万元以上	30万—50万元,奖励分两次发放,第一次于申请获批后发放50%,企业经营满一年后发放剩余的50%	每年按其对区财政贡献额的50%给予奖励,连续奖励不超过三年		支持企业在名称中使用"金融信息服务"
天津开发区		自开业年度起三年内,按照互联网金融企业的注册资金及对开发区的实际财政贡献,给予不超过200万元的运营扶持	纳税金额自开业年度起两年内,给予其100%的金融创新奖励,之后三年给予50%的奖励;对其新购建的自用办公房产所缴纳的契税给予100%的扶持,房产税给予三年100%的扶持		支持企业在名称中使用"金融信息服务"

(续表)

	准入门槛	奖励标准	财政贡献补贴	小微服务奖	政策支持
中关村管理委员会		对经中关村管理委员会认定的互联网金融创新型孵化器,给予最高不超过100万元的一次性资金支持;为互联网金融企业提供孵化服务,并适当降低房租价格;对于具有较强的项目发现、筛选、孵化、投资能力的孵化器,中关村管理委员会给予最高不超过每年500万元的房租补贴和业务经费补贴,连续支持不超过两年	对2013年起在海淀区或石景山区新设立(迁入),具备独立法人资格且在相应区县注册纳税的互联网金融重点企业,由相应区县政府给予一定的购(建、租)房补贴,具体补贴条件和标准由相应区县政府另行制定		允许企业在名称中使用"金融信息服务"
北京石景山区		经认定符合条件的互联网金融企业可享受一次性开办补贴100万元	三年内每年按其对区财政贡献额的50%提供金融创新奖金支持		
北京海淀区			视贡献情况等给予奖金奖励。额度不超过其自注册或迁入年度起三年内区级财政贡献的50%	通过互联网金融模式开展中小微企业融资金融机构,给予其风险补贴和业务增量补贴,上限为400万元;通过互联网金融模式获得资金支持企业,给予中小微企业贴息支持,上限为100万元	积极争取在企业名称中使用"金融信息服务"或经营范围中使用"基于互联网的金融信息服务、撮合交易"等

政策层面上,随着各地方政府纷纷拿出互联网金融的扶持政策吸引投资,互联网金融的创业者在选择落户地点时,地方政府可以给予的奖励成为创业者考量的一个重要标准。互联网金融企业前期资金投入较大,若能得到地方政策的扶持与相应鼓励,企业就能留出更多的时间与资金来完善风险控制,对于企业而言是实质性利好。

思考题：

1. 如何从金融的角度理解互联网思维？
2. 联系实际回答互联网金融产业发展需要什么样的客观条件？
3. 互联网金融的快速发展，给监管部门带来更多挑战，也给地方政府带来更多 GDP 增长的新机会。从政策角度上讲，如何进行政策设计才能更有效地吸引真正健康的互联网金融企业入驻？

第二章

互联网金融的本质

微信,谁是你的下一个颠覆对象?

随着微信红包功能在2014年春节前悄悄上线,微信利用此功能使用户绑定银行卡,并且可以互相转账,这是一次产品创新尝试,更是一次成功的商业推广。

2011年微信诞生,第一件事就是把通信公司的短信业务给颠覆了。用户只要连上wi-fi,微信发消息就不花钱,即便没有wi-fi,微信发消息所产生的流量费,与0.10元/条的短信费相比还是要低得多,这直接击中用户的痛点。另外,微信衍生了更多的功能运用,如添加表情、群聊、公众号、朋友圈等,既丰富又便利。微信并不只是简单地复制了手机QQ,其功能的丰富性和便利性已完全超越了手机QQ。

笔者最近在微信上绑定了银行卡,并申购了"理财通",突然感到微信也许很快会颠覆银行零售,而且速度要比大部分人预计得要快。理财通是实时申购,不限金额(银行端有限制,具体金额因银行而不同),延时赎回(2—4个小时,单次赎回限额5万元,每日可赎回5次),收益率(目前年化超过7%)远超活期存款,并超过银行理财产品。尽管理财通刚刚上线,功能还不完善,但笔者相信很快它就可以实现7×24小时实时申购和赎回,并可以直接实现支付和转账,在这种情形下,预计很多人的流动资金会全部转移到理财通中。

让我们试想这样一种生活方式:想吃饭,打开微信,寻找喜欢的餐馆,预订排号,吃完后,直接扫码通过理财通支付;想打车,打开微信,寻找最近的出租车,叫车,到达目的地后用理财通支付;想停车,进出停车场扫一扫,通过理财通直接支付;过年发红包,直接通过微信红包发;看电影,微信上选定电影院和电影后,直接扫一扫支付票款;想购物,上微信商城,选中想要的商品,扫一扫,直接送货。

这意味着用户日常生活中的支付行为可以全部基于微信,银行退居幕后,它的作用只体现在两个方面:一是取现(随着微信支付的场景越来越丰富,取现的需求将越来越少),二是银行卡支付(微信短期内还无法接入央行支付清算系统,但是长远看未必)。对于银行来说,一方面其渠道优势大大减弱,银行渠道将依附于微信,银行在谈判中将处于弱势地位;另一方面其负债成本大大提高,成本最低的活期存款将被高达7%的同业存款取代。

对于银行来说,其零售业务不会消亡,但其利润空间将大大缩小。所以银行普遍在理财通申购上作了限制,从这一点上就可以看出互联网金融与传统金融的差异,一是便利性,笔者用微信两年了,从来没有找过客服,也从来没想过找客服,而用银行网银,找服务热线是常事。二是省钱,用微信理财从来没考虑过费用问题,开户、申购、赎回、转账都免费,银行储蓄卡还有10元年费。三是理念,互联网金融是千方百计让你赚钱,是疏;传统金融是千方百计让自己赚钱,是堵。

微信第一步颠覆了短信,第二步颠覆了银行零售业务,下一步会颠覆谁?笔者认为,后面的对象是券商零售经纪、保险个险和P2P网络借贷。

券商零售经纪自2003年放开佣金率管制后,佣金率从千分之三降到现在的万分之七,经纪业务的日子已经比过去艰难很多。但是让我们试想这样一个场景,假如有一天,微信可以免费开立证券账户,零佣金交易(最多收一个交易所的席位费),券商经纪业务怎么办?再进一步,微信上可以衍生出微信Wind资讯金融数据系统、微信迈博汇金投资研究平台,暂时不用的钱直接划入理财通,买股票的时候直接从理财通划出购买。此时,券商的优势是,有研究员可以提供附加服务,但微信可以在第一时间向用户推送最新的各家券商的研究成果或市场观点。有人可能会以部分研究的独家性作为反驳。但在移动互联网时代,独家能否成为各券商赖以生存的依靠,尚无定论。

再看保险个险,以车险为例,微信上会提供各家保险公司的报价;你输入车牌号和发动机号后,选择自己要上的险种,微信会自动列出各家保险公司的报价;你选择后,直接通过理财通支付。如果出险,可直接通过微信拍照、语音或者视频传输给保险公司或4S店,双方都在微信上虚拟签字,保险公司在微信上定损。车修好后,保险公司的赔付会直接划到你的理财通内,或者划给4S店。

最后看P2P网络借贷,现在的P2P是生人交易,基于微信的P2P则可以是熟人交易,风险也由此大大降低。有人短期缺钱了,在朋友圈上发个消息,说清楚需要的数额、利率和偿还时间,直接通过理财通转账,理财通可以设定自动还款功能。假如不能按时还款,微信将暂时关闭欠款人的所有功能。

一、互联网金融的爆发式发展

2013年是互联网金融迅猛发展的一年,各种"宝宝类"理财产品横空出世,民间盛传这给传统商业银行造成了严重的打击。然而,互联网金融真的能对传统银行业甚至是传统金融业造成如此巨大的影响吗?在上面案例中,我们看到,微信所影响到的是银行的零售业务,并非全部业务,而目前中国银行业中由银行零售业务所带来的收入占比平均在25%左右,再进一步,银行零售业务指银行针对个人客户所提供的服务,越来越多的银行甚至把同小微企业之间的往来关系归到银行零售业务的范围中。这样一来不难发现,以微信、余额宝为代表的互联网金融产品和传统银行之间的争夺对象仅仅是最平常的你我他,并非私人银行用户,也并非小微企业。

2013年也被称为"互联网金融元年",因为这一年爆发了大量对互联网金融行业具有历史性意义的事件。网络上曾经有一篇风靡一时的文章,说道在中国做生意十分简单,只要天天盯着《新闻联播》就能找准商机,跟着国家政策一定没错。类似地,政策对于互联网金融的影响亦不可小觑,正所谓时势造英雄,政策即为"时势"。2013年,国务院、央行、各地政府纷纷以出台政策、与此同时监管制度、开发试验基地、成立专项委员会等方式来支持互联网金融。与此同时,腾讯、阿里巴巴、苏宁、新浪等企业相继以不同的切入点加入了互联网金融的世界。正是这一波又一波的政策支持和行业事件,使得2013年成了名副其实的"互联网金融元年"。政策支持为整个互联网金融业提供助推,更为我国互联网金融的健康有序发展奠定更长远的基础;而行业事件则充分显示了互联网金融行业的无穷潜力和无限商机,指引未来市场的发展趋势。

从一连串的事件中可以感受到,互联网金融是更贴近普通百姓的,更为便利、全面的服务。在此,我把互联网金融定义为以互联网的便利性为依托的标准化基础金融服务。

二、互联网金融的本质

要了解互联网金融的本质,首先要知道互联网和金融是什么。

什么是金融?从历史来看,金融的本质就是有效配置资源,而方法则是通过货币。金融体系把独立个体有限的资金聚合起来,交给有效率的组织或个人来运营以获得更高的收益,这当然比独立个体资金运营的效率来得更高。

那互联网又是什么呢?互联网就是一个大的计算机网络,其主要作用就是信息的沟通、交流和传递,而因为具有的低成本、开放、难以控制以及易联易用等特点,互联网的迅猛发展对人类社会产生了巨大的影响。蒸汽机的发明使人类掌握了前所未有的力量,许多前所未有的生产方式和生活方式才得以进入人类社会,由此人类步入工业文明。同样,互联网使人类掌握了前所未有的产生、保存、传播和运用信息的方法,很多人类所习惯的生产和生活方式被改变,一些新的生产和生活方式对人类社会又产生了重大影响,因而互联网的出现被视为人类步入信息文明的标志。

金融是人类社会的重要经济活动,而伴随互联网的出现和发展,它也发生了一些重大变化。为了说明这个变化,我们可以把金融的资源配置过程想象成一个中介的过程。在没有互联网之前,因为沟通成本太高,买方和卖家通过中介完成交易,中介赚取一定的中间收入,大家各取所需,皆大欢喜。有了互联网之后,买方和卖家都可以到网上发布信息,可以直接在网上沟通,成本降低,此时中介的作用开始弱化。当然实际上金融要远比简单的中介交易要复杂得多,而且金融业对信息的利用水平一直就很高,针对互联网的特点它也在不断地改造自身,所以传统银行和券商依然平稳经营。但大家普遍认同互联网对金融的影响将是非常深远的,为此,才给受互联网影响而改造或创新的这部分金融活动取了个新名词:互联网金融。图2-1反映的就是互联网金融的本质透析。

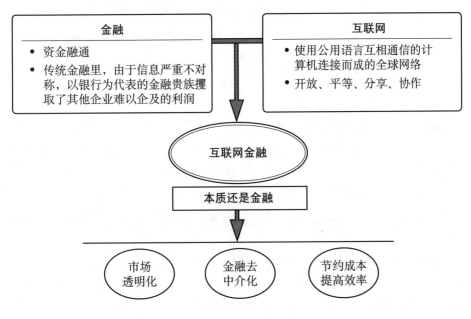

图2-1 互联网金融的本质透析

三、互联网金融的特点

拥有了互联网思维、工具和技术的互联网金融,不断改变着传统金融,而它自身也在发展过程中表现了其不同于传统金融的特点。

1. 市场运行透明

在传统金融模式中,经济主体的信息搜集和审核易受到人为的影响与控制。

由于在实际生活中能获取的数据信息十分有限以及缺乏处理数据的有力工具,传统金融在风险的评估方面受到较大的限制。同时金融机构获得投资企业,特别是小微企业的信息成本较高,需要花费较高的人力、时间成本,而且收益与成本极不匹配。同时,在获得信息后,金融机构处理信用信息也需要花费较多的时间和精力,通常还会受到人为主观因素的影响,由此增加了信贷风险。

而互联网金融在大数据和云计算的支撑下,很大程度上解决了信息不对称的问题。互联网金融企业在进行信贷审查的过程中就能够通过搜索引擎迅速寻找到目标信息,节省了决策时间。在信息处理的过程中,云计算和云存储技术的利用有效地提高了大数据的分析处理效率和存储稳定性,大大降低了互联网金融企业的风险。但是,在网络的虚拟世界仍然无法完全实现信息的对称,所以互联网金融仍面临信贷风险的有效防范问题。

2. 金融脱媒

在传统金融模式中,商业银行作为金融中介,除了股票、债券等直接投资方式,其他投融资活动都是以商业银行为中心来展开的。而互联网金融的发展带动了金融脱媒的步伐。资本市场上,直接融资取代了间接融资,经济发展也从银行主导的融资格局转变为以市场为主导的融资格局。所以在互联网金融模式中,银行丧失了其霸主地位,参与者与投融资方直接实现了资金对接。金融脱媒降低了投融资的成本,提高了投融资效率,迫使银行的业务类型向中间业务转型。

3. 节约成本,提高效率

互联网金融与传统金融相比,主要通过技术手段来降低边际服务成本,并提高运行效率。如支付宝推出的信用支付,只要是实名认证用户即可在线申请,系统通过调取用户数据,审核征信记录就会自动判断并给予用户相应的额度。与传统信用卡的开卡流程相比,省去了烦琐的线下申请和认证过程,同时避免了人工介入,降低了服务成本。具体来说,这个特点又体现在支付方式、信息处理和资源配置三个方面。

(1) 支付方式。在传统金融模式中,采用的是物理网点分散支付,而互联网金融是超级集中支付系统和个体移动支付的统一。个人和机构都可在央行的支付中心开立账户。证券、现金等金融资产的支付和转移通过移动互联网络进行,支付清算电子化替代了现钞流通。

(2) 信息处理。在传统金融模式中,信息通过人工进行处理,呈现出标准化、碎片化、静态化及信息不对称的特点;而互联网金融的信息处理和风险评估通过网络化方式揭示和传播,被搜索引擎组织和标准化,最终形成时间连续、动态变化的信息序列,由此可以给出任何资金需求者的动态风险定价或动态违约概率,而且成本极低。

(3) 资源配置。传统金融的具体形式如银行、投资银行等作为中介对资金借入方和借出方进行匹配;互联网金融的资金供需信息则可直接在网上发布匹配,供需双方直接联系和交易,不需要经过银行、券商或交易所等中介。

 **案例讨论**

腾讯的互联网银行离颠覆四大行还差十万八千里

李克强总理视察腾讯旗下的民营银行——微众银行的新闻,让许多互联网分析师高呼"互联网银行的春天来了",仿佛依靠腾讯的微众银行就能解决储户收益低、中小企业融资难等问题。但以微众银行为代表的互联网银行,抑或叫民营银行,其问世的目标从来都不是对抗甚至颠覆以四大行为代表的传统银行。

微众银行拿到的牌照已不再值钱

很多人认为银行是暴利行业,牌照被政府严格管制,拿到牌照的就能赚大钱。但四大国有资产管理公司从1999年就开始处理四大行的1.4万亿元巨款坏账,至今仍未善后。那时牌照管制比现在还严格,可是当时的四大行不但不赚钱,还亏得需要中央政府救济。可见牌照并不是银行赚钱的核心要素。

四大行在21世纪能够一直保持高速增长,最主要的动力是近15年以来GDP增速保持在年均10%左右。央行此前发布的报告指出,银行利润增长较快主要得益于宏观经济平稳较快发展、银行业资产规模扩张。银行业作为强周期性行业,与房地产一并成为经济高速增长的直接受益者,也必将随着GDP增速下滑开始走下坡路。

微众银行作为银行业的一员,从拿到牌照开始,最应该考虑的不是颠覆四大行,而是如何对抗经济下行的压力。从政府口径来看,银行牌照制度管理将逐步放松,民营资本进入银行业的案例会越来越多,等数量多到一定程度,民营银行面临的最大问题就不是赚不赚钱了,而是活不活得下去。尤其是遇到经济危机,银行受到的负面冲击都是最直接的,雷曼兄弟的教训这里就不多说了。

民营银行颠覆四大行还只是幻想

大家都知道,银行的三大业务是存、贷、汇,银行的利润主要来自利差。而从实际的数据来看,中国银行的利差要低于美国,美国银行的利差在多个年份超过4%,而中国第一大行——中国工商银行的最高利差是2010年的2.35%。原因在于美国银行更市场化,贷款主要投向利率相对较高的中小企业和个人消费者,而四大行作为国有银行必须考虑国家利益和社会效应,贷款大量投向国有企业。

中国四大行被认为暴利的一大原因是利润绝对数值很大,但与资产总额相比,回报率就不是那么高了。以中国工商银行为例,2013年中国工商银行净资产收益率为21.92%,远不及百度公司的40.1%,以及腾讯的30.8%。所以可以说银行业的利润源于规模效应,由于体量大,利润绝对数值较高。

银行30亿元的注册资本相比四大行而言顶多就是一家市级分行的体量,盈利能力想赶超四大行还太早。

从银行业务本身来看,微众银行等民营银行在吸收公众存款方面有诸多限制,比如微众银行主要吸收个人及小微企业存款,资金来源有严格限制,况且公众对民营银行的信心短时间内也不会建立起来,毕竟资金安全问题是存钱优先考虑的问题。

另外,资金的投放效率决定了利润的高低,这也是衡量银行经营水平的主要标准之一,微众银行的经营范围主要针对个人及小微企业发放短期、中期和长期贷款,这可以说是跟整个互联网金融行业在竞争,在这个红海市场能走多远犹未可知。贷款的收益又进一步决定了存款利息的高低,民营银行想走出这个循环也很难。

互联网只是手段,不是制胜法宝

很多人认为微众银行等互联网银行没有网点,直接通过线上办理业务,能够凭借这个优势挑战传统银行。这明显高估了互联网的作用。

首先互联网只是手段,只是经营手段的一种而已,鼓吹互联网颠覆一切的人难道认为线上推广、运营是零成本的吗?PPG的故事或许有点远,拉手凡客大家应该还记得。

其次,传统银行也一直在利用互联网手段提高运营效率,四大行一直在逐渐降低对网点的依赖,中国工商银行统计称其69%的业务已通过网上办理。由此可见,把互联网当作经营手段是所有银行都在做的事,并不是微众银行的专利。

最后,民间资本进入银行业肯定会带来一定的鲶鱼效应,但作用有多大还有待观察,还是少谈点颠覆,多在产品和推广上下工夫才是正道。

第二部分　互联网金融之模式篇

第三章　第三方支付
第四章　P2P网络借贷
第五章　众筹
第六章　电商小额贷款
第七章　其他模式

第三章

第三方支付

阿里巴巴：2015年财政年度支付宝支付总额达6.17万亿元

2014年9月19日晚，阿里巴巴正式在纽约证券交易交所挂牌交易，股票代码为BABA，价格确定为每股68美元，其股票当天开盘价为92.7美元，阿里巴巴在交易中总共筹集到了250亿美元资金，创下了有史以来规模最大的一桩IPO交易。

每逢年初，支付宝都会例行公布上一年的"年度对账单"，但从来不会公布支付宝该年度的总支付金额。然而，据阿里巴巴却在2014年赴美上市的招股说明书中，披露了支付宝的总支付金额。据阿里巴巴招股说明书显示，2014财年（截至3月31日），支付宝的总支付金额达到了6 230亿美元，在当时约合38 720亿元，如果按照一年365天计算，则日均支付量高达106亿元。如果按照支付宝公司拥有的近3亿（截至2013年年底）实名用户来计算，则人均贡献金额达到了12 907元。

这个巨额数字的背后隐藏的是支付宝这些年来突飞猛进的发展和对市场份额的抢占。随着国内网络零售市场的兴起，作为最大的第三方支付平台，支付宝的支付额陡然上升。2009年12月7日，支付宝日交易额首度突破12亿元；2011年9月1日，支付宝曾宣布日交易额达30.4亿元；仅三年之后，支付宝日均支付金额已达106亿元。

迅速膨胀的支付宝令银行、银联有所忌惮，尤其因为"快捷支付"功能的存在，省去了跳转银行页面的步骤。支付宝一改传统第三方支付中介的角色，银行从幕前的角色退居幕后。在此前提下，四大行纷纷出台反制措施，相继下调支付宝快捷支付限额。同时，支付宝与银联的矛盾也浮出水面。因为在传统线下收单时，发卡行、收单行、银联实行7:2:1分成的模式，而这一模式在线上收单时发生了改变。线上收单时，刷卡手续费仅涉及发卡行和收单行（主要是第三方支付公司），银联被完全架空。另外，支付宝公司推出的虚拟信用卡、二维码扫描等支付方式将极大冲击线下收单业务，支付宝相关业务随后被央行"叫停"。

看到支付宝的快速发展，我们不禁思考，为什么支付宝能够实现迅猛发展并为公众所接受？既然支付宝给公众带来了生活上的便捷，为什么央行又要出台反制措施来限制支付宝的相关业务发展？第三方支付真的会彻底颠覆传统银行业务的开展吗？

为此，我们需要深入了解支付宝，了解第三方支付。我们需要明确：什么是第三方支付？它有什么特点？第三方支付的发展历程是怎样的？

资料来源：作者依据 http://www.199it.com/archives/247114.html 进行整理和改编。

一、第三方支付概述

（一）第三方支付的含义

第三方支付，是指由具备一定实力和信誉保障的非银行机构，采用与各大银行签约的方式作为收、付款人的支付中介，借助通信、计算机和信息安全技术，所提供的网络支付、移动支付、银行卡收单以及央行确定的其他支付服务。比如，支付宝与中国银行签约，淘宝卖家出售货物给淘宝客户，客户使用绑定该行银行卡的支付宝进行付款，这里支付宝作为一个支付中介就将淘宝卖家与淘宝客户之间的买卖和收付款关系连接起来。之所以称"第三方"，是因为这些平台并不涉及资金的所有权，只是提供资金转移的中介服务。在第三方支付模式中，买方选购商品后，使用第三方平台提供的账户进行货款支付（支付给第三方），并由第三方通知卖家货款到账以及发货；买方收到货物，并且对货物进行检验确认后，再通知第三方付款；第三方最后将款项转至卖家账户。在这里，第三方支付平台充当了信用担保的角色。

（二）第三方支付平台

第三方支付平台是指平台提供商通过通信、计算机和信息安全技术，在商家和银行之间建立连接，从而实现消费者、金融机构以及商家之间货币支付、现金流转、资金清算、查询统计的一个平台。

第三方支付与第三方支付平台不是同一个概念，但是存在密切的联系。一方面，第三方支付是一种支付方式，或者说是一种支付渠道。在这种支付方式中，由第三方机构担当买卖双方的"信用中介"。而第三方支付平台则是由后台网络、技术、软件、服务等构成的实现第三方支付的平台系统。另一方面,第三方支付平台是第三方支付这种支付方式得以实现所必需的媒介,没有第三方支付平台,第三方支付也就只能停留在理论层面,而不能真正实现。

(三) 第三方支付的基本特点

想要更加清晰地了解第三方支付,就需要进一步了解它的基本特点。

1. 便捷、安全

第三方支付作为一种综合性的支付,提供了更为方便、快捷的服务。为了避免付款方与收款方直接进行资金交易的风险,通过第三方支付可以在交易双方之间进行资金划拨,第三方支付可以将多家银行的金融支付在同一个操作界面进行交易管理,使得付款方和收款方可以在线完成交易过程。另外,买方的信用卡信息或账户信息仅需要告知支付中介,而无须告诉每一个收款人,大大降低了信用卡信息和账户信息泄露的风险。

2. 成本低廉

第三方支付平台提供一系列的应用接口程序,将多种银行卡支付方式整合到一个界面上,负责交易结算中与银行的对接,客户和商家就不需要去每家银行专门开设账户,所有的交易直接通过第三方支付就可以实现,这样就可以降低消费者的网络支付成本,同时也可以提升网络运营商的利润。另外,支付中介集中了大量的电子小额交易,由此形成规模效应也会使得支付成本降低。最后,第三方支付还可以帮助银行节省网关开发费用,并为银行带来一定的潜在利润。

3. 操作简单

较之安全套接层协议(Secure Socket Layer,SSL)、安全电子交易协议(Secure Electronic Transaction,SET)等支付协议,利用第三方支付平台进行支付的操作更加简单、方便而易于被支付者接受。SSL 是国际上最早使用的网络安全协议,但它的基点是商家对客户信息保密的承诺,因此有利于商家而不利于客户;而 SET 是为了在互联网上进行在线交易时保证信用卡支付的安全而设立的一个开放的网络安全协议。它的对象包括消费者、商家、发卡银行、收单银行、支付网关以及认证中心,对商家和客户都有利。但在 SET 中,各方的身份都需要通过(CA)进行认证,程序复杂,手续繁多,速度慢且成本高。有了第三方支付平台,商家和客户之间的交涉由第三方来完成,这使网上交易变得更加简单。

4. 可提供信用担保

第三方支付平台本身依附于大型的门户网站,且以合作银行的信用作为信用依托,因此第三方支付平台能够较好地突破网上交易中的信用风险问题,从而在很大程度上保障付款人的利益,减少交易双方的风险。

二、第三方支付的发展历程

(一) 第三方支付的起源

21世纪是信息时代,互联网技术的快速发展为电子商务的兴起提供了重要支持,电子商务业务形式的多样化也促进了我国电子金融行业的繁荣。网上银行、手机电子银行等电子商务服务已经融入到人们的日常生活中。以第三方为中介进行交易的流程方便、快捷,与传统银行金融服务的烦琐流程形成鲜明对比。

第三方支付服务的兴起有效提升了网络交易的便捷性与安全性,其中最早提出网络支付业务的PayPal也成为现代电子商务发展的里程碑,弥补了在零售业务领域商业银行无法全面覆盖的不足。但PayPal真正进入发展的快车道是在21世纪初期,它被eBay收购后,推出全球范围的电子商务业务平台,可以提供多种网上金融服务。以前网上商品的交易过程由买卖双方直接进行,银行并不为交易过程提供金融服务,因此卖家只能采用银行转账或邮政汇款,交易周期较长。PayPal被eBay收购后推出的在线支付服务改变了这一现状,不仅促进了电子交易服务的发展,也为公司带来了可观的利润。2003年,PayPal的交易额突破4.4亿美元,增幅近400%。PayPal也维持世界范围内使用最为广泛的在线支付平台,成为最著名的第三方支付公司之一。

由于PayPal在第三方支付领域的鼻祖地位和标杆形象,许多国家的用户均选择PayPal作为主要的第三方支付产品。但是在中国,PayPal的发展并不顺利,更多是被用作国际支付工具,这就为国内的第三方支付工具留下了广阔的发展空间。

伴随着电子商务在全球范围内的发展大潮,国内许多商家开始进入第三方支付领域。1999年,北京首信与上海环迅组建国内第一家第三方支付公司——首信易支付,开启了我国第三方支付工具的先河。但是首信易支付实现的仅仅是指令传递功能:把用户的支付需求告知银行,最后转接到银行的网上支付页面。

2003年,网络购物还处于萌芽阶段,支付形式单一,买卖双方互不信任成为网络购物发展的主要障碍。为了吸引更多的网购人群,做大规模,淘宝于2003年10月设立支付宝业务部,开始推行"担保交易"。2004年12月,支付宝正式独立上线运营,标志着阿里巴巴的电子商务圈中,信息流、资金流和物流开始明晰。2005年,腾讯旗下的支付公司"财付通"成立,随后全球最大的支付公司PayPal高调进入中国,而马云在当年的瑞士达沃斯世界经济论坛上首次提出了"第三方支付平台"的概念。

为了在第三方支付领域获得可观的市场占有率,随后又出现了多家网络支付服务公司,如银联在线支付、C2C、快钱在线支付等。第三方支付业务的发展是现代电子商务繁荣的重要体现,同时也是网络支付技术的创新性变革,为传统银行金融服务的发展提供了新思路。

（二）第三方支付的发展历程

我国第三方支付的发展历程主要分为两个阶段：第一阶段是 2010 年之前，第三方支付业务兴起。多家第三方支付公司利用电子商务不断发展的良好时机，积极拓展业务范围，国内第三方支付市场形成初步规模。第二阶段是 2010 年之后，我国《在线支付业务管理办法》的施行也极大地促进了第三方支付业务的繁荣。第三方支付公司开始广泛地介入细分支付市场，第三方支付的业务领域已深入到人们生活的方方面面如水电费缴纳等。第三方支付技术的发展是电子商务繁荣的重要体现，作为一种在线支付业务，它是依托于网上银行的开发而实现的。21 世纪初期，我国多家银行开发了网络银行业务，网络银行业务可以为商家提供多种模式的金融服务功能。为了扩展网络银行的业务范围，多家银行联合推出了银联服务，从而实现跨行在线金融交易服务功能，也就是说在进行网上支付时，客户可以直接通过在网页输入银行卡账号和密码即可完成交易。

2005 年，中国第三方支付业务总额突破 150 亿元，这不仅是我国电子商务加速繁荣的重要体现，同时也是相关管理政策的日趋完善的结果。第三方支付业务的发展需要借助于互联网的普及。统计数据显示，2013 年我国网民总数突破 6 亿，互联网普及率超过 64.8%。我国电子商务市场处于快速发展时期，监管政策也在不断完善，《电子签名法》等一系列互联网法律法规的颁布也为电子商务的发展提供了重要的制度保障。

我国电子商务市场正处于快速繁荣时期，网络支付技术却长期处于边缘状态，这主要是由于监管部门并未对第三方支付公司正式认可。2010 年年底网络支付技术实现突破性发展，央行推出网络支付业务管理制度，为我国网络支付业务的发展提供了有效制度保障，并为网络支付企业办理《支付业务许可证》（即支付牌照）。2011 年 5 月，央行正式向 29 家第三方支付公司颁发了《支付业务许可证》，第三方支付进入了"有牌照时代"。当年一共分三批颁发了 101 家牌照，这意味着第三方支付行业已经得到了国家的正式认可，并开始在法律的监督下办理业务了。自此第三方支付公司进入了一个新的发展阶段，并且必然会对传统支付业务市场产生巨大而深远的影响。

首先，《非金融机构支付业务管理办法》的出台标志着第三方支付业务走向合法化，这极大地促进了整个行业的健康发展。同时也明确定位了其业务发展方向，使得第三方支付可以在公开、公平的市场环境中与我国传统商业银行进行竞争。

其次，《非金融机构支付业务管理办法》对有实力的第三方支付公司将产生十分积极的影响。央行颁布的办法中对《支付业务许可证》的申请门槛作出了明确规定，部分小型第三方支付公司受到规模和竞争劣势的限制，将很难获取牌照只能退出市场，而大规模的第三方支付公司，由于其拥有较好的资信水平和较强的盈利能力，将从中长期获益。如占据最大市场份额的支付宝无疑将在健康、规范的市场环境中获得更大的发展空间和更强的竞争实力。

最后,《非金融机构支付业务管理办法》的颁布及实施为第三方支付公司和商业银行的深度合作提供了重要的契机。例如,为防范第三方支付公司挪用客户备用金,央行规定支付机构只能根据客户的支付指令转移备付金,还需要在商业银行开立备付金专用存款账户,并且只能选择一家商业银行作为备付金存管银行。这就为商业银行和第三方支付平台在多领域的合作带来了良好的机遇。

(三)第三方支付的发展现状

经过十几年的发展,第三方支付的市场规模得到了快速扩张。根据艾瑞咨询(iResearch)统计数据显示,2015年中国第三方支付市场交易规模达9万亿元,同比增长8.4%。2015年,第三方支付公司与金融机构开展深度合作,使第三方支付公司找到了新的业务增长点,目前这种助力还没有完全爆发,艾瑞预计未来两年互联网金融对于第三方互联网支付的推动作用将会更强,或进一步提高交易规模增速。

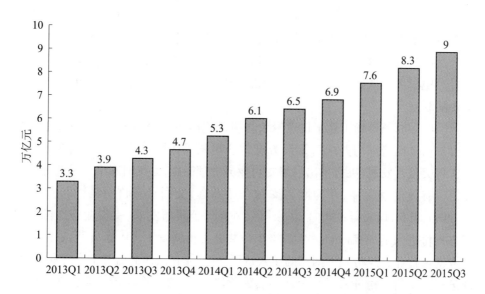

图3-1　2013—2015年中国第三方互联网支付市场的交易规模

资料来源:速途研究院。

从支付形式这个角度来看,第三方支付结构可以分为线下收单、互联网支付、移动支付和预付费卡等结构。图3-2给出了这四种结构的分配情况。

从图3-2可以看出,虽然线下收单方式交易规模呈现下降趋势,2015年第三季度的支付交易结构中,线下收单业务的交易规模占比最高,为47.1%,但其占比相较之前继续减少,显然线下收单的传统支付方式正逐步被网络支付所代替;互联网支付的占比进一步扩大至33.6%,但是增幅较小;最大的亮点来自移动支付,其占比暴增至18.8%。自2013年以来,各季度移动支付的市场规模一直呈爆发式的高

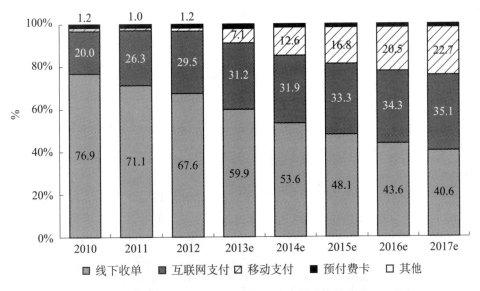

图 3-2　2010—2017 年中国第三方支付结构的分配

注：1. 中国第三方支付市场的交易规模统计了非金融支付机构规模以上企业互联网支付业务、银行卡收单、移动支付、电话支付、预付卡发行与受理等业务的交易规模的总和；
2. 2013 年中国第三方支付市场的交易规模为 17.2 万亿元；
3. 艾瑞根据最新掌握的市场情况，对历史数据进行修正。

资料来源：综合企业及专家访谈，根据艾瑞统计模型核算。

速增长，2015 年第三季度的占比已经接近 20%，增长相当明显。移动支付市场规模的发展如图 3-3 所示。

艾瑞数据显示，2015 年中国第三方移动支付市场的交易规模达 52 570.6 亿元，同比增长 78.7%。其中，转账、还款等个人应用成为主要的交易规模来源，移动网购已不再是支撑行业发展的主要场景。艾瑞咨询认为，伴随移动支付技术的发展，线下将成为互联网巨头、收单机构、运营商、银行等多方竞争的核心战场，而伴随线上市场的逐步成熟，互联网支付企业将聚焦于线下到线上的反向 O2O 市场，以期在线下市场中取得突破。

第三方支付市场规模快速扩张，其结构越来越复杂。在各种支付形式中，移动支付呈现出快速增长的态势，如今也有越来越多的企业加入到第三方支付市场中以期分得一杯羹。截至 2013 年，国内获支付牌照的第三方支付公司已达到 250 家，在快速发展中已经形成了稳定的竞争格局，图 3-4 描绘出了 2013 年第三方支付核心企业的市场份额情况。

从图 3-4 可以看出，在第三方支付市场中，支付宝以 48.7% 的占比保持领先，其他按占比大小排序为：财付通（19.4%）、银联在线（11.2%）、快钱（6.7%）、汇付天下（5.8%）、易宝支付（3.4%）、环迅支付（2.9%）、其他（1.9%）。

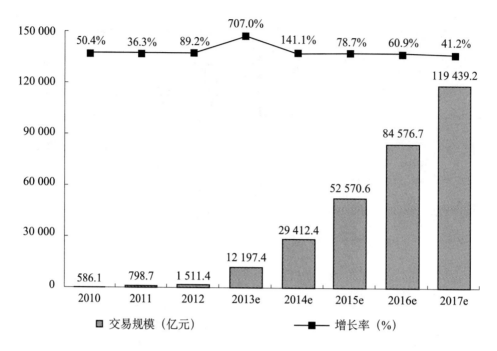

图 3-3　2010—2017 年中国移动支付市场的交易规模

注：1. 移动支付是指基于无线通信技术，通过移动终端实现的非语音方式的货币资金的转移及支付行为；移动支付交易规模统计包括个人用户通过移动终端完成 P2P 资金转移业务或第三方平台提供的对产品和服务进行支付的行为；产品类型包括实物商品、信息化服务、虚拟产品等；

2. 统计企业类型中不含银行、银联，仅指规模以上非金融机构支付企业；

3. 艾瑞根据最新掌握的市场情况，对历史数据进行修正。

资料来源：综合企业及专家访谈，根据艾瑞统计模型核算及预估数据。

三、第三方支付的运营模式

（一）第三方支付的交易流程

在第三方支付交易流程中，支付模式使商家看不到客户的账户信息，同时又避免了客户账户信息在网络上多次公开传输而导致被窃。

以 B2C 交易为例来说明第三方支付的支付流程（如图 3-5 所示）：

第一步，客户在电子商务网站上选购商品，最后决定购买，买卖双方在网上达成交易意向；

第二步，客户选择利用第三方作为交易中介，客户将货款从信用卡划到第三方账户；

第三步，第三方支付平台将客户已经付款的消息通知商家，并要求商家在规定时间内发货；

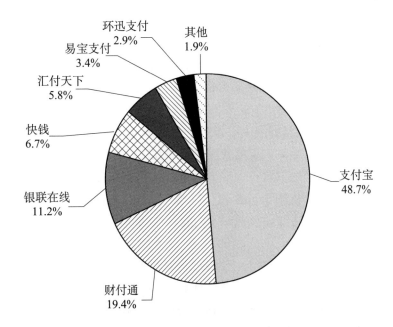

图 3-4　2013 年第三方支付核心企业的市场份额

注：1. 互联网支付是指客户通过台式电脑、便携式电脑等设备，依托互联网发起支付指令，实现货币资金转移的行为；

2. 统计企业类型中不含银行、银联，仅指规模以上非金融机构支付企业；

3. 艾瑞根据最新掌握的市场情况，对历史数据进行修正。

资料来源：综合企业及专家访谈，根据艾瑞统计模型核算。

第四步，商家收到通知后按照订单发货；

第五步，客户收到货物并验证后通知第三方；

第六步，第三方将其账户上的货款划入商家账户中，交易完成。

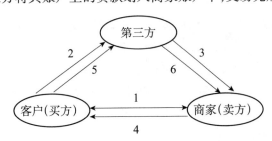

图 3-5　第三方支付交易流程

（二）第三方支付平台的盈利来源

随着技术的发展，许多企业纷纷涌入第三方支付行业，那么第三方支付平台的利润究竟来自哪里呢？

1. 手续费收入

就第三方支付行业的发展现状来看,目前最为成熟的盈利模式是手续费率差,即第三方支付公司通过收取商家的手续费同其向银行支付的手续费之间的差。举例来说,当你通过第三方支付向商家支付1 000元,第三方支付收取商家1%的手续费,但其向银行只需支付0.5%的手续费,那么相差的0.5%的手续费即第三方支付的收入。还有许多大型的网上零售企业,如京东商城和亚马逊等,在使用支付平台进行收单时,都需要缴纳一定的费用给第三方支付公司。

向介入商家收取手续费,这种固定的盈利模式是第三方支付平台快速发展的基础,整个行业的生存都依赖于这种盈利模式。但是通过这种模式获得的收益是很有限的,这就迫使第三方支付公司必须拓宽其他利润来源渠道。

2. 沉淀资金

沉淀资金是指闲散放置在社会上,未被积聚起来加以利用的资金。在第三方支付的支付流程中,规定只有当买方收到商品并作出收货确认后,系统才能把货款划归到卖家的账户,从而买方发出货款到系统经买方确认将货款划归到卖家账户存在的时间差就使在途资金的形成成为可能。

沉淀在第三方支付公司的资金主要由两部分构成:来自交易过程中的在途资金和交易前后暂时存放在第三方支付平台里的资金;另外,买方长时间存放于其第三方支付平台账户的资金也形成了沉淀资金的第二方面。随着第三方支付平台用户数量的急剧增加,沉淀资金数额将会非常巨大。如果第三方支付公司利用这些巨大的沉淀资金进行投资,那将会给企业带来巨额的收益。

3. 其他来源

传统的手续费收入所创造的盈利十分有限,并且严重依赖于企业所占的市场份额;而使用沉淀资金投资带来的收益一般仅限于存款利息的收入。在第三方支付行业竞争越来越激烈的环境下,许多企业开始寻求开拓其他收入渠道,如与金融行业合作,开展一些如基金代销方面的增值服务来提高利润。目前已有不少第三方支付平台开启了盈利模式创新,主要通过以下三条途径:①与银行维持稳定的竞合关系,以打造第三方支付的核心价值;②将市场细分,以打造各自的核心竞争力;③整合优质的第三方支付资源,提升服务水平与质量。

(三) 第三方支付的运营模式

按照第三方支付所依托的第三方支付平台,第三方支付的运营模式可分为支付网关模式、账户支付模式和银联电子支付模式。其中,账户支付模式又可分为交易平台型账户支付模式和无交易平台型账户支付模式,如图3-6所示。

1. 支付网关模式

支付网关模式是指支付平台只作为支付通道将客户发出的支付指令传递给银行,银行完成转账后再将信息传递给支付平台,支付平台将此信息通知商户并与商

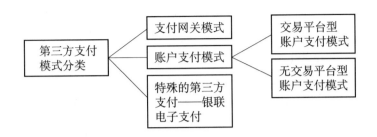

图 3-6　第三方支付的运营模式分类

户进行账户结算。支付网关位于互联网和传统的银行专网之间,其主要作用是安全连接互联网和专网,起到隔离和保护专网的作用。在支付网关模式下,第三方支付平台扮演着"通道"的角色,并没有实际涉及银行的支付和清算,只是传递了支付指令。

支付网关模式的代表是首信易支付,这种模式具有以下特点:

(1) 公正。支付网关模式通过二次结算模式,最大限度地避免了拒付和欺诈行为的发生,创造出使买卖双方彼此信任的良好交易环境。

(2) 安全。支付网关模式实现了网络层、系统层、应用层的层层安全保障,满足了网站和用户的首要需求。

(3) 便捷。支付网关模式中的支付系统设立了简便安全的接口,用户仅在一个工作日内即可完成接入工作,并可以支持多家银行实现网上支付。同时,支付平台在不断升级和拓展新的支付手段,提供涵盖更多银行及卡种的在线支付功能。

(4) 开放。支付网关模式是一个开放的体系,随着与多家银行的不断深入合作,支付平台也在不断扩展。

2. 账户支付模式

账户支付模式可以分为交易平台型账户支付模式和无交易平台型账户支付模式。

(1) 交易平台型账户支付模式。它是指第三方支付平台机构具有交易平台(如支付宝就有淘宝网作为其交易平台)。该模式是指买卖双方达成付款意向后,由买方将款项划至其在支付平台上的账户,待卖家发货给买方;买方收货后通知第三方支付平台,第三方支付平台再将买方划来的款项从买方的账户划至卖家的账户。这种模式的实质是以支付公司作为信用中介,在买方确认收到商品前,代替买卖双方暂时保管货款。

这类支付模式的典型代表是支付宝,以支付宝为例,交易平台型账户支付模式具有以下的特点:① 互利。互利的特点是针对买卖双方而言的。首先,对于买方而言,货款先由支付平台保管,确认收货后才付钱给卖家,安全放心;其次,买方不必去银行汇款,直接在网上在线支付,方便简单。最后,对于卖家而言,卖家无须到银行查账,支付平台会即时告知买方付款情况,省时省力;而且,这样一来,卖家的账目分明,交易管理清晰地记录了每一笔交易的详细信息。② 安全。支付宝网站采用了先进的 128 位 SSL 加密技术,确保在页面上输入的任何信息都可以安全传送,而不用担心有人会通过网络窃取私密信息。另外,支付宝账户都设置两个密码:一个是登录密码,用于登录账户、查询账目等一般性操作;另一个是支付密码,凡是涉及资金流转的过程,都需要输入支付密码。缺少任何一个密码,都不能使资金发生流转。同时,在同一天内支付宝只允许密码输入出错两次,第三次密码输入错误,系统将自动锁定该账户,三小时后才会自动解除锁定。除此之外,支付宝提现系统会查验账户姓名是否与认证姓名一致,同时设置了手机短信通知功能。以上这些功能都保证了支付交易的安全性。

（2）无交易平台型账户支付模式。它是指第三方支付平台机构没有独立的交易平台(如易宝支付就没有独立的交易平台)。该模式是指买卖双方均在第三方支付平台内部开立账号,第三方支付公司负责按照付款指令将款项从其账户中划至收款方账户,以电子货币为介质(付款人的账户资金需要从银行账户充值)完成网上款项支付,使支付交易只在支付平台系统内循环。此类模式的典型代表是块钱支付和易宝支付。

3. 特殊的第三方支付——银联电子支付

银联电子支付(ChinaPay)平台是中国银联旗下的银联电子支付有限公司提供的第三方支付平台。作为非金融机构提供的第三方支付平台,ChinaPay 依托于中国银联,而且在央行及中国银联的业务指导和政策支持下迅速发展。可以说,它是一个特殊的第三方支付平台。

ChinaPay 拥有面向全国的统一支付平台,主要从事以互联网等新兴渠道为基础的企业 B2B 账户支付、电话支付、网上跨行转账、网上基金交易、企业公对私资金代付、资助终端支付等银行卡网上支付及增值业务。

四、第三方支付存在的风险

（一）信用风险

信用风险是指各交易方在到期日无法或无力履约的风险。第三方支付平台基于一个虚拟的空间,市场参与者的诚信度完全建立在虚拟网络信息的基础上,支付安全和诚信问题显得至关重要。

从交易的主体来看,第三方支付的信用风险主要有买方信用风险和第三方支付平台信用风险两个方面。

1. 买方信用风险

买方信用风险主要是指买方在收到产品或服务后拒绝付款、资金来源不合法、授权他人操作的交易或持卡人否认自己操作以及利用虚假身份进行交易等风险。

2. 第三方支付平台信用风险

第三方支付平台信用风险指第三方支付公司经营不善或者面对风险管理不当,甚至其他违规操作而造成的不能履行中介支付和担保的风险。

(二) 技术风险

技术风险是指由于计算机软硬件故障及网络运行问题所导致的风险。它包括硬件系统运行的可靠性、应用系统的稳定性、网络的可靠性等。近年来,网上银行账户被盗事件时有发生,现有的第三方支付平台大都提供多家银行的网络银行接口。如果这些第三方支付平台的技术支持不过关,一个木马程序就可以盗走用户的网银密码。此外,来自系统外部的病毒和恶意攻击所带来的风险也是巨大的,很容易造成第三方支付的网络平台失效。

(三) 洗钱、恶意套现等欺诈风险

第三方支付公司并非金融机构,但是其提供的服务内容却与金融机构类似。第三方支付不会像银行一样监管客户的账户资金是否被合法使用,它只管资金周转、赚取手续费收入。疏于监控就很容易被利用进行洗钱、套现等欺诈行为。比如,利用第三方支付的交易过程被割裂为两个看起来毫无联系的交易,从而为第三方支付的注册用户提供了隐秘的资金转移渠道。再比如,第三方支付为收款方提供了虚拟的转账功能,其随意性大大增加,也可以通过制造虚假交易进行资金转移或进行套现。

(四) 流动性风险

流动性风险是指机构或企业等因无力为减少负债或增加资产提供融资,从而影响其对外支付的风险。流动性风险最初产生于银行无法应对因负债下降或资产增加而导致的流动性困难。严重情况下,流动性不足会造成机构或企业的清偿危机,进而导致破产。

当前,大部分第三方支付服务提供商由于竞争激烈、利润空间狭窄,没有良性的盈利点,很容易出现资金周转问题和流动性不足。同时,由于在第三方支付过程中,交易中的支付资金会在第三方支付平台作一定时间的停留,这就很可能给第三方支付参与者带来资金流动性风险问题,尤其是商家的流动性风险。比如,某商家使用第三方支付平台作为自身的中介支付,它需要一定的时间才能收到它所出售商品的货款,在这期间内,如果企业遇到业务量加大、生产经营成本提高或市场萎缩等情况,那就很可能给企业带来流动性支付风险。

思考题:

1. 除文中详述的几个风险之外,你还能想到哪些第三方支付中所涉及的风险?

2. 目前，国内关于第三方支付监管的配套法规还不健全、不完备，由此造成查处问题后定性难、执行难、处罚不严，甚至"以罚代管"等问题，使得监管、执法力度大打折扣，难以产生应有的法律威慑力。据此，你认为中国就第三方支付问题应该如何进行合理的监管？

3. 第三方支付会给银行的支付业务带来什么影响？第三方支付与银行在支付业务上将会呈现出怎样的关系？是合作，还是竞争？

4. 2015 年 7 月 31 日，央行发布《非银行支付机构网络支付业务管理办法（征求意见稿）》（以下简称《征求意见稿》），这一文件被称为有关第三方支付的"史上最严"监管条例。本次央行发布的《征求意见稿》中将第三方支付账户分成了综合账户和消费账户两种类型。此外，央行对网上支付金额，第三方支付账户的开立、交易限额、客户认证、信息安全等问题都进行了限制。请结合该文件分析央行的监管的利弊。

第四章

P2P 网络借贷

网络借贷的崛起：Lending Club 和 OnDeck 上市提升公众认知

网络借贷行业第一个成功 IPO 的平台是美国的 Lending Club。它在 IPO 成功融资近 8.7 亿美元，每股股价 15 美元，估值达 89 亿美元。这个估值超过了美国一些大型银行的估值，是 2014 年排名第 18 位的上市规模。在 Lending Club IPO 几天后，网络借贷平台 OnDeck 也成功上市，融资 2 亿美元，估值达 13 亿美元，股价在上市当天飙升 40%。

网络借贷平台 IPO 的成功标志着网络借贷行业的兴盛。2014 年，网络借贷发展迅猛，通过 P2P 平台融资的贷款总额超过 86 亿美元，超过了往年网络借贷规模总额。而 Lending Club 和 Prosper 作为行业中的翘楚，自成立以来，二者共发行了超过 85 亿美元的消费贷款，其他新兴的平台则主攻学生贷款、小企业贷款、房地产贷款等。这些新兴的平台也受到了投资方的关注，获得了诸如 Google、红杉资本、Kleiner Perkins 和 T. Rowe Price 等公司的风投，投资总额超过 13 亿美元。

SoFi 是专注学生贷款的网络借贷平台，它将近 1.52 亿美元的贷款证券化并且获得了加拿大 DBRS 授予的 A 评级，网络借贷行业因此出现了第一个将 P2P 贷款证券化的平台。随后，OnDeck 也将 1.75 亿美元的固定利率贷款证券化并获得 DBRS 授予的 BBB 和 BB 评级。

不过网络借贷平台的发展并非一帆风顺。在成为世界两大 P2P 平台之前，Lending Club 和 Prosper 也历经艰辛，陷入过财务和法律上的困境。

这两大平台经历了自大萧条以来最严重的金融危机,也遭遇了 SEC 的监管风险和集体诉讼等。虽然强大的执行力和优秀的团队是 Lending Club 和 OnDeck 取得成功的重要因素,但是银行贷款的紧缩才是网络借贷行业持续增长的最大动力。

许多借款人是在遭到银行拒绝后,才转向诸如 Lending Club、Prosper 和 OnDeck 等平台,通过这些平台他们能够在几分钟之内完成贷款申请,申请通过后几天内就能拿到贷款资金。许多机构投资者也参与线上贷款投资,毕竟线上平台能够为机构投资者提供 5%—12% 的收益,这些机构投资者对收益可是极度渴望的。

Lending Club 和 OnDeck 共同公布了 2014 年前三季度的净亏损为 3 800 万美元,营收 2.51 亿美元,他们的未来充满未知。但是有一点是肯定的:其他网络借贷平台将受益于 Lending Club 和 OnDeck 上市提升的公众认知。SoFi 计划 2015 年下半年,Prosper 也计划择期上市。而通过 Lending Club 和 OnDeck 上市获益超 130 倍的风投公司也决定加倍投资线上借贷行业。如果这些线上平台能够持续 2014 年的增长速度,那么网络借贷行业将有望彻底改变现有的银行体系。

资料来源:By Nav Athwal from Forbes。

一、P2P 网络借贷简述

(一)定义

P2P(Peer to Peer)网络借贷,是指利用网络中介平台实现直接借贷的行为,即借款人在平台发放借款标,出借人进行投标向借款人放贷。其中,中介平台被称为 P2P 网络借贷平台。网络借贷平台负责对借款方的经济效益、经营管理水平、发展前景等情况进行详细的考察,并收取账户管理费和服务费等收入。实质上,P2P 网络借贷是一种基于互联网的民间借贷方式。

(二)特点

借款人通过在网络借贷平台上发布自己的借款需求,网络借贷平台根据借款人资料对其进行信用评级,出借人可以根据借款人的信用等级、借款金额、借款期限以贷款利率竞标,利率低者胜出。P2P 网络借贷平台主要起到信息展示、供需对接、信用评估等服务作用,但并不参与双方的交易。

因此 P2P 网络借贷最大的特点是消除了借贷过程中的银行中介,具有优于传统民间借贷的特点:

(1)信息公开透明。出借人与借款人是直接交易方,能够互相了解对方的身份信息、信用信息,网络借贷平台也会有借款人的相关信息公布,出借人及时获知借款人的还款进度和生活状况的改善。

(2)投资借贷双方的广泛。由于互联网的传播功能,P2P 针对广泛的非特定的主体,借贷方可以是个体,也可以是中小企业,具有一定闲散资金的用户都可以成为投资者。

（3）风险分散。在平台上可以把贷款分别贷给很多人,避免单个投资人把大量资金借给一个或少数借款人所带来的投资风险。

（4）信用甄别。在 P2P 模式中,出借人可以对借款人的资信进行评估和选择,平台也会对用户进行信用评级,进行风险控制。信用级别高的借款人将得到优先满足,其得到的贷款利率也可能更优惠。

（5）门槛低、渠道成本低。P2P 网络借贷使每个人都可以成为信用的传播者和使用者,信用交易可以很便捷地进行,每个人都能很轻松地参与进来。

（6）交易直观、效率高。P2P 网络借贷信用交易流程相对银行等金融机构简单便捷,借贷双方可直观地看到整个交易过程和资金流动情况,从需求发布到借贷完成可在几天内完成。

二、P2P 网络借贷的发展历程和现状

(一) 国外 P2P 网络借贷平台发展情况及趋势

1. 国外 P2P 网络借贷平台发展情况

2005 年,世界上第一个 P2P 网络借贷平台 Zopa 在英国诞生,随后美国的 Prosper、Lending Club 等 P2P 网络借贷平台也迅速建立。其中 Prosper 是在 2005 年成立的,Lending Club 则成立于 2007 年。2008 年金融危机的爆发,使得大型金融机构收缩信贷,而很多消费者开始转向 P2P 平台借贷。可以说,互联网技术提供了 P2P 借贷产生的可能性,而金融危机的爆发则是 P2P 借贷成长的助推器。

Zopa、Prosper 和 Lending Club 的创始人有着相似的创业理念。这几家机构的创始人都不认同银行用同样的方式和要求来对待有着不同需求的金融消费者,无论是借款人还是投资者(即放款人)。Zopa 的创始人 Richard Duvall 希望创造一种自由的方式,让消费者在使用资金时有更大的话语权;Prosper 的创始人 Chris Larsen 希望"推进借贷过程的民主化";Lending Club 的创始人 Renaud Laplanche 希望利用消费者的"同质性"来为借款人和放款人提供更好的交易。这几年,P2P 平台的模式发生了一些变化,但是 P2P 平台都很忠实地执行着成立之初为消费者提供价值的目的。

美国 P2P 行业的发展被业界视为典范。美国 P2P 网络借贷行业发展的重要因素包括:先进的金融理念、商业管理模式,大量的资金投入尤其是经验丰富的风投公司的支持,以及拥有合适的创始人。此外,还有两大原因值得重视:一是其证券化模式;二是成长过程中,监管重视并及早介入,立下规范。正因为这两点,美国 P2P 借贷行业保持很高的活跃度但没有乱象丛生;证券化所需的商业和监管成本,使一般的 P2P 借贷公司不容易做大(但并不意味着不能生存),却为有能力和创造力的公司提供了较为规范的路径和较好的环境。至少到目前为止,投资界的大佬

们还在用自己的资金和声誉为其"背书"。

P2P借贷平台依靠互联网的力量将借款人和放款人有效地联系在一起,为借贷双方创造显著的价值,P2P借贷服务行业在世界各地蓬勃发展。已有十年历史的Zopa仍在迅速发展,其2014年的总贷款规模为2.68亿英镑,预计在2015年将上升至5.5亿英镑。据统计,2013年美国P2P贷款成交量超过44亿美元,年增长率近200%,Prosper和Lending Club两大平台约占美国市场份额的98%,其中Lending Club截至2014年6月底,累计放贷达到50.4亿美元。

此外,在不包括英国的欧洲地区,德国、法国和北欧国家的P2P业务发展程度较高。据统计,2014年德国、瑞典和法国占据3/4以上的欧洲主要P2P平台的总贷款量(不含英国)。

2007年,德国的P2P行业诞生,其发展规模和速度在欧洲仅次于P2P发源地英国。目前德国主要有三大平台:Auxmoney、Lendico和Zencap。其中德国的Auxmoney,是英国以外的最大的欧洲P2P平台。Auxmoney从2007年上线到2015年1月底,累计贷款量达到1.62亿欧元。Lendico于2013年12月成立,向消费者提供高达2.5万欧元的P2P贷款,贷款期限从6个月到5年不等,客户遍及六国市场(德国、奥地利、波兰、荷兰、西班牙和南非)。Zencap于2014年3月成立,向企业提供高达15万欧元的贷款,贷款期限从6个月到5年不等。Lendico和Zencap都是由母公司Rocket Internet建立的,分别是个人信贷平台和中小企业贷款平台。

法国的P2P行业发展也比较迅猛,其中最有代表性的平台是Prêt d'union。Prêt d'union建立于2009年10月,2年后正式上线,是第一家获得法国央行授予的信用机构许可证和法国金融管理局(AMF,Autorité des Marchés Financiers)许可的经纪人执照的P2P平台,也是法国最大的P2P平台。上线以来,发放贷款量增速惊人,从2012年的1 100万欧元,到2013年的4 300万欧元,再到2014年近9 000万欧元,年复合增长率超过200%。截至2015年1月历史累计贷款总额为1.42亿欧元。

瑞典拥有全世界最多元化的P2P平台——TrustBuddy。TrustBuddy是以短期贷款起家,2011年成功在NASDAQ OMX First North(TBDY)交易所上市,成为世界第一家在公开市场交易的P2P平台。据nordicinvestor网站估计,该平台2014年的新贷款量超过12亿克朗(1.25亿欧元)。

2. 国外P2P网络借贷平台发展趋势

跨国境贷款是未来P2P行业潜在方向。随着P2P行业的增长,传统金融行业对P2P网络借贷的关注度也日益提升。但是也有些观点质疑P2P借贷是传统银行的变革或是需要更严厉监管的金融衍生品这一论述。P2P借贷行业目前高度集中在美国、英国、中国等国家。在其他很多国家,由于受当地借贷法律及监管机构的限制和公众对P2P网络借贷缺乏足够的认识,P2P借贷的发展仍较缓慢。西班牙国内平台的贷款规模是很小的,但是随着爱沙尼亚共和国的平台 Isepankur 和德国平台 Lendico 进军西班牙市场,借款人的需求却增长强劲。德国平台 Auxmoney 也表示其也在计划在不久的将来寻求欧洲的国际扩张。跨境贷款的悄然兴起,自然也伴随很多问题。各国贷款的监管体系不同,目前也不存在通用的集资监管体系,跨境贷款的资金监管体系只能在发展中逐步建立并通过测验得到完善,这是一个相对缓慢而又复杂的过程。一些评论家认为,不同国家社会信用体系的建设存在巨大差异,也增加了监管的难度,跨境贷款的范围也受到了限制。

机构投资者开始涉足与 P2P 平台合作。英国最大的 P2P 平台之一 Funding Circle 与美国一家投资集团合作。美国集团承诺通过 Funding Circle 向英国小企业出借 1.32 亿英镑。KLS Diversified Asset Management(简称 KLS 公司)声称这些债券将以英镑交易,并已开始接洽信用评级机构予以这些债券正式许可。P2P 行业获得了诸如对冲基金、银行和其他机构投资者的注意,大力吸收机构投资者的投资,开拓了投资机会,为更广泛的机构投资者(包括养老基金和保险公司等)创造了更多的投资机遇。

P2P 网络借贷证券化。随着 P2P 网络借贷行业贷款余额的增长,P2P 行业成为参照银行资产证券化的试点,对于符合要求的借款项目也进行相应的尝试,从而加快资金流通速度,提升资金的使用效率。2013 年,位于纽约的对冲基金公司 Eaglewood Capital 第一次将 P2P 贷款证券化,而专注于 P2P 学生贷款的平台 SoFi 则在 2014 年第一次成功出售评级化的 P2P 贷款。此后类似的交易就时不时地出现。Santander 银行和 BlackRock 集团正努力将最大的两家 P2P 平台(Lending Club 和 Prosper)的 P2P 贷款获得评级机构的正式评级并证券化出售,这也标志着华尔街对 P2P 网络借贷行业的认可。

(二)P2P 网络借贷在国内的发展

1. P2P 网络借贷在国内的发展历程

自 2007 年国外网络借贷平台模式引入中国以来,国内 P2P 网络借贷平台经历了探索、扩张、调整等阶段,迅速形成了一定规模。同时,P2P 业务模式不断创新和分化。

P2P 网络借贷在我国的发展进程大致可以分为以下几个阶段:

(1)2007—2011 年(探索期)。鉴于国外 P2P 借贷发展的成功,P2P 被迅速引入国内。2007 年拍拍贷上线,标志着我国 P2P 网络借贷业务开端,让很多敢于尝试互联网投资的投资者认识了 P2P 网络借贷模式。在 P2P 网络借贷起步期,绝大部分创业人员都是互联网出身,没有民间借贷和相关金融经验,因此早期模式主要是复制国外模式,以信用借款为主。只要借款人在平台上提供个人资料,平台进行审核后就给予一定授信额度,借款人基于授信额度在平台发布借款标。在这一阶段对于最终投资者来说网络借贷的收益是最高的,同时风险也是最高的。由于那时我国的信用体系并不健全,到 2011 年年底我国的 P2P 理财行业出现了第一波违约风险。

(2) 2011—2012 年(扩张期)。这一阶段,网络借贷平台开始发生变化,一些具有民间线下放贷经验同时又关注网络的创业者开始尝试开设 P2P 网络借贷平台。由于这一阶段开办平台的创业者具备民间借贷经验,了解民间借贷风险。因此,他们吸取了 P2P 发展前期的教训,采取线上融资线下放贷的模式,以寻找本地借款人为主,对借款人实地进行有关资金用途、还款来源以及抵押物等方面的考察,有效降低了借款风险,这个阶段的 P2P 网络借贷平台业务基本真实。但由于个别平台老板在经营上管理粗放、欠缺风控,导致平台出现挤兑倒闭情况。

(3) 2013—2014 年(扩张与风险爆发并存期)。2013 年年初央视多次报道 P2P 网络借贷,标志主流媒体开始把网络借贷当成一个行业看待。9 月 17 日,招商试水 P2P,一天即吸金 5 000 万元,说明大行也开始关注网络借贷。10 月,P2P 网贷成交额突破 100 亿元,标志着行业进入高速发展阶段。

这一阶段平台数量剧增,P2P 网络借贷的竞争日渐激烈,相关风险也在不断积聚。

2013 年 10 月开始的陆续几十家网站倒闭,10 亿资金被套,倒闭潮引发投资人恐慌。同时网络借贷之家传出多起收黑钱,老鼠仓等事件,给所谓的"第三方"公信力蒙上一层迷雾,第三方网站公信力受到极大挑战。2013 年 11 月,央视大篇幅报道网络借贷跑路潮以及开始呼吁监管。

(4) 2014 年至今(监管政策调整期)。这一阶段,国家表明了鼓励互联网金融创新的态度,并在政策上对 P2P 网络借贷平台给予了大力支持,至今有北京、上海、深圳、天津、南京、贵阳等地均出台政策支持互联网金融发展。同时,互联网金融监管政策框架正在完善。2015 年 1 月 20 日,银监会宣布进行机构调整,这是银监会自 2003 年成立以来的首次架构大调整。此次新设立了普惠金融工作部,融资性担保机构、网络借贷、小额借贷等被划归至该部门监管协调。

2. 国内 P2P 网络借贷的发展现状

经过七年多的探索发展和近年的迅猛增长,国内 P2P 网络借贷行业已经初具规模,多种平台模式竞相发展。目前 P2P 行业仍处于成长期,在监管政策尚未落地的情况下,创新发展仍在持续。不过,由于 2014 年以来不断有拥有强大实力金融机构支撑的平台加入,未来 P2P 行业或将加速分化和整合。

(1) 网络借贷平台发展迅速。据不完全统计,2015 年年底网络借贷运营平台已达 2 595 家,相对 2014 年的爆发式增长,正常运营的网络借贷平台的增长速度有所放缓,如图 4-1 所示。但绝对增量已经超过 2013 年。各年度网络借贷运营平台数量如图 4-2 所示。

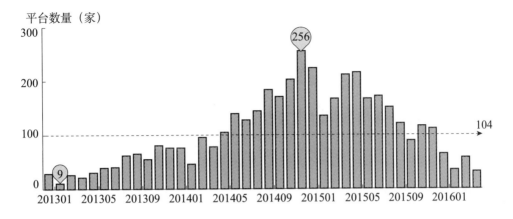

资料来源：零壹数据。

图 4-1　近年来新增平台数量

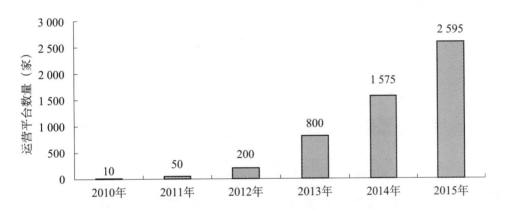

资料来源：网络借贷之家、盈灿咨询。

图 4-2　各年网络借贷运营平台数量

目前，这些运营平台的地域属性相对明显，主要分布在经济发达或者民间借贷活跃的地区，截至 2015 年 12 月底，广东、山东、北京三省市分别以 476 家、329 家、302 家的运营平台数量排名全国前三位，占全国总平台数量的 42.66%，如图 4-3 所示。与 2014 年一样，排名前六位的省市都是分布在经济发展靠前的沿海地区。随着各地逐步出台支持互联网金融的发展政策，2015 年湖北、四川、贵州等内陆省份的网络借贷也出现了快速的发展。

2015 年以来，银行、上市公司、风投资本不断涌入网络借贷行业，加速形成网络借贷行业的布局。据不完全统计，网络借贷行业获得风投青睐的平台已经达到了 68 家，上市公司、国资入股的平台分别为 48 家、68 家，银行背景的平台数量为 14 家，如图 4-4 所示。

2015 年网络借贷行业投资人数与借款人数分别达 586 万人和 285 万人，较 2014 年分别增加 405% 和 352%，网络借贷行业人气明显飙升。2014 年网络借贷

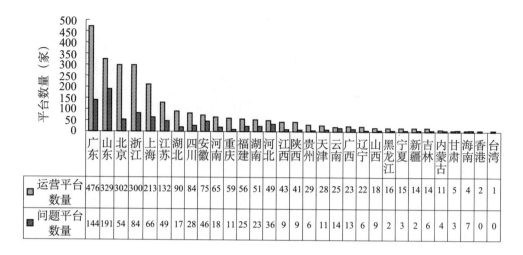

资料来源：网袋之家、盈灿咨询。

图 4-3 2015 年部分省份网络借贷运营平台数量

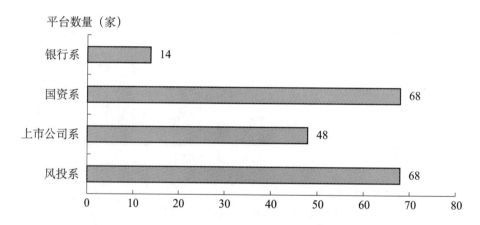

资料来源：网络之家、盈灿咨询。

图 4-4 各背景网络借贷平台数量

行业投资人数与借款人数分别达 116 万人和 63 万人，如图 4-5 所示。按目前增长态势，预计 2016 年网络借贷行业投资人数与借款人数将分别超过 2 000 万人和 900 万人。

截至 2015 年年底，2015 年全年网络借贷成交量达到了 9 823.04 亿元，相比 2014 年全年网络借贷成交量（2 528 亿元）增长了 288.57%。2015 年 10 月，网络借贷历史累计成交量首次突破万亿元大关；而截至 2015 年 12 月底，网络借贷历史累计成交量已经达到了 13 652 亿元。按目前增长态势，预计 2016 年全年网络借贷成交量或超过 3 万亿元，但是随着监管细则征求稿的落地，2016 年全年网络借贷成交量将存在一定变数。

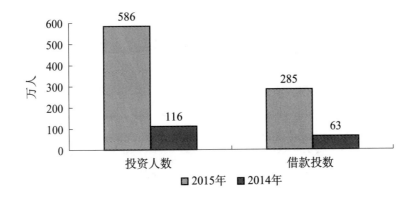

资料来源:网络借贷之家、盈灿咨询。

图 4-5 网络借贷投资人数与借款人数

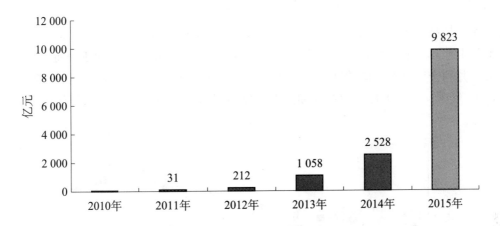

资料来源:网络借贷之家、盈灿咨询。

图 4-6 各年网络借贷成交量

(2) 网络借贷综合收益率及网络借贷期限。2015 年网络借贷行业总体综合收益率为 13.29%,相比 2014 年该指标下降了 457 个基点(1 个基点 = 0.01%)。纵观 2015 年 12 个月的综合收益率走势,前 11 个月几乎呈现单边下跌的态势,主要原因在于:P2P 网络借贷逐步成为资产配置的一部分,越来越多的投资人开始进入 P2P 网络借贷;在借款端增长不及投资端的情况下,供需结构持续失衡导致网络借贷综合收益率持续下降。同时伴随全年央行的多次降准、降息,持续宽松的货币市场环境推动着网络借贷综合收益率的不断下行。

如图 4-7 所示,2016 年 9 月,网贷行业综合收益率首次跌破 10%,为 9.83%,环比下降了 25 个基点(1 个基点 = 0.01%),同比下降了 280 个基点。《网络借贷信息中介机构业务活动管理暂行办法》出台后,网贷平台资产端竞争加剧且合规调整成本增大,部分平台主动下调综合收益率,行业综合收益率相应下行。

2015 年网络借贷行业平均借款期限为 6.81 个月,相比 2014 年增长了 0.69 个

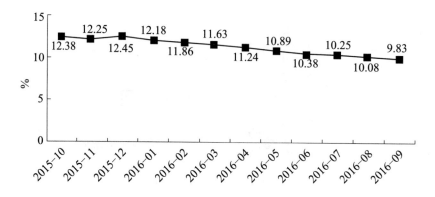

资料来源:网络借贷之家、盈灿咨询。

图 4-7 各年综合收益率走势

月。行业平均借款期限主要被一些成交量过 10 亿元且平均借款期限在半年以上的平台拉高。从 2015 年 12 个月的走势看,平均借款期限基本处于稳定状态,在 6.5 个月到 7 个月波动,这表明网络借贷行业的平均借款期限已经趋向于稳定,2016 年 9 月网贷行业平均借款期限为 7.75 个月,环比缩短了 0.29 个月,同比拉长了 0.93 个月。虽然 9 月平均借款期限有所缩短,但仍高于历史同期水平,如图 4-8 所示。

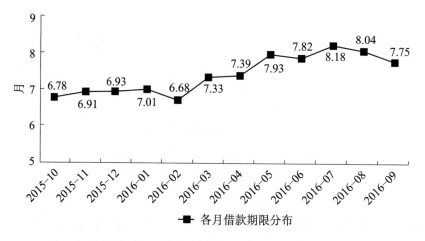

资料来源:网络借贷之家、盈灿咨询。

图 4-8 各年平均借款期限分布

(3) 问题平台与跑路事件剧增。目前,伴随新平台上线,大量资本涌入网络借贷行业,由于行业监管的空白,问题平台频现且总数量不断增长,如图 4-9 所示。据不完全统计,截对 2015 年年底累计问题平台数量已达到 896 家,是 2014 年的 3.26 倍。2015 年新上线的平台数量大增,导致各大中小平台竞争更为激烈,同时受股市大幅波动影响,众多平台面临巨大的经营压力,停业平台数量不在少数。随着监管的落地,不少违规平台加速跑路也使问题平台数量不断增加。

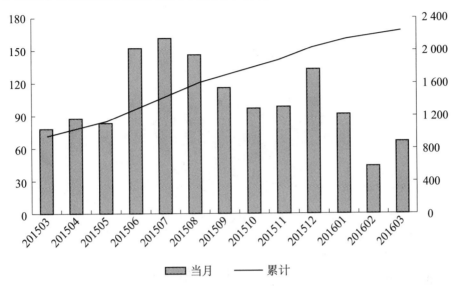

资料来源:网络借贷之家、盈灿咨询。

图4-9 问题平台数量走势

2013年的问题平台多数是诈骗、跑路平台,而2014年"诈骗、跑路"类与"提现困难"类问题平台数量相当,占比分别达到46%和44%;另外,还有部分平台因为停业或者经侦介入等其他原因被曝光。相对于2014年,2015年跑路、停业类型的问题平台数量占比出现了增长,分别为55%和15%,而提现困难、经侦介入的问题平台数量占比出现了下降,分别为29%和1%,如图4-10所示。第一类问题平台占比增长的主要原因在于:运营平台数量的增加加剧了中小平台的生存压力,其极有可能因经营不善而停业或跑路;此外,相关监管意见的出台也使得不少平台倾向于选择跑路。对于提现困难的问题平台,虽然其数量占比相比2014年出现了下降,但是其绝对数量还是呈现明显的上升。平台之所以频频出现提现困难,其原因主要有两方面:

(1)外因:整体经济疲软,借款人资金紧张,频繁发生逾期、展期现象,此外受股市回暖影响,投资人纷纷撤出资金,平台无力兑现。

(2)内因:由监管的缺失和平台的不规范运营导致流动性风险,使得一些网络借贷平台出现较为严重的拆标现象,加上此类平台资金实力和风控能力较弱,一旦发生负面消息,容易产生挤兑现象。

我们对比了2013年1月以来,正常经营平台数量的月度环比增长率和行业交易额的月度环比增长率,如图4-11所示。交易额的月度环比增长率共出现了5次为负数的情况,分别是每年的2月(春节)和2015年12月(e租宝事件影响),其他正常月份一直保持正增长;而正常经营平台数量自2015年6月开始,其月度环比

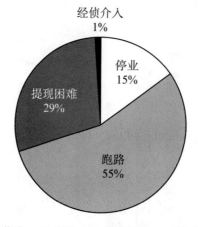

资料来源:网络借贷之家、盈灿咨询。

图 4-10　2015 年问题平台事件类型

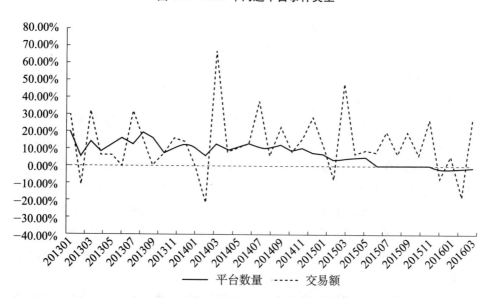

图 4-11　交易额月度环比增长率与正常经营平台数量月度环比增长率的对比

增长率均为负数。这意味着行业集中度在逐步提高,我们认为这一趋势将会持续下去,而且还会加快。在目前正常经营的 1800 多家平台中,会有相当一部分因为业务不合法、不合规而被清理掉,以及因为风控能力、技术能力、流动性管理能力不足等而被并购或淘汰出局。事实上,已经有部分中小平台意识到持续性难题,开始主动退出,不再发布新的标的。

(三)国内 P2P 网络借贷的监管

P2P 网络借贷平台作为一种新兴金融业态,在不断创新发展的同时,监管层面对于 P2P 行业监管规则的研究也在加速推进。2014 年 3 月 5 日,十二届全国人大二次会议审议的政府工作报告明确表示,"促进互联网金融健康发展,完善金融监管协调机制"。这是互联网金融首次写入政府工作报告。4 月 8 日,国务院对互联网金融监管进行了分业,P2P 划归证监会监管。4 月 21 日,银监会划定了 P2P 监管的四条红线:一是要明确平台的中介性质,二是要明确平台本身不得提供担保,三是不得将归集资金建立资金池,四是不得非法吸收公众资金。9 月 27 日,中国银监会创新监管部主任王岩岫在参加某经济论坛时首次谈到中国 P2P 网络借贷行业监管的十大原则,具体内容如下:

(1) P2P 监管要遵循 P2P 业务的本质。所谓业务的本质就是项目要一一对应,P2P 机构不能持有投资者的资金,不能建立资金池,明确 P2P 不是经营资金的金融机构。

(2) 落实实名制原则,投资人与融资人都要进行实名登记,明确资金流向,避免违反反洗钱法规。

(3) 明确 P2P 机构不是信用中介,也不是交易平台,而是信息中介。P2P 是为双方的小额借贷提供信息服务的机构,应当明晰其业务边界,与其他法定特许金融服务进行区别。

(4) P2P 信息平台需要分析、遴选新闻信息并提供参考性的信用分析,具有很强的专业性,应设立一定的门槛,如从业机构应该有一定的注册资本,满足高管人员的专业背景和从业年限也应该作相应的要求,P2P 机构应做好风险评估、风险提示和投融资限额的规定。

(5) 投资人的资金应该进行第三方托管,不能以存款代替托管,托管是独立的监管行为。同时尽可能引进正规的审计机制,以避免非法集资的行为。

(6) P2P 机构不得为投资人提供担保,不得为借款本金或者收益作出承诺,不承担系统风险和流动性风险,不得从事贷款和受托投资业务,不得自保自融。

(7) 走可持续发展道路,不要盲目追求高利率融资项目。

(8) P2P 行业应该充分地提高信息披露的程度,既要向市场披露自身的管理和运营信息,也要向投资者做好风险提示,开展必要的外部审计。

(9) P2P 投资者平台应该推进行业规则的制定和落实,加强行业自律。

(10) 坚持小额化,"支持个人"和小微企业的发展,落实项目一一对应的原则。

四条红线的设定及十大监管原则的提出对目前我国 P2P 网络借贷平台将起到很强的监管和约束作用,这不仅为 P2P 网络借贷平台的健康运转提供保证,还为新兴金融业态监管方面的工作设立了一个标杆。

三、P2P 网络借贷模式

自 P2P 网络借贷引入国内以后,网络借贷平台根据具体国情、地域特色和平台的自身优势,不断创新业务模式,形成了多种多样的 P2P 模式。目前,在行业内具有较大影响并被广泛采用的模式主要有以下几种。

(一)纯平台模式和债权转让模式

根据借贷流程的不同,P2P 网络借贷可以分为纯平台模式和债权转让模式两种。

纯平台模式是指 P2P 网络借贷平台不介入交易,出借人根据需求在平台上自主选择贷款对象,平台只负责信用审核、展示及招标。这种模式保留了自欧美传入的 P2P 网络借贷的本来面貌,平台以收取账户管理费和服务费为收益来源。

债权转让模式是由专门的放贷人在线下先与借款人达成借款协议,再把债券转让给投资人。这种模式的优点是 P2P 平台成长速度快,专门放贷人通过线下尽职调查可有效降低借贷风险;缺点是借款人信息相对不透明,投资者没有自己选择标的的权利。最为典型的债权转让模式平台是宜信。

(二)无担保模式和有担保模式

根据有无担保机制,P2P 网络借贷平台可分为无担保模式和有担保模式。

无担保模式借贷平台只为借款人和投资人提供借贷信息编写与发布、信用审核、供需匹配、交易管理等撮合交易所必需的功能,不对交易进行任何形式的担保。该模式平台承担的风险较小,交易的风险主要由交易双方承担;但对信贷技术要求较高,需要完善的个人征信系统。国内采用此模式的平台并不多,最具代表性的是拍拍贷。

担保模式对于每笔交易,都会签订一份三方合同,其中的第三方即担保公司。借款人违约后,由担保公司负责赔偿投资人的损失。这样投资人的利益得到了最大保障,但是由于需要支付担保费用,其收益会有所下降。用抵押模式的平台要求借款人以一定的资产(房产、汽车等)进行抵押,足值抵押和变现能力强的抵押物将增强还款保障能力,因此贷款费率有下降的空间。采用担保模式的典型平台包括陆金所、红岭创投、开鑫贷等,典型的抵押模式平台包括互利网、91 旺财(均为房产抵押)等。

(三)纯线上模式和线上线下相结合模式

根据 P2P 网络借贷平台对用户信息获取的渠道、信用审核及筹资过程,P2P 网络借贷平台的运营模式可分为纯线上模式、纯线下模式和线上线下相结合模式。

纯线上模式就是借款、投资完全在线上完成。这种模式最大的优势就是极大地压缩了经营成本,分散了平台所承担的风险。该模式的代表性平台是拍拍贷。

拍拍贷从成立至今,一直坚持纯线上经营。他们认为,这种线上模式就像十几年前的网店,最终一定会为大众所接受。而且,纯线上模式更符合互联网思维,也更彰显出互联网金融的特点。但是,由于目前国内个人征信体系的严重欠缺,该模式存在先天的不足。

目前为止,线上结合线下是最被看好的一种模式,即线下发展信贷产品,线上投标吸引投资者进行投资。

该模式的典型代表是陆金所。相对于纯线上模式,这种模式更加可信,因为它是基于本地化的服务,风控相对比较严谨。相对于纯线下模式,这种模式更加规范,能对借款人和项目进行充分的信息披露,信息更加透明。采用该模式,几乎很少出现违规违纪的问题;而且平台可以根据不同客户的需求和特点提供更匹配的网络借贷服务。

平台聚焦

案例1:拍拍贷的运作模式——纯平台模式+无担保模式+纯线上模式

拍拍贷成立于2007年8月,总部位于上海,是我国首家P2P小额无担保网络借贷平台。拍拍贷网站的功能包括借款信息的发布、竞标管理、借款管理、电子借条等,注重现实人际关系及信用在其平台上的延续,借款人最多可借入20万元的无抵押信用贷款。其运行模式如图4-12所示。

图4-12 拍拍贷运作模式

(1)信用等级的核定。拍拍贷会根据"线下得分"和"线上得分"核定借款人的信用等级,其中,线下得分是根据用户提交的结婚证、工资证明等信息来确定的,包括年龄、学历、工作、收入等因素;线上得分项目包括身份认证、手机实名认证和还款记录等。拍拍贷的信用等级分为 7 级,由高到低依次是 AA、A、B、C、D、E、HR。信用评分的结果将直接影响借款人可借额度的大小和借款成功率。

(2)借贷流程。拍拍贷的借贷流程并不复杂,即借款人发布信息,放款人以竞标方式参与。具体而言,借款人的个人信息经网站审核通过和评定信用等级后,即可发布借款金额、期限和所能负担的最高年利息等借款信息,向他人借钱;而有意借款给他的人则可用自有资金全额或部分金额投标的方式来赚取利息,投标采取"利低者得"的原则;如果一定时间内最低和较低利率的投标金额组合达到了借款人的需求,则借款宣告成功;日后每个月,借款人将还款金额打入拍拍贷账户,系统自动存到放款人账户里,直到还清为止。若借款人逾期还款,除了要承担网站电话提醒和催收服务费用以外,还可能被列入全国个人信用评级体系的黑名单或面临放款人的法律诉讼。

(3)收益来源。拍拍贷对资金借出者不收取任何费用;对借入者而言,期限在 6 个月(含)以下的贷款按本金的 2% 收取成交服务费,对期限 6 个月以上的贷款按本金的 4% 收费。此外,如果借入者逾期超过 15 天,拍拍贷将收取 50 元人民币或还款金额的 1% 作为网站电话提醒和催收服务的费用;如果借入者逾期超过 60 天,拍拍贷会把对该笔借款所收的成交服务费按比例如数补偿借出者,一旦借入者还款后,网站将收回这笔费用。

案例2:宜信的运作模式——线下债权转让模式+线上线下相结合模式

宜信惠民投资管理公司成立于 2006 年 5 月,总部位于北京,成立之初主要面向教育培训机构提供个人信用咨询与管理服务。2007 年 10 月,宜信互联网平台正式上线。宜信的 P2P 网络借贷平台的特点是,吸收资金供给方的资金,并将其提供给资金需求方,与拍拍贷的自行配对不同,资金供需双方的配对和借贷操作主要由宜信进行,放贷人在其网站上不能看到借款人的具体信息。其运行模式如图 4-13 所示。

(1)对出借人:打造"宜信宝"P2P 信贷理财模式。宜信平台通过"宜信宝"信贷理财模式为出借人提供服务,出借人在线填写工作单位、意向投入金额等信息后,宜信会为其提供已通过平台审核的借款人,而出借人可以选择是否同意出借资金给特定的被推荐借款人。根据平台提供的历史经验数据,"宜信宝"的年收益始终在 10%以上,明显高于银行存款和理财产品的收益。此外,在流动性方面,某笔投资出借 12个月后,出借人可以向宜信提出将债权转让,收回资金。在风险控制方面,出借资金将被分配到多个借款人手中,以最大限度地分散风险,同时还设立了专门的还款风险金,当资金回收出现问题时,可以用其补偿本金及利息损失。

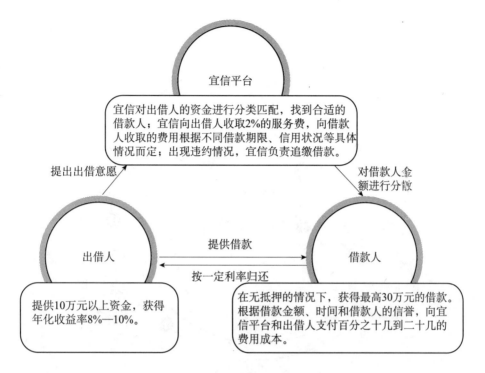

图 4-13 宜信运作模式

（2）对借款人:提供小额信用贷款服务。宜信为借款人提供小额信用贷款服务,无须抵押和担保即可获得现金贷款,额度最高 30 万元,还款期限最长 48 个月,而且手续简便,借款人仅需提供身份证明、收入证明等资信材料,最快 2 个工作日之内即可完成审核。贷款成功后,还可以成为宜信的循环贷客户。此外,宜信会根据借款人的信用状况收取一定的服务费用。

案例 3:陆金所稳盈安 e 贷的运作模式——担保模式＋线上线下相结合模式

陆金所,全称为上海陆家嘴国际金融资产交易市场股份有限公司,属于平安集团旗下成员,是中国最大的网络投融资平台之一。它于 2011 年 9 月在上海注册成立,注册资本金为 8.37 亿元,总部设在上海。陆金所旗下网络投融资平台 lufax 于 2012 年 3 月正式上线运营,作为中国平安集团倾力打造的平台,lufax 结合全球金融发展与互联网技术创新,在健全的风险管控体系基础上,为中小企业及个人客户提供专业、可信赖的投融资服务,帮助他们实现财富增值。

陆金所第一款金融产品"稳盈安 e 贷",属于个人投融资服务,为有借款需求的个人提供融资服务,同时也为有投资需求的个人提供投资服务,年化收益率为 8.4%,投资期限最短为 3 个月,最长 3 年。其运作模式如图 4-14 所示。通过平安集团旗下的担保公司对借款人的借贷真实性及申请担保的资格进行审核和风险控制,并对借款人的借款承担全额担保责任,将坏账风险降到最低。一旦交易成功,出资者

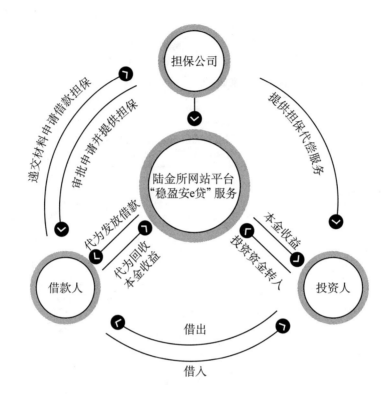

图 4-14　"稳盈安 e 贷"运作模式

对借款人拥有债权,在整个投资周期内,出资者将获得一定的利息回报,并采用等额本息的方式每月收款,陆金所平台为借款人和出资者的资金提供代收代付服务。

四、P2P 网络借贷存在的风险

随着中国互联网金融的不断发展,中国 P2P 在本土化的运营过程中已经出现诸多问题。由于缺乏政府的介入和监管,相关的法律法规的缺位,加上风险管理技术的相对落后,导致市场中出现了大量风险不可控产品,给整个行业的发展带来不良影响,同时也给投资者、借贷者以及 P2P 平台本身都带来了巨大风险。最直接的表现就是行业发展混乱、平台"跑路"现象频发。

（一）P2P 网络借贷的风险类别

P2P 网络借贷存在的风险主要有以下几类:

1. 信用风险

P2P 网络借贷中占较大比例的贷款业务是无抵押无担保和纯信用业务,且主要针对小微客户。小贷业务在获得较高收益的同时也承担了较大的风险,财务数据和担保抵押的缺失使信用评估技术显得更加重要。实际上,即使是几个国外运营较为成熟的 P2P 网络借贷平台,其逾期率和坏账率仍达到 3% 以上,甚至更高。

目前国内社会信用体系不健全,社会整体信用水平不高,因而面临的信用风险更大。

信用风险主要来源于借款人违约和虚假借款人。在实践中,P2P网络借贷平台虽然建议投资者采用小额分散投资的方式控制风险,但在对借款人的源头评估上,仍需合适的信贷技术和线下尽职调查。借款人的数量越多,对P2P管理信用风险的要求就越高。

要有效规避信用风险,就要多维度掌握借款人的个人信息,且越翔实越好。在目前我国个人征信体系不完善以及P2P公司不能介入央行征信系统的情况下,信用分析以及对借款人的线下尽职调查是重中之重。对借款人调查主要包括三个方面:

(1) 审核材料,包括借款人的身份证、婚姻证明、银行流水、征信报告、房产证明等必备材料的审核及真实性验证。

(2) 对借款人还款能力和意愿的评估。其中,还款能力是客观因素,还款意愿是主观因素。在目前不良贷款率和借贷案件数量均激增的大背景下,对于借款人还款意愿的评估变得尤为关键。

(3) 线下实地考察。风控人员通过实地走访交叉验证抵押资产和贷款担保价值评估。

2. 监管缺位风险

P2P平台金融诈骗和卷款跑路是投资人的重要担忧。而其产生的技术原因是交易使用的中间资金账户缺乏监管。由于中间资金账户归属P2P平台所有,资金可被平台独立支配。

中间资金账户的开设是为了交易核实与过账。P2P平台在银行和第三方支付平台开设中间资金账户,实现交易中的转账结算。转账结算业务理论上可以由第三方机构来做,但是由于其"钱少活多责任大",第三方机构不承诺进行操作及监管,只是允许P2P平台及个人开户而已。

目前中间资金账户普遍处于监管真空状态,资金的支配权仍然在P2P平台。若是对时间差和合同条款没有严格控制,"卷款跑路,挪作他用"等中间账户资金沉淀引起的道德风险是存在的。

3. 非法集资的风险

央行已经界定了三类P2P涉嫌非法集资:其一为理财资金池模式,即P2P平台将借款需求设计成理财产品出售,使投资人的资金进入平台的中间资金账户,产生资金池;其二为不合格借款人导致的非法集资风险,即P2P平台未尽到对借款人身份的真实性核查义务,甚至发布虚假借款标;其三则是典型的"庞氏骗局",即P2P平台发布虚假借款标,并采取借新还旧的"庞氏骗局"模式,进行资金诈骗。

许多发生资金风险、涉嫌非法集资的P2P网络借贷平台,为了有效控制和使用募集的资金,会在银行或第三方支付公司开立账户直接归集资金,这样一来资金的使用行为缺乏有效的监管。P2P 网络借贷平台防范非法集资的风险要严格避免资金转移先于投资行为的发生,也就是避免中间资金池的形成。若是不存在中间资金池,投资者完全知晓投资信息,也就减小了项目投资风险和金融诈骗的可能性。目前,中间资金池在许多 P2P 机构中是存在的,隐含的风险较大。

如何减小 P2P 平台非法集资的风险?央行提出的方案是,建立平台资金第三方托管机制。平台不直接经手归集客户资金,也无权擅自动用在第三方托管的资金,从而使 P2P 网络借贷平台回归撮合交易的中介本质。

4. 流动性风险

P2P 网络借贷交易平台数量和交易额迅猛增长,流动性风险成为 P2P 网络借贷行业面临的最大风险。借款人逾期、展期现象频繁,投资人纷纷撤出资金,网络借贷行业面临高兑付压力,许多平台被曝光出现提现困难。从 P2P 交易平台提现困难的众多案例来看,拆标、自融、组团、资金池等是引发网络借贷交易平台出现流动性风险的常见因素,而拆标更是普遍存在的现象。

拆标是将一个期限较长或者金额较大的借款标的拆成期限较短和金额较小的多个借款标的,继而形成期限和金额错配,而期限错配则是网络借贷交易平台拆标最常用的手段。由于网络借贷行业的高风险和监管的空白,投资人偏好投资期限较短的投资标的,尤其是卡族用信用卡套现投资网络借贷。为了应对拆标可能带来的流动性风险,交易平台需要足够的资金应对投资人的提现需求。在现实操作中,往往平台分拆的标的到期,而真实借款却尚未到期,从而导致投资人提现出现问题。一旦提现问题加剧会导致投资人挤兑,最终导致流动性危机爆发,平台加速倒闭。

5. 系统安全风险

2014 年,P2P 网络借贷市场出现了群雄逐鹿的混战局面,上市公司、国企、传统金融企业、草根 P2P 平台,以及百度、阿里巴巴、腾讯等互联网大鳄纷纷进军 P2P 网络借贷领域。然而,P2P 行业正风生水起同时也惹来黑客垂涎,人人贷、拍拍贷、翼龙贷、有利网、网络借贷之家等多家 P2P 机构均惨遭黑客攻击。

著名经济学家吴晓灵分析:"根据世界反黑客组织的最新通报,中国 P2P 已经成为全世界黑客宰割的羔羊。2013 年七八月份,轰动一时的乌云安全漏洞事件——深圳晓风软件公司服务的 100 多家 P2P 公司都遭到了黑客的攻击,导致很大一部分被攻击的 P2P 平台损失惨重,光是深圳、浙江两省就有 20 多家平台跑路。"

P2P 网络借贷的技术安全问题出现的原因可以归结为两类:一类是某些公司以为 P2P 的门槛很低,就购买网站模板进入,但其实 P2P 的隐形门槛非常高,以至于很多公司只能选择成本低廉的现成模板,于是便依赖第三方提供的模板,这些模板的价格区间一般是 5 万—10 万元,数百万元级别的也有,但是一家好的 P2P 公司,其网站是经过长年累月的积淀的,每年投入都至少以千万计。另一类是自建的 P2P 模板,但是因为技术不专业,容易被找出漏洞,很多几个人开发的 P2P 网站虽然是自建,但可能还不如模板。可以说这两类公司因为无法在技术和安全上投入,所以尤其容易成为被攻击的目标。

安全性和数据的准确性是网站最重要的基础,针对不同的攻击方式需要有不同的防御措施,并且实时备份、异地备份数据,这需要建立整一套安全结构,并且在新的问题出现这能立刻进行完善。同时,为了应对技术风险,国家需要制定统一的技术标准,提高在互联网方面的技术设计水平,具备足以防御黑客的能力,防止此类技术问题的不断重演。

(二) 风险防范

作为一种绕开银行间接贷款融资模式的、一种在借款人和出借人之间直接发生借贷关系的业务模式,P2P 业务的核心在于团队自身的风险定价能力,即风险管理能力是 P2P 公司的核心竞争力,要提高 P2P 公司的竞争力就应从以下三点出发提高公司的风险管理能力。

1. 明晰风控部门的职能

在信贷金融领域,根据不同借款额度,往往对应的是不同的风控审批手段。从业内看,超过 100 万元的借款基本采用与银行相同的借款风控手段,即实地真人考察,再加抵押物。而 20 万—100 万元,可以采用类似进程间通信信息技术公司的风控技术,没有抵押物,但较接近于银行的审核手段,即分散审核。而 P2P 从本质上讲,更多的是专注于 1 万—20 万元的信用无抵押借款,这是银行、小额贷款公司和担保公司目前很难覆盖的领域。风险管理采用总部集中式的数据化风控模式,从而解决了审核标准不统一以及审核人员快速扩张依赖长期经验积累的问题。在总部风控部门的设立方面,应主要分成三个部门:政策和数据分析部、风控审核部、催收部。

政策和数据分析部又可分成三个主要部分:一是政策制定团队,包括确定目标人群,制定借款产品准入政策、核批政策、反欺诈政策、催收政策等,并固化到决策引擎系统和评分卡;二是数据挖掘分析,对逾期客户进行特征分析、产品盈利分析等;三是数据建模团队,根据数据挖掘,对逾期客户特征数据进行建模分析。这三个部门的工作相互关联,工作成果是制定贷款产品政策,包括前端营销、中台审核、后台催收的各项政策制度。

风控审核部主要包括初审部、终审部和稽核部,主要职责是审核判定借款人资料的真实性和有效性,结合决策引擎和评分卡等对客户做出是否核批的决定。

催收部按照客户逾期时间长短,分为初催和高催。其主要职责是根据催收评分卡和决策引擎,对逾期客户进行催收工作。

2. 坚持小额分散的原则

有了职能清晰的风控部门,对于以点对点借款为主要模式的 P2P 而言,要将平台的整体违约率控制在较低水平,还要坚持小额分散的原则。

"分散"在风险控制方面的好处表现在:借款的客户分散在不同的地域、行业、年龄区间,这些分散独立的个体之间违约的概率能够相互保持独立性,则同时违约的概率就会非常小。比如,100 个独立个人的违约概率都是 10%,那么随机挑选出其中 2 个人同时违约的概率为 1%($10\%^2$),3 个人同时违约的概率为 0.1%($10\%^3$),4 个人都发生违约的概率为 0.000 1%($10\%^4$)。如果这 100 个人的违约存在相关性,比如在 A 违约时 B 也会违约的概率是 50%,那么随机挑出来的这 4 个人同时违约的概率就会上升到 5%($10\% \times 50\% = 5\%$,而不是 1%)。因此保持不同借款主体之间的独立性非常重要。

"小额"在风险控制上的重要性,则表现为避免统计学上的"小样本偏差"。例如,平台一共做 10 亿人的借款,如果借款人平均每人借 3 万元,就是 3.3 万个借款客户,如果借款单笔是 1 000 万元的话,就是 100 个客户。统计学中有一个"大数定律",即样本个数数量需要在足够大的情况下(超过几万个以后),才能趋近正态分布,统计学上才有意义。因此,假设借款人的坏账率都是 2%,则放款给 3.3 万个客户,其坏账率为 2% 的可能性要远高于仅放款给 100 个客户的可能性,并且这 100 个人坏账比较集中,坏账占比可能达到 10% 甚至更高,这就是统计学意义上的"小样本偏差"的风险。

对应到 P2P 网络借贷上,那些做单笔较大规模的借款的网站风险更大。这也是为什么包括人人贷、有利网等这些对风控要求较高的平台,坚决不做抵押类大额借款的原因。

3. 建立数据化风控模型

除了坚持小额分散的借款原则,用数据分析方式建立风控模型和决策引擎同样重要。小额分散最直接的体现就是借款客户数量众多,如果采用银行传统的信贷审核模式,在还款能力、还款意愿等难以统一量度的违约风险判断中,风控成本会高至业务模式难以承受的水平,这也是很多 P2P 网络借贷平台铤而走险做大额借款的原因。

可以借鉴的是,国外成熟的 P2P(比如 LendingClub),以及都是采用信贷工厂的模式,利用风险模型的指引建立审批的决策引擎和评分卡体系,根据客户的行为特征等各方面数据来判断借款客户的违约风险。美国专门从事信用小微贷业务的 CapitalOne 是最早利用大数据分析来判断个人借款还款概率的公司,在 2007 年金融海啸中,CapitalOne 公司也凭借其数据化风控能力得以存活并逐步壮大起来,于 2014 年已经发展成为美国第七大银行。

简单来说,建立数据化风控模型并固化到决策引擎和评分卡系统,对于小额信用无抵押借款类业务的好处包括两个方面：一是决策自动化程度的提高，降低了依靠人工审核造成的高成本；二是解决了人工实地审核和判断所带来审核标准的不一致性问题。

因此，除了小额分散的风控原则，P2P网络借贷风控的核心方法在于，通过研究分析不同的个人特征数据（即大数据分析）相对应的违约率，通过非线性逻辑回归、决策树分析、神经网络建模等方法来建立数据风控模型和评分卡体系，来掌握不同个人特征对应影响到违约率的程度，并将其固化到风控审批的决策引擎和业务流程中，从而指导风控审批业务的开展。

最后，回到P2P的社会效益这一原点问题上，P2P网络借贷是为了实现普惠金融的一个创新。它的初衷是让每个人都有获得金融服务的权利，能真正地把理财服务和贷款服务带到普通民众的身边。P2P网络借贷的出现，填补了我国目前传统金融业务功能上的缺失，让那些被银行理财计划和贷款门槛拒之门外的工薪阶层、个体户、农村的贫困农户、大学生等人群也有机会享受金融服务。而要服务这一庞大的群体，设计安全、合理的商业模式和恪守风控第一的准则，确保广大投资者的权益更应成为P2P行业从业者放在第一位思考的问题。

思考题：

1. 利用大数据实施P2P风险评级和风控可行吗？
2. P2P网络借贷行业的隐形门槛有哪些？
3. P2P应怎样进行监管？监管是机遇还是烫手山芋？
4. 普通投资者适不适合P2P？

第五章

众筹

一个古老的故事——由伊利亚特想开去

伊利亚特是荷马史诗的一部分,讲述的是古希腊时期的故事。全诗共15 693行,通过描写特洛伊战争的情景,歌颂古代英雄们勇敢无畏、前仆后继、为集体奉献的高贵品质。18世纪初,英国著名诗人亚历山大·蒲柏(Alexander Pope)计划将伊利亚特翻译成英文引入英国。在作品完成之前,蒲柏向当时的人们承诺,每位参与订阅的群众,可以在翻译结束之后获得一本英文版的伊利亚特。这一新颖的回报形式吸引了当时的群众,575名投资者欣然应允订阅,并向蒲柏提供了足够的资金以帮助其完成翻译工作。经过五年的努力,蒲柏终于完成了译作,英文版的伊利亚特获得了人们的一致好评,更被塞缪尔·约翰逊(Samuel Johnson,第一部现代英语词典的编纂者)博士誉为"世界前所未见的高贵的诗译作"。其中,早期的英文版译作中,还附有第一批订阅者的名字,以此感谢他们的支持。蒲柏能获得成功,离不开他这一创新形式的资金筹集手段——众筹,而这,便是世界上最早的众筹。

1783年,奥地利知名作曲家莫扎特打算在维也纳音乐大厅演奏自己的三部钢琴协奏曲,为此他提出,愿意为他提供资金帮助的支持者将获得他本人的部分音乐手稿。然而,在第一次募集时并没有成功。第二年莫扎特重新开展筹集资金的项目,这次他获得了176名支持者的资助,项目也获得了成功。这176名支持者的名字同样被写在手稿上,以表达莫扎特的感激之情。

可见，18世纪时便出现了众筹的雏形，众多的名人从中获得收益，从而使自己的项目得以正常开展。众筹，顾名思义，就是在项目完成前，由众人筹集资金，以此帮助项目成功完成。历史上比较古老的众筹，多是依靠名人效应获取资金来源，动机也往往较为单一，没有统一的形式，仅仅是简单地"发布——收取资金——获得回报"。然而在接下来的200年间，尽管也有类似的项目出现，却一直没有脱离这个传统框架。这棵金融创新的萌芽，一直以来由于缺乏温润土壤的培育和清凉水分的滋润，难以焕发其应有的活力，一直处于休眠状态。

直到200年后的信息时代，一种叫作互联网金融的概念将这株众筹的萌芽重新唤醒，为它提供了最适合发展的温床。2008年1月，一个名叫Indiegogo的网站上线。这家总部位于旧金山的创业公司致力于将一些新奇的项目放到网上，吸引普通投资者的目光并寻求他们的资助，投资者往往能获得不同形式的回报，众筹由此实现了从线下到线上的转变。而2009年Kickstarter的成立，则标志着人们进入了大众筹时代。

如今火爆全球的Pebble Watch智能手表是Kickstarter最为成功的案例，尽管在Pebble创始人Eric Migicovsky看来，这次众筹项目的成功多少有些无心插柳和出乎意料。在将项目放上Kickstarter之前，Eric为了筹集研发资金，接触了无数风投，然而结果却令人失望。风投认为这个市场尚未得到大众检验，对智能手表多持观望态度。经过多番游说，Eric仅仅获得10万美元的资助，对于一个前期需要投入大量资金的硬件开发公司来说，完全是杯水车薪。2012年4月，为了挽救自己的项目，Eric尝试着将Pebble的构想、设计的募集目标放到Kickstarter上，希望能得到更多的资助。万万没想到的是，短短2个小时之内，10万美元的筹集目标已经完成，而28小时过后，筹集的资金更是突破了100万美元，吸引了超过1000名投资者的支持。爆发式的筹集速度引来了媒体的报道和更多天使投资者的跟进，该项目也不断刷新着网站的记录。最终，筹集资金的数额定格在1 026万美元，Pebble更是在2013年5月获得了另外1 500万美元的天使投资，顺利完成A轮融资。Eric不负众望，率领创业团队开发出了Pebble智能手表。这款手表担当的是智能手机的配件角色，能够与iPhone和Android系统配对，在手表的墨水屏上显示来电，并实时提醒邮件、短信及其他社交信息。通过众筹，Eric创业团队获得大量资金支持，更是提前获得了大众对Pebble产品的喜好，Pebble智能手表线上获得8万订单，线下获得27万订单，成为硅谷轰动一时的成功事件。

如今，越来越多的创新项目前往众筹网站进行融资，Kickstarter和Indiegogo稳坐美国众筹网站的头两把交椅，站在时代的风口浪尖引领着人们实现改变。借助互联网，众筹犹如找到了一束稍纵即逝的光，向四周扩大蔓延，深深地渗透到日常生活中的每个角落。借助互联网金融的突飞猛进，众筹也实现了爆发式的增长，成为富有前景的朝阳行业。

一、众筹定义和特点

(一) 众筹的定义

"众筹"二字源自国外"crowd funding"一词,即大众筹资或群众筹资,简单地说,就是一群人凑钱做一件事。在互联网热潮的催生下,众筹从线下转移到线上。项目发起人通过互联网方式发布项目并融资,大众通过互联网获取信息,相互沟通联系,并汇集资金支持项目发起人的活动。

现代众筹一般包括下列三个主体:项目发起人、支持者、众筹平台(见表 5-1)。

表 5-1　现代众筹模式

项目发起人	有创意项目、需要获得资金支持的企业或个人
支持者	对筹资人的故事或回报感兴趣的、参与出资的广大互联网用户
众筹平台	撮合筹资人与支持者的互联网终端

有了以上三个主体的项目就是完整的众筹吗?事实并不是如此,众筹项目还受另外三个条件的限制:第一,时间限制。每一个项目都会设定一个筹资时间,只有在发起人预设的时间内达到目标,筹资项目才算成功,发起人才能获得相应资金。第二,目标限制。众筹项目均有一个目标金额,只有筹集的资金额达到或超过设定的目标金额,众筹才能成功。任何项目在规定的时间内没有达到筹资目标,均会从众筹网站上下线并发出通告,同时将已筹集的资金全部归还支持者。第三,回报设定。除捐赠众筹以外,其余众筹项目必须明确给予出资人相应的回报,筹资项目完成后,网友将得到发起人预先承诺的回报,回报方式可以是实物,也可以是服务。图 5-1 列示了众筹的三大主体及筹资成功条件。

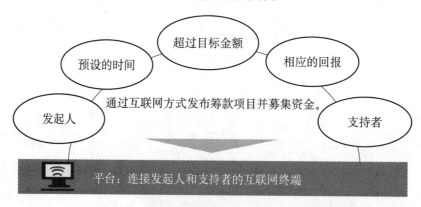

图 5-1　现代众筹构成主体及筹资成功条件

(二) 众筹的特点:草根阶层的盛宴

不同于公开募股、天使投资等传统融资方式的复杂性和高门槛,众筹以其相对"接地气"的交流方式与大众沟通。众筹具备不同于传统风险投资的四大特点,这些特点决定了众筹是一场草根阶层的盛宴,将融入我们生活的方方面面。

(1) 进入门槛低。从项目发起人身份来看,无论是大名鼎鼎的企业家,还是身怀绝技的发明家,抑或是一文不名但怀揣梦想的草根一族,只要有创意项目,谁都可以成为众筹发起人,在公开渠道发布自己的项目。

(2) 参与方式简单。对于项目投资者而言,身份、地位、资金要求已经不再重要。只要有闲置资金,任何个人都可以为众筹项目出一份力,成为某个项目的拥有者或者某个创业团队的"天使投资人"。众筹参与资金从几美元到上万美元不等,参与方式的简单快捷使得众筹的大部分支持者都是普通民众,而非公司或风险投资人。

(3) 项目多样性。众筹的项目包罗万象,已涉足多个行业,包括设计、科技、音乐、影视、出版、游戏、摄影、公益等,近期房地产领域的众筹项目更是不断涌现。

(4) 创意为王。拥有十足创意或是创新的项目方能夺人眼球,获得投资者的肯定。发起人必须先将自己的创意(设计方案、宣传策划、后期运营等)上传平台审核,同时具备创意和可操作性的项目方能通过平台的审核。

二、众筹的起源、发展历程及现状

(一) 众筹融资模式的雏形

众筹融资的雏形最早可追溯至 18 世纪欧洲文艺作品的订购。在文艺作品创作前寻找订购者提供创作经费,待作品完成时,回赠订购者一本附有创作者亲笔签名的著作、协奏曲乐谱副本或欣赏音乐会首场演出的资格等。

(二) 互联网众筹模式的起源

迈入信息时代,借助互联网平台的传播,众筹实现了爆发式增长。其中第一个吃螃蟹的互联网众筹平台先锋,当属成立于 2001 年的美国 Artist Share 公司。该平台主要面向音乐界的艺术家及其粉丝,与西方传统众筹的历史渊源十分吻合,由此开启了互联网众筹时代。2005 年之后,众筹平台如雨后春笋般出现。2006 年,美国学者迈克尔·萨利文致力于建立一个名为 Fundavlog 的融资平台,允许发起人采用播放视频的方式在互联网上吸引潜在投资者进行项目融资,首次以众筹一词解释了 Fundavlog 的核心理念,使众筹进入了公众视野。

(三) 众筹的全球发展现状

现阶段,借助互联网的传播,众筹项目和众筹平台如雨后春笋般不断涌现。根据咨询公司 Massolution 的调查报告显示,全球范围内,2009 年全球众筹投资额仅为 5.3 亿美元,2012 年达到 27 亿美元。众筹融资平台数量增长速度越来越快,2009 年仅有不到 100 个平台,2013 年年底增长到 800 个,为超过 100 万个项目进行募资。众筹融资规模呈 J 形曲线增长,从 2009 年的 32 万亿元增长到 2013 年的

316万亿元,增长了将近十倍。众筹融资公司的数量不断攀升,2009年仅有192家,之后每年以超过40%的速度增长,到2013年年底全球众筹融资公司数量已经接近900家。

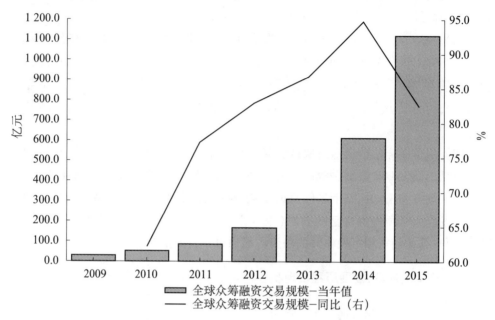

图 5-2 近年来全球众筹融资交易规模情况

资料来源:前瞻网。

从地区分布来看,北美和欧洲是众筹最活跃的地区。2012年,北美和欧洲地区贡献了全球众筹融资总额的95%。其中,北美地区众筹融资额为16亿美元,占全球众筹融资总额的60%;欧洲地区众筹融资额与2011年相比增长超过一倍,为9.45亿美元,占全球众筹融资总额的35%。在全球活跃的众筹融资平台中,美国的占比超过40%。根据Bradford的统计数据,截至2011年6月,超过60万的Kiva用户为近60万的企业提供了超过2.25亿美元的贷款。

如图5-3所示,在全球1250家众筹平台的样本里,股权众筹、权益众筹、公益众筹和债权众筹这四类最重要的融资金额占比非常均衡。其中平台数量最多的是权益众筹,债权平台数量仅位居第四。兴起不久的收益众筹平台也占到4%,混合众筹平台占到7.2%。

(四)现代互联网众筹的头把交椅之争——Kickstarter vs. Indiegogo

世界上的众筹平台模范——Indiegogo 和 Kickstarter 分别成立于2008年和2009年。两个平台都是众筹领域的龙头,两者之争不可避免,胜利花落谁家,对此我们有以下分析。

仅从项目完成率(达到或超出预期筹资目标)比较,Indiegogo的完成率仅有9.3%,而Kickstarter该比率则高达44%,但前者完成的项目总数是后者的1.3倍。

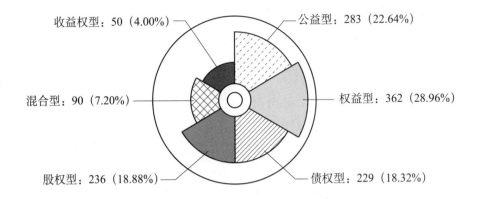

图 5-3　全球众筹平台按回报模式划分的分布情况

资料来源：众筹之家。

究其原因，一方面，Kickstarter 的网站访问量更多，支持者数量也更多。另一方面，Kickstarter 对项目的严格审核为项目成功率提供了保障；相比之下，Indiegogo 的项目限制较为宽松，甚至无审查环节，因此 Indiegogo 成为许多低质量的项目 Kickstarte 失败之后的备选方案。

在经营模式方面，Indiegogo 则实行"弹性计划"（flexible project），即项目拥有者可选择在未达到筹资目标情况下，利用筹集的资金开展计划，同时必须兑现给予支持者的承诺回报。Indiegogo 上的项目若在规定时间达到筹资目标，项目拥有者只需缴纳 4% 的手续费，反之则被收取高达 9% 的费用，以此鼓励项目发起者全力以赴去吸引捐款人。而 Kickstarter 坚持"all or nothing"的理念，即任何无法在有效时间内完成筹资目标的项目必须把钱退还给支持者，这使得 Kickstarter 项目发起者承受更大的压力，因此有更大的动力去提高项目质量。

两者在市场开发程度方面也是大相径庭，Kickstarter 只在美国、加拿大和英国开放，Indiegogo 则面向 200 多个国家。

（五）众筹在中国的起源

2011 年 7 月，国内首个根据众筹模式建立的网站——点名时间正式上线，首次将国外的众筹概念引入国内，上线项目包括出版、影视、音乐、设计、科技、公益等。点名时间第一个上线项目是"女孩真心话"，创意来自于一个叫作志伟的具有电影专业背景的年轻人。这个项目是一系列的电影短片拍摄活动，以"我为什么没有女朋友"（"我"指代志伟——编者注）为主题，采访许多女生并探求她们内心的感情世界。这个拍摄活动在上线十个小时之内便筹集到足够资金，帮助志伟完成他的拍摄梦想。

让点名时间真正大红大紫的是 2012 年 6 月一个"寻找单向街书店主人"的

活动。单向街书店创立于2005年,旨在为热爱阅读的人提供一个优质的读书空间。该项目的目的在于寻找1 000名书店主人为书店筹集10万元资金,以支付日益高昂的房租。项目设定筹资时长为两个月,令人意想不到的是,仅仅在一夜之间,10万元资金便已筹集完毕,单向街书店展现了其非凡的影响力,最终募资额超过23万元。该项目拯救了单向街书店,也让点名时间火了一把。随后的《滚蛋吧!肿瘤君》漫画绘本系列也得到无数人的喜爱,这位患病的漫画家通过漫画记录自己的对抗病魔的过程,画风活泼,充满正能量,受到了许多人的欢迎。漫画绘本众筹项目上线四天即筹得28万元款项,打破点名时间的最高募额记录。2012年的几次极其成功的众筹项目使得点名时间引起业界关注,众多的众筹平台也相继产生。

2012年,国内首家垂直型众筹平台淘梦网上线。2013年2月,众筹网成立,并凭借"那英演唱会""快男电影"等名人项目迅速抢占眼球,"爱情保险"项目筹资更是超过600万元,创国内最高筹资记录。

现阶段,众筹融资在中国仍处于起步阶段,然而"星星之火,可以燎原",众筹正以常人难以想象的速度发展。2011年,国内众筹平台数量仅仅为3家,2014年9月已经突破100家。根据盈灿咨询的数据,截至2015年,众筹融资金额已突破114亿元,如图5-4所示。

然而目前国内的众筹环境和条件还不够完善和成熟,其中以信用体系和监管制度最为严峻。众筹项目中,项目发起人的信用是影响项目成功率的重要因素,而由于国内的征信系统不够完善、市场信息不够透明,以及传统消极思想的禁锢,导致大多数人对众筹项目的信任度不高,这对于众筹的发展来说是极大的阻力。另外,监管体系不完善也让许多别有用心的人有机可乘,如果处理不善,众筹往往会涉及"非法集资"的指控。此外,众筹项目成功后股权或所有权的分散,将会面临管理不善或者股权纠纷的难题。可以说,众筹在中国是行走于监管边缘灰色地带的创新融资,尽管面临多种难题,却不能阻止其迅猛发展的态势,未来众筹必将在中国焕发出其应有的活力。

三、众筹的模式

(一)众筹主体划分

众筹的主体有三个:项目发起者、众筹平台、出资者。项目发起者为资金的需求方,出资者为资金的供给方,众筹平台为第三方,作为发起者和出资者的连接纽带(见图5-5)。

1. 项目发起者

项目发起者主要包括:一是有创造能力和相关的专利技术,但缺乏资金付诸实践的人。二是已经把创意付诸实践,成立工作室或公司,但其资金来源主要是亲朋

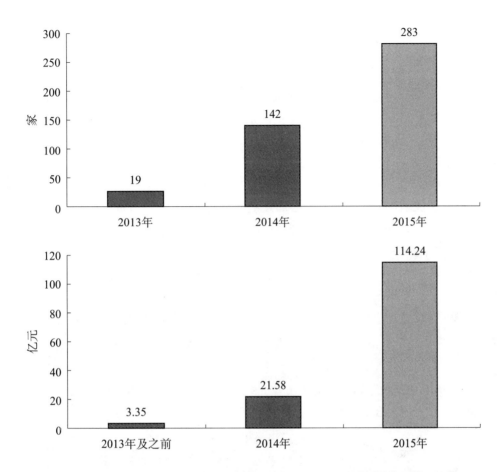

图 5-4 近年来国内众筹平台数量情况及 2015 年国内众筹融资规模

资料来源:盈灿咨询。

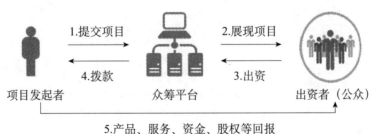

图 5-5 众筹的运作模式

好友、住宅抵押贷款、信用卡或银行小额信用贷款,数量非常有限,难以满足其产品和市场进一步开发的资金需求。项目发起者在众筹平台展示自身的技术、资源、实力,分享创新理念和创业价值观,最终筹集到来自大众的初创资金。成为众筹典型项目一般具有如下特征:一是面对特殊的市场需求,二是拥有较高的进入壁垒,三是有成熟的成品展示。

2. 出资者

出资者主要有两类：第一类是具有一定闲置资金的个人，他们认同项目发起者的价值观，希望看到项目发起者成功创业，或者希望成为产品的需求者，获得项目成功后的产品或服务，或者希望成为某个项目的投资者，分享项目利润。第二类是政府部门、银行、大型企业，政府部门、银行通过众筹平台把创业扶持资金或贷款更高效地用于资助创业者，大型企业则通过资助创业者，提升良好社会形象。

3. 众筹平台

目前，民间融资中介开展业务的形式主要有两种：一是作为资金的中介，用各种来源的资金和自有资金用于民间借贷，承担一定的放贷风险，并收取利息；二是作为信息的中介，为资金借方和贷方"搭桥"，不直接参与借贷活动，不承担相关风险，借贷交易达成后收取一定比例的中介费。众筹平台在众筹融资中主要发挥信息中介的功能，是连接发起者和出资者的互联网终端，既要甄别项目发起者的身份，协助项目发起者包装宣传项目；也要甄别出资者的身份，协助项目发起者寻找更多的资助者。众筹平台可以是综合性的，也可以是专注于某一个行业。

（二）众筹的分类

目前国际上对众筹划分的通用方法是，按照众筹获得的回报进行划分。相应地，众筹可分为债权众筹、股权众筹、回报众筹、捐赠众筹四种，如表 5-2 所示。

表 5-2　众筹模式分类

债权众筹	投资者对项目或公司进行投资，获得其一定比例的债权，未来获取利息收益并收回本金
股权众筹	投资者对项目或公司进行投资，获得其一定比例的股权，未来有权获得一定的控制权和相应的分红
回报众筹	投资者对项目或公司进行投资，获得产品或服务
捐赠众筹	投资者对项目或公司进行无偿捐赠，暂没有实物收益

如图 5-6 所示，2013 年全球众筹项目中，回报众筹几乎占据半壁江山（约 43%），这是由于回报众筹的项目发起难度低，投资门槛低，项目发起量以及成功率都远高于其他三类众筹。在我国，2014 年上半年回报众筹的项目数量超过股权众筹数量的两倍，但募资金额却远远不及股权众筹。

（三）众筹平台运营流程对比

1. 项目众筹

项目众筹分为回报众筹和捐赠众筹，是最初始的众筹模式，不涉及股权、资金、预期回报等，相当于做预售型的产品服务。当募集金额达到后，即可获得相关的回报，如募资不成功，则资金全部退还。以美国著名的 Kickstarter 为例，项目众筹平台详细的运营流程如图 5-7 所示。

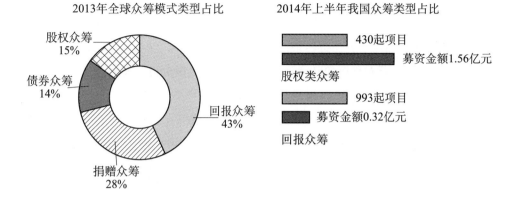

图 5-6　2013 年全球众筹模式类型比重及 2014 年上半年国内众筹类型比重

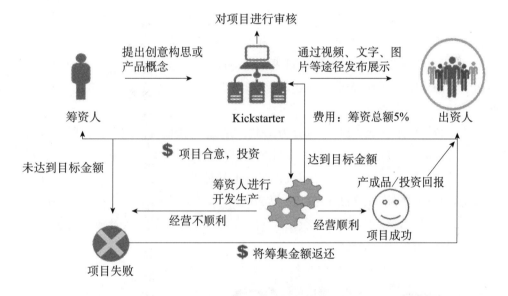

图 5-7　Kickstarter 众筹模式详述

而在我国,通过对点名时间、众筹网、阿里巴巴娱乐宝和京东凑份子四家网站的众筹项目进行分析,现目前国内众筹项目募集成功的产品,不仅金额较小,而且主要集中在反映科技进步的智能穿戴等电子设备和当前热门的影视娱乐行业。

统计中的众筹网站,产品主要集中在智能可穿戴设备和影视方面。点名时间支持金额排名前十的产品中,有 7 个是可穿戴设备,2 个是影视作品。众筹网支持金额排名前十的产品中,4 个与影视有关,2 个与可穿戴设备有关;阿里巴巴的娱乐宝则全部与影视有关;京东众筹虽然刚刚上线不久,但是截至 2014 年 7 月 15 日上线的 21 个众筹项目,9 个与智能家居有关,6 个与影视有关。

总体来看,智能家居与可穿戴设备体现了科技发展的力量。而由于影视本身需要较大的投入,在众筹平台上不仅项目多,募集金额也居首。

2. 股权众筹

股权众筹与其他众筹形式相比,最突出的区别在于其投资门槛较高,项目回报期较长。股权众筹即投资人通过投资于公司或企业,获得一部分股份,投资人和公司共同成长,未来投资人有权利获得一定的控制权和回报分红。从本质上看,股权众筹类似于"私募投资",都是以投资换取股权,因此市场上很多人也往往将股权众筹、私募投资和天使投资混淆。实际上,股权众筹和另外两者在投资门槛、组织形式、合伙人方式、行业偏好、企业控制力度、企业附加值等方面均存在较大的差异,不能将三者等同起来。

根据证券业协会 2014 年年末最新出台的《私募股权众筹融资管理办法(试行)(征求意见稿)》中规定,股权众筹投资单个融资项目的最低金额不低于 100 万元,投资人为净资产不低于 1 000 万元的单位或金融资产不低于 300 万元或最近三年个人年均收入不低于 50 万元的个人。相比起其他草根性众筹,其投资起点更高,与"草根性投资"相去甚远。另外,股权众筹中,投资人承担了类似"天使投资"的角色(但非天使投资),与企业共同成长,所青睐的企业也更多的是处于种子期或初创期的小体量企业,企业一般还没有设计出产品或者产品未经受市场考验,因此投资的回报期较长。

从是否担保来看,股权众筹可分为两类:无担保的股权众筹和有担保的股权众筹。无担保的股权众筹是指投资者在进行众筹投资的过程中没有第三方的公司提供相关权益问题的担保责任。目前我国基本上都是无担保的股权众筹。有担保的股权众筹是指股权众筹项目在进行众筹的同时,有第三方公司提供相关权益的担保,这种担保是固定期限的担保责任。但目前国内只有贷帮的众筹项目提供担保服务,且尚未被多数平台接受。

以"大家投"为例,股权众筹平台运营流程如图 5-8 所示。

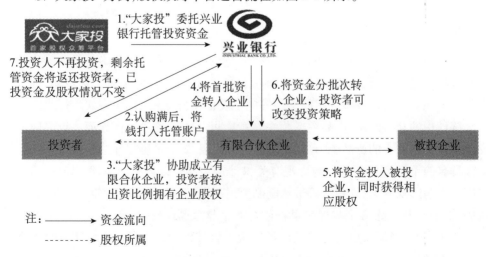

图 5-8 大家投众筹模式详述

3. 债权众筹

债权众筹分为两种：人人贷（P2P）、企业债券众筹（P2C）。

P2P 就是指有资金并且有理财投资想法的个人，通过中介机构"牵线搭桥"，使用信用贷款的方式将资金贷给其他有借款需求的人。其中，中介机构负责对借款方的经济效益、经营管理水平、发展前景等情况进行详细的考察，并收取相应的账户管理费和服务费。这种操作模式依据的是《中华人民共和国合同法》，其实就是一种民间借贷方式，只要贷款利率不超过银行同期贷款利率的 4 倍，就是合法的。

相较于 P2P 的高风险，P2C 就要安全得多。这些平台的创始人都有银行背景，所以采取的手段也比较规整。简单的意思是，中小企业通过平台向大众进行融资，由担保公司提供担保。

以"爱投资"和"积木盒子"为例，两个平台的区别是，"爱投资"以 1 万元起投，"积木盒子"以 100 元起投。从本质上来看，还是众筹的模式，即项目人募资，多名投资人参与。

以国内拍拍贷为例，债权众筹平台的运营流程如图 5-9 所示。

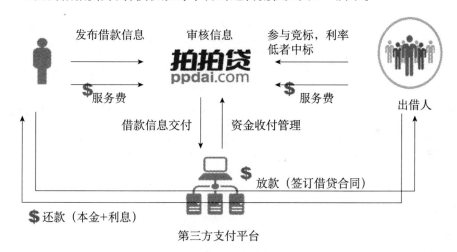

图 5-9　拍拍贷众筹模式详述

最后，我们通过图 5-10 对以上介绍的三种众筹模式作了一个简单的梳理。

（四）众筹平台的盈利模式

众筹网站的盈利方式有很多，本文依据众筹类型总结出了以下四种主要的盈利方式。

1. 成交费

无论是捐赠众筹、股权众筹或是回报众筹，几乎每一个众筹网站都会收取一定比例的成交费，这个数字通常为 3%—10%，有时甚至高达 30%。这实际上是一种众筹发起人和跟投资人之间的互利安排：只有项目成功时才需交费；如果项目失败且没有钱转手,通常情况下抵押金或投资金将返还到投资人手上。当然,这是一把双刃剑;如果你最终筹集了数十万美元,那么成交费也将上涨。成交费应该列入项目和预算计划中。

2. 会员费

虽然这种收费方式不常见,但我们已经看到了一些众筹网站提供了"会员"或"认购"服务。比如你每月只要支付若干美元,就可以创建任意多的项目。这笔费用是固定的,即便你的项目非常成功,众筹平台也不会从项目中抽取资金。我们已经发现一家众筹网站,它专门为发布多本书籍或多首歌曲的作家和音乐家提供服务。

图 5-10　几大众筹模式运营流程对比

3. 股权

有些股权众筹平台不止要成交费,还要企业或公司的实际股权。这就不只是募集资金的百分之几,还有筹资公司的未来期权收益,这种收费方式类似于投资。

4. 广告和促销升级

除了提供给创业者和投资人的常规服务,一些众筹网站还提供额外收费的高价服务。这可能包括获得网站的咨询服务、材料评估、视频制作软件或专题位置。这种"免费增值"模式正在高科技产业普及,似乎在众筹产业也大有流行之势。真正的众筹服务市场大幕即将拉开,这无疑将给众筹网站提供更多寻找合作伙伴和赚钱的方法。

四、众筹的优势及风险分析

"假如全国每人都给我一块钱,我就成为十亿富翁了。"每一个人都可以众筹一家咖啡馆、一家肉夹馍店或众筹买房,众筹瞬间成为完成梦想的万能钥匙。可是这把钥匙真的能开启梦想之门吗?其实不然,众筹模式的优势光环下隐藏着无形的风险,一旦"黑天鹅事件"来临,即使风吹得多大,众筹这头"猪"也会被重重地摔在地上。接下来从构成众筹的三要素入手,即出资者、众筹平台和项目发起者的角度入手,来分析众筹模式的优势及风险。

(一)投资人

(1)代持股风险。代持股法律风险来源于《中华人民共和国公司法》第二十四条的规定:"有限责任公司由五十个以下股东出资设立。"由此,股权众筹项目所吸纳的公众股东人数不得超出五十人,否则未注册成立的不能被注册为有限责任公司;已经注册成立的,超出部分的投资人不能被工商部门记录在股东名册中享受股东权利。然而五十个股东出资额达到众筹目标金额的难度较大,为了提高项目成功率可以通过代持股方式(不符合要求的出资者私下出资请股东代持股份)扩大实际股东人数。然而代持股方式实际上打了法律的"擦边球",风平浪静的时候股东一家亲,一旦出现利益纠纷,法律更倾向于保护显名股东的权益,所以这种代持股的方式可能会导致广大众筹项目投资人的权益受到侵害。

(2)信用风险。信用风险主要来自众筹平台和项目发起者。项目发起者的信用风险涵盖项目发起者个人的信用违约,以及项目发起者在募集资金成功后不能兑现其承诺的问题。一方面,由于法律对项目发起者的资格没有专门性规定,即任何自然人、法人及其他组织均可以发起众筹项目,因此容易滋生以虚假身份发起项目的信用风险问题。另一方面,法律及众筹平台缺乏对募集成功项目的后期监督,存在项目发起者在募集成功后不兑现承诺甚至把资金挪作他用或是无法兑现承诺的信用风险。最近的"西少爷"之殇引发了我们的思考:发起者通过股权众筹成立了明星肉夹馍公司,却由于财务压力以及合伙人关系不合而使得公司分崩离析,最终导致众筹出资者血本无归。我国众筹仍处于法律的真空地带,倘若爆发信用危机,将对众筹行业带来不可估量的负面影响。

截至 2014 年 11 月 30 日,零壹数据纳入统计的 P2P 平台共有 1 541 家,当月至少 29 家平台出现问题,存在"跑路"迹象。P2P 模式作为众筹模式的一种,其问题平台的持续发酵促使我们不得不思考众筹平台的信用风险。对于出资者而言,众筹平台的信用风险主要在于资金托管。法律规定,未经央行许可,作为非金融机构众筹平台尚未取得《支付业务许可证》,在法律层面上不得从事支付服务。然而在实操过程中,投资人将出资拨付到众筹平台的账户,再由众筹平台将资金打到成功募集的项目上,众筹平台实质上在其中担当了支付中介的角色。缺乏资金托管部门的参与以及监督机构的监督,众筹平台在资金托管过程中容易铤而走险,厝火积薪。

(3)跳票风险。跳票风险也是投资人面临的主要风险之一,主要出现在项目众筹中。跳票,顾名思义,指的是项目发起者筹集资金后,无法在事先宣布好的日期推出或者售商品,需要"延期发行",导致投资人蒙受损失或延长回报期等。这种情况多出现于硬件产品的众筹中。2013年,智能手环厂商HALOBAND、智能水杯厂商Cuptime等均出现了跳票现象,引起了投资人对产品的质疑以及对项目发起者的抱怨。

历史上,众筹跳票现象并不少见,但众筹跳票并不往往是坏事。像我们提及的史上最大筹款金额纪录保持者(1 000万美元)、大名鼎鼎的Pebble Watch智能手表,也经历过跳票事件。这款预计在2012年9月推出的手表却在一年后才最终出货。项目发起者声称产品延期是为了保证足够的续航的防水性能,正在进行更多的试验以完善手表性能。当项目发起者宣布产品延期时,一些支持者发出了抱怨,但更多的投资人表示理解,产品正式上市后,跳票事件的影响烟消云散。因此我们可以看出,跳票事件的影响与投资人对风险的容忍程度息息相关。在众筹的萌芽期,更多的投资人对产品的容忍程度还是比较高的,环境的宽松也有利于众筹产品以及众筹本身的发展。

面对跳票行为,各大众筹平台也相应推出保障措施,以监督项目发起者的行为,保护投资人的权益。如国内电商巨头淘宝、京东均推出了"众筹保险",专门对跳票行为进行监督,使项目众筹顺利实施、产品顺利开发。像这样的预防措施,随着众筹的发展,今后必会更加丰富和有效。

最后,我们通过表5-3简要回顾一下投资人的优势及风险。

表5-3 众筹平台中投资人的优势与风险

优势	投资门槛低:无投资额需求,只需投资一定金额(甚至低至一元)即可成为一名合格的投资人,甚至成为一家公司的股东,将草根力量发挥到极致
	回报效用高,投资人可以早日获得新产品或限售产品
	使自己喜爱的产品、服务或观念受到支持
风险	投资人主要承担代持股的法律风险以及众筹平台和项目发起者的信用风险

(二) 众筹平台

非法集资主要表现为:未经有关部门依法批准、承诺在一定期限内给出资者还本付息(可资金或实物),向社会不特定的对象筹集资金,以合法形式掩盖其非法集资的实质等。仅从以上特征可看出,众筹平台的运营模式与非法集资的构成要件相吻合。但是众筹平台的运营有利于国家掀起创新潮流、推动公益事业发展,不符合非法集资犯罪的本质——扰乱社会经济秩序。然而在形式上,众筹与非法集资只有一墙之隔,其法律风险不可忽视。若众筹平台在没有明确投资项目的情况下,事先归集投资人资金,形成资金池,然后公开宣传、吸引项目上线,再对项目进行投资,则存在非法集资的嫌疑;若平台在投资人不知情的情况下将资金池中的资金转移或挪作他用,更有导致集资诈骗罪的可能。

《中华人民共和国证券法》(以下简称《证券法》)第十条第一款:"公开发行证券,

必须符合法律、行政法规规定的条件,并依法报经国务院证券监督管理机构或者国务院授权的部门核准;未经依法核准,任何单位和个人不得公开发行证券。有下列情形之一的,为公开发行:(一)向不特定对象发行证券的;(二)向特定对象发行证券累计超过两百人的;(三)法律、行政法规规定的其他发行行为。"众筹平台在募集资金过程中,是面对不特定对象,且人数常常超过两百人,很容易触犯《证券法》关于公开发行证券的规定。奖励制众筹平台为了规避这一风险采取不以现金回馈的方式回报投资人,将投资行为演变为团购、预购行为,从而使整个众筹法律关系与《证券法》撇清。然而根据《证券法》第十条第二款:"非公开发行证券,不得采用广告、公开劝诱和变相公开方式。"股权式众筹平台即属于变相公开的一种形式,它的发展在中国法律的大环境下受到诸多限制。

最后,我们通过表5-4简单回顾一下众筹平台的优势及风险。

表5-4 众筹平台的优势及风险

优势	众筹平台的主要目标是盈利,通过收取项目融资总额的3%—5%作为服务费用,此外还可以通过广告、会员费等形式盈利。优质的项目、充裕的客户资源、严格的审核流程、高效的匹配机制、健全的信息披露以及完善的事后监控是促进众筹平台盈利的"六脉神剑"
风险	众筹平台主要面临非法集资或公开发行证券的法律风险

(三)项目发起者

从某个角度而言,众筹平台是创意的交易平台,发起者贩卖创意项目,出资者支持、购买创意产品。然而极具创意的项目却容易遭受剽窃,发布在奖励制众筹平台的众筹项目大都是还未申请专利权的半成品创意,故不能依靠知识产权相关法律保护其权益,同时我国法律在维护众筹项目知识产权方面仍处于空白,因此项目发起者面临较大的知识产权风险。众筹项目一般有几个月的预热期,一旦被剽窃并投产,发起者将失去项目的核心竞争力以及流失大量重要客户,众筹项目也就事倍功半。如何实现保护知识产权利益和开展创意宣传两者之间的平衡,是众筹发起者所面临的难题之一。

最后,我们通过表5-5简单回顾一下项目发起人的优势及风险。

表5-5 项目发起人的优势及风险

优势	相比于"天使融资",众筹融资的获得难度及获得成本更低。由于众筹平台的匹配特点,项目发起者可以扩大投资人的范围,提前实现将客户与新产品或股权的捆绑,为后期的销售或者成立公司提供便利
	根据众筹投资人的选择以及反响,项目发起者可以判断产品的创新性和实用性,为市场需求的预测提供丰富的数据支撑;结合用户的使用建议,进一步修正项目计划,设计迎合用户喜好的产品,提升后期产品推广的成功率
风险	项目发起者主要面临知识产权风险

(四) 众筹的风险规避措施

针对以上的风险,一般可以通过采取尽职调查、信息披露、完善评价机制、制定监管规则等措施来控制风险。

(1) 群体尽职调查。在众筹平台上,投资人群体可以通过关注平台上融资项目披露信息的真实性、准确性,对项目的创新性及市场前景也会更主动地作出评价。由于有更大数量的个人从不同的角度评判项目,因而更容易发现缺陷,降低出资风险。

(2) 信息披露。投资人可以要求平台和项目发起者提供质量信号和销售信息。产品信息越容易获得,品牌的重要性就越低。此外,在早期融资阶段信息不对称的情况下,专利也可作为一种质量信号;而生产者以往的成功经验同样可作为质量信号,如企业家、高级管理人员等创始团队和创始人是否具有博士学位。

(3) 完善评价机制。项目发起者可以将较大的项目划分成一系列较小的项目多轮筹集资金。在筹集过程中,引入如 eBay 的买方评价卖家机制。这一机制主要是为了让市场参与者在交易后对卖家进行评价。如果卖家总体上提供了一种高品质的体验,那么买方的评价会很好;而新买方看到网上较高的评价,将会增加对卖家的信任,并愿意付出较高的价格。

第三方中介机构提供的优质信号也能够促进市场参与者之间的信任。信用评级等中介机构不是简单地说"高品质",而是要能够提供一个真实质量水平的证明,为购买者提供一个可信的质量信号。在众筹融资平台上,投资人也越来越多地使用 Facebook、Twitter 和 Linkedin 等大型社交网络中介信息,评价项目管理者的资质,以有效回避道德风险。

(4) 制定监管规则。众筹融资平台为了最大化交易规模,不断根据用户行为修改它们的规则。例如,2013 年,Kickstarter 增拨人力资源和系统资源来监测欺诈风险。Kickstarter 管理层认为,这样做有利于降低投资人风险、保护投资人利益,从而鼓励更多的投资人参与众筹融资平台;但相应也会提高众筹平台的监督成本。不过 Kickstarter 也指出,最终还是要靠资金提供者自己对生产者能力进行尽职调查,要在创造者最小化披露信息、生产者最大化信息披露以及行政负担之间寻找平衡。

美国 JOBS 法案要求美国证监会建立众筹融资行业规则。这些规则主要是为了保护投资人,其对投资人可能面临的潜在风险的防范,主要体现在三个方面:一是投资人在众筹融资的任何一笔投资必须限制在风险暴露水平之内。据此,要求投资人投资不得超过他们年收入或净资产的 10%,投资额不得超过 10 万美元;如果他们的收入或资产净值少于 10 万元,则投资不得超过他们的收入或资产净值的 5%,投资上限为 2 000 美元。二是要求众筹融资平台必须在美国证监会注册,并对投资人进行投资风险教育,同时采取措施减少欺诈风险(例如,对董事和持股 20%

以上的高管进行历史检查),还要能证明其投资人在各个平台的投资金额没有超过对他们的投资限定。三是设定众筹融资的阈值,以防止生产者在无法筹集到足够资金的情况下仍然在众筹融资平台进行融资。

  总的来说,当众筹在国际范围内已步入成熟阶段时,众筹却举步维艰且发展无序。尽管目前国内在融资环境、征信系统、市场透明等方面都无法达到使众筹健康成长的地步,但也不该忽视众筹的发展潜力。我们认为,作为小微企业融资的主要方式,未来极有可能形成股权众筹、私募股权、天使投资多极竞争的格局。另外,新三板市场也蓬勃发展,未来也将成为企业众多融资方式的选择之一。我们认为,未来股权众筹将朝着投资规范化、监管合规化、信息透明化、金融互联网化的方向发展。2014年被誉为国内众筹元年,未来众筹将在政策利好、市场完善、监管充分的条件下茁壮成长,成为创业团队哺育产品的摇篮,更多的保障措施和风险防范措施也将相应出台,辅佐众筹发展,以激发众筹其应有的活力和魅力。

第六章

电商小额贷款

　　互联网金融作为一种新的金融模式,因交易对象广泛、成本低等特点而备受关注。其中,不少电商利用自己积攒下的大量数据,真实有效地分析需要贷款的商户信息,降低了贷款的风险,同时也获得了商户与平台的双赢。到目前为止,阿里巴巴推出的淘宝贷款已有三个年头,而另外两个电商巨头——苏宁和京东也已经开始发展各自不同形式的小贷模式。

　　据某位主营业务为服饰的淘宝店主透露,其货源大多数来自海外,这意味着他需要很多流动资金来解决周转问题。目前,淘宝上类似的店铺很多,现在还没有任何银行或者小额信贷公司可以给他们提供贷款。甚至其自身资金都不太能完全保证正常的运营。淘宝商户的成长,面临一个基本层面上的挑战。而2010年6月8日,阿里巴巴小额信贷的出现,无疑成为对双方都意义重大的一步。

　　虽然该店主在淘宝上运营才一年多,但自从了解了阿里巴巴的订单贷款后,他们就经常使用这一业务。所谓订单贷款,指的是基于店铺已发货但买方还未确认的实物交易订单金额,结合店铺运营情况,进行综合评估给出授信额度的贷款。因为其审核时间短、获取贷款快,且无需任何抵押,因而获得了淘宝商户的青睐。在淘宝贷款的论坛上,很多使用过淘宝贷款的卖家都发帖,讲述订单贷款对他们的影响。"订单贷款对商家资金周转有很多帮助,一方面提供了可能性,我们可以依靠在淘宝上积攒下来的信用等级去获得贷款,这是在银行无法得到的;另一方面,它不像其他小额信贷审核时间长,商户申请之后如果条件符合,1分钟内钱就可到账。"对于申请的过程,大部分卖家也认为是非常简洁方便的:卖家确认发货后,进入卖家中心的淘宝贷款申请,点击"我要贷款"并输入希望贷款的金额,这一金额应小于等于界面显示可申请的贷款金额;之后卖家获取手机短信验证码并输入,就等待阿里巴巴后台的审核了。订单贷款还有另一项功能,就是"自动申请贷款",即卖家与阿里巴巴签订自动贷款的时间,在这段协议规定的时间内,无须手工操作,卖家发货后系统就会自动帮助申请贷款。当买方确认收货付款后,系统将自动扣回所贷款额,更加方便快捷。

资料来源:吉安融贷通,http://www.rongdaitong.cn/xiaodaigongsi/1241626.shtml。

一、电商小额贷款简介

电商小额贷款(以下简称"电商小贷")是由电子商务和小额贷款组成的。电子商务就是通过电子手段进行的商业事务活动,小额贷款是以个人或家庭为核心的经营类贷款,主要服务于三农、中小企业。综上,电商小额贷款是指电子商务公司利用经营过程中获取的关于买方和卖方的数据,通过分析与挖掘客户的交易和消费信息掌握客户的消费习惯,衡量客户的信用和偿债能力,并为其提供相应贷款。

一直以来,中国传统金融行业的服务都是面向大客户,以至于出现"银行只借钱给富人"的说法。但恰恰是这样的现状让阿里金融嗅到了商机。阿里小贷就是贴近草根客户群,提供传统金融机构无暇顾及的微型贷款业务。阿里小贷相信,小企业和创业者是有信用的,而它们的目标就是把电子商务的行为数据转化为信用数据,通过互联网的手段为小企业和创业者提供24小时、快捷简单的信贷服务。针对中小网络商户没有抵押物的特点,阿里金融推出了信用贷款,以自身对网络商户交易数据和信用数据的长期积累为基础,通过互联网完成贷款前的专项调查,以此评估商家信用,解决了中小网络商户融资的信用核查问题。网络商户的贷款申请、审批和还款都是通过互联网,既便捷又节约成本,这是传统商业银行所做不到的。

二、电商小额贷款的兴起原因

融资难是一个困扰国内中小微企业多年的难题,一方面,银行传统抵押担保贷款模式与中小微企业的实际情况相矛盾,借贷成本高、风险大。对传统信贷所需的抵押、担保,网络商户也难以满足。另一方面,网络商户的借贷频率更高、对资金的周转速度要求也更高,难以适应传统信贷模式。目前我国银行贷款主要投放给大中型企业,小企业仅占20%,微型企业更是几乎拿不到。

如表6-1所示,根据全国工商总局的数据显示,截至2015年年底,全国实有各类市场主体7746.9万户。其中,2015年全国新登记企业443.9万户,比2014年增长21.6%,注册资本(金)29万亿元,增长52.2%。2015年,我国新登记的企业中,96%属于小微企业。它们创造了大部分的GDP,提供了大量就业岗位,却享受着极其有限的金融服务。小微企业融资难成为困扰中国经济发展的一个大难题。①

表 6-1　小微企业情况统计表　　　　　　　　　　　　　　单位:%

企业类型	小微企业及个体工商户	其他企业
占市场主体比例	96	4
GDP	65	35
税收	50	50
就业	80	20
享受的金融服务	23.2	76.8

在现有的中国金融系统中,只有约12%的小企业能够获得银行贷款,"剩下的88%要么没有抵押物,要么因为银行贷款手续烦琐,要么企业自身'不是银行的菜'"。

国内商业银行在发放贷款前,必须要求申请方进行抵押、质押或担保,以防信贷风险。而这些性质也直接决定了其服务的主体是大企业,而中小微企业则被拒之门外。即使是通过了层层审批,审批流程的烦琐和低效率也导致企业从遇到问题到真正获得资金需要很长的一段时间,而这样的时滞对于本来就势单力薄的中小微企业来说,无疑是致命的。如表6-2所示,传统贷款模式申请程序较复杂,需要提供的文件较多。

表 6-2　传统贷款模式对比

	传统银行贷款	小额贷款公司
发贷主体	银行机构	小额贷款公司
授信凭据	抵押/担保	抵押/担保
贷款额度	300万—500万元	10万—100万元(30万元以上需房产、车辆抵押
利率	短期年利率5.6%—6% 中长期年利率6.15%—6.55%	年利率18%—30%(含管理费或服务费)
申请条件	营业执照、法人证明 贷款证明 三年度财务报表、审计报告、税务登记证明 担保人材料 贷款用途说明	个人身份证明 稳定住址证明 房屋租赁合同、劳动合同 水电缴纳单、银行流水单 征信情况查询授权书
服务地域	银行分支机构所在地	小额贷款机构所在地(集中于重庆、浙江、上海、江苏)
授信时长	单次有效、不可循环	单次有效、不可循环
申请时长	时长不确定,一般为7—20个工作日	时长不确定,一般为7—20个工作日
还款渠道	拉卡拉、网络还款、自动绑定还款、电话还款、银行柜台还款、他行转账、ATM还款	现金或转账

---

① 《中国互联网金融报告(2014)》。

而正是基于这样的市场空白,电商小额贷款兴起。

三、电商+金融的优势

包括阿里巴巴、苏宁、京东在内的各大电商平台利用其本身掌握的数据,使其无论是在发放贷款前的审核,还是发放贷款后的监管,其效率都明显优于传统企业,而且管理起来也更加方便、灵活。

电商企业开展金融业务最明显的好处是可以获得一个新的业务增长点,通过收取服务费用,获得额外的收入。2012年7月20日,阿里金融实现单日利息收入100万元,以此计算,阿里金融一年的利息收入将达3.65亿元。

而除了潜在的收入增长点,金融服务还将对平台供应链和生态起到黏合作用:由于金融借贷需要信用凭证,其往往和支付、物流等供应链环节紧密对接,通过供应商在支付、物流上的数据和凭证进行抵押担保。这也意味着,供应商一旦要申请金融贷款服务,需在物流、支付上与电商平台进行深度对接,因此将很难脱离平台本身的生态。

四、电商小额贷款的发展历程

近年来,各类互联网平台纷纷涉足小微信贷领域,增长速度迅猛。就国内经济形势来看,以阿里金融、京东金融为代表的电商金融凭借其平台的海量数据优势,在互联网信贷业务市场中表现出强劲竞争力。

2010年、2011年,阿里金融相继成立两家小额贷款公司——浙江阿里巴巴小额贷款股份有限公司和重庆市阿里巴巴小额贷款股份有限公司。阿里金融向阿里巴巴、淘宝和天猫三个平台上商户提供的贷款服务都是通过这两家小额贷款公司来实现的。2012年11月27日,京东金融紧随其后,对外正式发布其首个金融服务类产品——供应链金融服务系统。京东的小贷的对象是其供应链上的商户。通过全面分析京东自营平台的上游供应商、开放平台的电商卖家以往的交易记录与资金周转状况,选取交易信用评级较高的一些电商卖家提供小额贷款,用于其采购上游商品等用途。时隔几日,苏宁也于2012年12月6日发布公告称,公司全资子公司香港苏宁拟与关联方苏宁电器集团共同出资发起设立"重庆苏宁小额贷款有限公司"。苏宁易购推出的"苏宁小贷",也是面向全国上游经销商、代销供应商主推供应链融资业务,此项业务单笔融资额最高可达1 000万元。随着三大电商巨头相继进驻电商小贷领域,该领域逐步进入公众的视野。

五、电商小额贷款的模式

电商小额贷款的第一个阶段是为了满足线上商户在自有平台商圈里面的短时融资需求,包括对订单融资、信用融资以及部分有限抵押产品的业务开发。对于电商来说,一来可以提高平台的金融属性,并利用商户的数据开展征信服务,降低被传统金融所诟病的征信服务的成本;二来也可以开辟电商渠道额外的盈利途径。

目前,电商小贷的运营模式可以分为以阿里小额信贷为代表的平台模式,以及以京东、苏宁为代表的供应链金融模式。

(一)平台模式

采用平台模式的企业平台上聚集了大大小小的众多商户,企业凭借平台多年的交易数据积累,利用互联网技术,借助平台向企业或个人提供快速便捷的金融服务。平台模式的优势在于:其一,它建立在庞大的数据流量系统的基础之上,对申请金融服务的企业或个人情况十分熟悉,相当于拥有一个详尽的征信系统数据库,能够最大限度地解决风险控制的问题,降低企业的坏账率;其二,依托于企业的交易系统,具有稳定持续的客户源;其三,平台模式有效解决了信息不对称的问题,在高效的信息技术 系统之上,将贷款流程流水线化。信用贷款以小微企业贷款为主体,在评定申请人的资信状况、授信因素后,系统自动核定授信额度。

平台模式的特点在于企业以交易数据为基础对客户的资金状况进行分析,贷款客户多为个人以及难以从银行得到贷款支持的小微企业;贷款无需抵押和担保,能够快速发放,且多为短期贷款。同时,这也使平台模式具有了寡头经济的特点,平台模式中的企业必须在前期进行长时间交易数据的积累,在交易数据的积累过程中完善交易设备和电子设备,以及进行数据分析所需的基础设施积累和人才积累。

1. 阿里金融介绍

2010年6月阿里巴巴小额贷款股份有限公司的成立,标志着阿里巴巴"电子商务+金融服务"商业模式的建立,其目标是帮助小企业及创业者解决融资需求。其股东为阿里巴巴、复兴、万象、银泰。阿里小贷是全国范围内第一家电子商务领域的小额贷款公司。

阿里金融通过自有的两家小额贷款公司——浙江阿里巴巴小额贷款股份有限公司和重庆阿里巴巴小额贷款股份有限公司进行小额贷款发放运作。阿里金融隶属于阿里巴巴集团。阿里巴巴集团总体业务上可分为"电商平台""数据服务"和"阿里金融"三大模块,三大业务模块相互支持,构成完整而统一的集团整体盈利模式。

电商平台业务是阿里巴巴老牌主打业务,新整合的阿里巴巴电商平台业务包括一淘、淘宝、天猫、聚划算、云计算、阿里巴巴国内和阿里巴巴国外这七个业务部门细分,组成集团CBBS(消费者、渠道商、制造商、电子商务服务提供商)大市场。

数据服务业务为国家政府、各类商业机构和研究机构提供客户数据信息服务,涉及经济形势预测、消费者行为分析、商品市场调研等众多领域,其核心是阿里巴巴电子商务平台上十余年的客户交易数据。

阿里金融则是在阿里巴巴电商平台和数据服务业务基础上发展起来的新型金融业务模式。一方面,阿里巴巴 B2B 平台和支付宝平台上的注册用户是阿里金融强大的客户群支持;另一方面,数据服务提供的交易数据是阿里金融客户信用评级的核心资源。

而阿里小额贷款是指以借款人的信誉发放的贷款,借款人不需要提供担保。其特征就是债务人无需提供抵押品或第三方担保,仅凭自己的信誉就能取得贷款,并以借款人信用程度作为还款保证。阿里小额贷款是阿里金融为阿里巴巴会员提供的一款纯信用贷款产品。

2. 阿里小贷主要产品分类

目前,阿里小贷提供两种不同类型的贷款服务:淘宝贷款和阿里巴巴贷款。其中淘宝贷款主要面向天猫、淘宝以及聚划算的卖家,分为订单贷款和信用贷款;阿里巴巴贷款主要面向阿里巴巴的会员。淘宝、天猫、聚划算商户由于业务经营全过程均在淘宝平台上完成,其经营状况、信用历史记录等十分详尽,且系统已为其自动评价,故放贷审核和发放可全程在网上完成,而 B2B 业务放贷的流程中则有实地考察环节,由阿里金融委托第三方机构于线下执行。淘宝贷款没有地域的限制,面向全国的淘宝、天猫以及聚划算的卖家。阿里巴巴贷款则有比较严格的地域限制和要求,之前主要是面向在江苏、浙江以及上海的付费会员开放。不过近来阿里巴巴贷款具有明显的扩张势头。2012 年 7 月,开始面向江浙沪的阿里巴巴普通会员开放,此举曾在业内引起轩然大波。2014 年春节刚过,阿里金融就宣布小贷开始对广东阿里巴巴的付费会员开放。

就贷款的比例而言,阿里小贷中的 80% 为淘宝贷款,投向了淘宝、天猫和聚划算的商家,一般情况下这部分贷款的最高额度为 100 万元;剩余的 20% 为阿里巴巴贷款,投向了阿里巴巴的会员企业,一般最高额度为 300 万元。表 6-3 为阿里巴巴贷款与淘宝贷款的比较。

表 6-3 阿里巴巴贷款与淘宝贷款的对比

类型	阿里巴巴贷款	淘宝贷款	
		订单贷款	信用贷款
贷款额度	最高 300 万元	最高 100 万元	最高 100 万元
贷款期限	12 个月	30 天	最长 12 个月
计息方式	按月等额本息还款	按日计息	按日计息
贷款利率	最低 1.5%/月	0.05%/天	最低 0.05%/天
还款方式	每月还款日提前 5 天通知	系统自动还款	按月付息、到期还本;每月归还固定利息及本金
贷款流程	网上填写申请单 > 补充资料 > 审批通过后获贷	填写申请表 > 确认页面 > 申请成功(资金流入支付宝账号)	填写申请表 > 确认页面 > 申请成功(资金流入支付宝账号)

(续表)

类型	阿里巴巴贷款	淘宝贷款	
		订单贷款	信用贷款
申请条件	1. 阿里巴巴中国站会员（曾经是阿里巴巴诚信通会员，具有一定的操作记录；获贷时需是诚信通或中国供应商会员） 2. 申请人为企业法定代表人或个体工商户负责人，年龄在18—65周岁，且是中国大陆居民 3. 工商注册地在上海、浙江省、江苏省、广东省，注册时间满2年	1. 年满18岁，具有完全民事行为能力的淘宝卖家 2. 淘宝店铺经营时间满2个月 3. 诚实守信，店铺信用记录良好	1. 年满18岁，具有完全民事行为能力的淘宝卖家 2. 淘宝店铺经营时间满6个月 3. 诚实守信，店铺信用记录良好

3. 阿里金融的资金运作

（1）融资渠道。阿里金融作为小额贷款公司，主要资金来源为股东缴纳的资本金、捐赠资金，以及来自不超过两个银行业金融机构的融入资金。

此外，阿里金融对于用户资金和自营资金的管理方式一直备受瞩目。作为国内最大的第三方支付平台，支付宝凭借其在淘宝平台强大的客户群支持和电子商务支付领域先进的技术，保存着大量支付宝用户的闲置资金。阿里金融是否有挪用支付宝平台资金这一话题饱受关注。因阿里金融获得的是"小额信贷管理公司"牌照，而非"银行牌照"，不具备吸收存款的职能，对于用户资金和自营资金的管理必须实行独立的运营机制。支付宝资金从创立开始就托管在中国工商银行，工商银行每月为支付宝公司出具《客户交易保证金托管报告》。理论上，阿里金融不允许以任何形式挪用支付宝资金。

（2）放款特点。"金额小、笔数多、还款周期短"是阿里金融小额贷款发放的三大特点。"阿里金融"小额贷款者（即卖家）对于订单贷款的使用周期一般不会超过一周，单笔额度也多数在万元以内，但贷款频率会很高，部分卖家甚至可以天天操作订单贷款。根据阿里金融统计，2012年上半年，阿里金融累计向小微企业投放贷款130亿元，由170万笔贷款组成，日均完成贷款接近1万笔，平均每笔贷款额度仅为7 000元。因为全部放贷过程都在互联网上完成，阿里小贷可7×24小时随借随贷，最短可只借一天。

（二）供应链金融模式

供应链金融模式是在海量的交易数据基础上，电商作为核心企业，以信息提供方的身份或以担保方的方式，通过和银行等机构合作，对产业链条中的上下游进行融资的模式。在此合作模式中，京东等龙头企业起到的是对信息进行确认审核、担保或提供信息的作用，并没有实质上对用户提供资金的融通，而这一职责仍旧由银行或别的资金供应方承担。

供应链金融服务目前已成为电商、银行、商家合作的新趋势。一方面,电子商务有摆脱价格战的需要,在寻求流量变现的方式。另一方面,小微企业对贷款有迫切的需求。电商推出供应链金融服务的核心要素是大量的资金流、商流和物流,同时需要有强大的信息系统作为保障。

从银行的角度来看,互联网手段正在驱动银行作出改变。银行希望放款更便捷,同时缩短放款时间,这也是银行积极搭建供应链金融网络的原因。不过涉及融资,就一定要用到信用评价体系,银行也需要借助京东来了解上游供应商的情况。

1. 京东供应链金融模式介绍

最初的京东供应链主要包括:为其供应商提供应收账款融资、订单融资、供应商委托贷款融资、应收账款资产包计划等服务,以解决供应商在传统担保不足情况下的融资需求。供应商无需在银行拥有授信额度即可获得融资,融资门槛降低;利用委托贷款,可加速资金周转,提高资金使用率,增加业务利润。贷款来源为15家银行提供的100亿元授信额度,京东提供交易数据,进行贷款申请的审核,向银行提交申请。贷款利率在基准利率基础上浮10%—30%,贷款额度基本上在几百万元左右,大的供应商会达到上千万元,小的在20万—30万,大约已累计放款几十亿元。

供应链运营平台,以品牌企业为核心,向众多上游供应商和下游经销商展开,通过平台的撮合机制,实现企业之间的直接对接,从而降低经营成本,促进商品有效流转,实现信息共享,提高市场占有率。平台分别从信息流、物流、资金流三方面为供应链企业提供信息化服务、物流应用服务和供应链金融服务,从零售、连锁、分销、物流、制造到售后服务全部同财务集成在一起,内置了商业智能和客户关系管理,并且与银行合作提供供应链贷款服务。

2. 京东金融主要产品介绍

最早的京东金融以应收账款等为依据,即供应商根据与京东签署的销售合同、货物单据、应收账款以及京东的确认文件,在第三方保险机构投保之后,获得与京东有合作关系的银行的贷款。银行再将应收账款以理财计划的方式转售给京东和其他供应商,账款到期后,京东将款项付给供应商,供应商将款项还给银行。在这个流程中,京东既使产业链中的供应商缩短了收款周期,缓解了资金紧张的问题,又从银行的理财产品中获得了投资收益。

如今的京东在其原始供应链金融模式的基础上,已经衍生出了"京保贝""京小贷""京东白条"。

(1)"京保贝"。它是通过对京东平台上采购、销售、财务等数据进行集成和处理,从而完成自动化审批和风险控制。由于整个流程都在线进行,实现放款的时间可由以前按天计算缩短到3分钟以内。该业务融资期限长达90天,融资金额和还款时间还可由供应商自主决定。与此前和银行合作为供应商贷款不同的是,"京保贝"运用的是京东自有资金，京东供应商可以凭借采购、销售等财务数据直接获得融资。

(2)"京小贷"。它是针对京东开放的商家以信用为基础的小额贷款服务，目前客户全是京东开放平台商家，年化贷款利率在14%—24%。操作流程上，申请、审批是线下，风控、贷后服务、支付系统在线上，贷款期限支持到12个月的，利率水平会根据具体情况不同有所变动。它具有无需抵押、贷款自主性高、融资成本低、1分钟融资到位、随借随还等优势。商家通过商家账户登录京东金融平台，即可在线查看贷款资格并申请贷款，成功贷款后，资金将会即时到商家所绑定的网上钱包账户，并与商户在京东的支付、结算等流程无缝链接。

(3)"京东白条"。它是一款面向个人用户的信用支付产品，用户在京东首页点击"京东白条"专区，在填写姓名、身份证号码、银行卡信息等申请材料后，京东首先会对用户在京东上的消费记录、配送信息、退货信息、购物评价等数据进行风险评级，在线实时评估客户信用。白条用户可选择最长30天延期付款或者3—24个月分期付款等两种不同消费付款方式，最高可获得15 000元的信用额度。表6-4对京东金融的主要贷款产品作了一个梳理。

表6-4 京东金融主要贷款产品对比

主要产品	京保贝	京小贷	京东白条	
对象	京东平台上的供应商	京东平台上的开放平台商家	京东平台上的消费者个人	
授信额度	几十万到几千万元	200万元以下	最高1.5万元	
是否担保	无抵押，无担保	无抵押，无担保	无抵押，无担保	
期限	90天	12个月	3—24个月内分期还款	30天延期付款
利率	年化利率10%左右	年化利率14%—24%	每期利率0.5%	不需要利息

3. 京东金融的资金运作

(1)融资渠道。其融资渠道主要有两个：第一，银行借款。对于早期的应收账款、订单贷款等，贷款来源为15家银行提供的100亿元授信额度，京东提供交易数据，进行贷款申请的审核，向银行提交申请。第二，自有资金。对于"京保贝"等新产品，不同于先前"银行出钱，京东推荐可授信客户"的模式，在"京保贝"中，京东集核心企业与贷款方角色于一体，融资款项全部由京东自有资金提供，为京东开辟了一个新的收入来源，并且不再牵涉合作业务中的利润分成问题。而"京保贝"的审批模式，则是基于平台本身具有的优势，即京东可以用非常低的成本完成信用筛选和事后风险控制。

(2)放款特点。门槛低、效率高、手续少、客户体验好是京东金融的特点。传统供应链金融主要面向大中型企业，融资额度固定、审核周期长、开户和提交资料烦琐，导致审批效率低和用户体验较差。

六、电商小额贷款的优缺点

作为一个新发展的互联网金融模式,电商小贷有着其自身所特有的优缺点。

（一）优点

1. 流程创新,成本低廉

电商小贷将申请贷款和审核贷款流程尽量简化,从客户申请贷款到贷前调查、审核、发放和还款均采用全流程网络化、无纸化操作。以阿里巴巴为例,只要是阿里巴巴诚信通会员和淘宝卖家,无需担保,客户只需在电脑前简单操作即可轻松获取贷款,整个过程最短只需要 3 分钟。

2. 有大量的数据作为支撑

无论是京东金融还是阿里金融或者是其他电商小额贷款,无不是依靠其自身强大的数据库作为后盾。以京东金融为例,作为上下游交易链条的直接参与方,经历了十年发展的京东零售平台上积累了大量供货商的购销配送数据,为京东金融平台上的风控模型提供了有效的支持,帮助"京保贝"建立起一套实用的风险控制体系,使其能够根据实际交易情况来对企业的还款能力作出评判。

3. 根据电商的特点设计出了相应的贷款产品

电商小额贷款有不同于传统小额贷款的特点。以阿里金融为例,阿里金融提供的贷款有两种:一种是信用贷款,根据店铺的经营状况和申请人的资质来决定;另一种是订单贷款,商家发货后还未收到货款,就可申请此项贷款。基本上具备了申贷资质的卖家,有多少订单就能获贷多少,同时也参考交易的真实性等信息。

（二）缺点

1. 存在信贷违约带来的资金压力

虽然电商们掌握更多的客户资料,但是依然存在违约风险。以阿里金融为例,阿里金融的核心竞争力在于客户信息、电商平台、IT 技术等,它本身对于客户的资产并不掌握,而它所发放的贷款则主要以信用贷款为主,缺乏抵押物、质押物的保障,因此,一旦发生信贷违约风险,则阿里金融所面临的压力将是巨大的。

2. 受企业本身资本金的限制

根据《小额贷款公司试点的指导意见》规定,小额贷款公司的资金来源仅限于股本、接收捐赠的资金以及不超过资本净额 50% 的借入资金,这限制了企业的放贷规模。

3. 监管层面欠缺

由于相应法律法规的缺乏,对参与企业如小额贷款公司的身份是民间金融组织还是金融机构的定位不明晰,会造成监管的交叉以及缺位,致使监管不力,同时也使企业难以得到税收优惠,反而有可能损害企业的利益。

七、电商小额贷款的发展趋势

(一)电商金融化进一步加强

电商企业通过电商平台积累的客户交易数据和信用记录,形成信息流,信息流引导资金流,电商金融化实质上是信息流与资金流的融合。随着信息化程度的提高,更多的消费者通过电商平台购物和消费,无需使用现金交易,转而通过第三方支付;信息流与资金流实现了对接,在一定程度上替代和创新了传统银行具有的支付与信用功能,这是电商金融化的初级阶段。下一阶段,则是电商与银行开展信贷合作。阿里巴巴曾于2007年与工行、建行开展小额信贷合作,由于信用审核、风控理念的差异,合作不了了之。目前电商与银行的合作仍处于探索过程中,主要有两种方式:一是以阿里巴巴为代表的金融平台,在获取银行牌照之前,以资产证券化、信托计划等方式筹集资金;二是以苏宁云商为代表的金融平台,获得民营银行牌照,完全控制信息流和资金流。二者殊途同归,均是在掌握信息流的情况下,高效、低成本地获得资金流,并加强融合,从而为平台客户提供全流程服务,提高用户忠诚度。

(二)金融机构积极建设自有数据平台

在电商金融化的冲击下,以银行为代表的金融机构开始涉足电商领域,而大型商业银行在金融数据的积累方面,有着电商无法比拟的优势。近年来,多家大型商业银行积极部署自己的电商平台,在留住原有客户的同时,使客户数据立体化,以期通过分析客户的立体行为数据,进行差异化服务。

八、电商小额贷款的风险分析

电商做小额贷款有其自身的优点,但同样会面临很多风险。

1. 信用风险

由于电商小贷基本没有抵押担保和信用捆绑,若发生信用危机就会造成较大损失,因此信用及行为数据、风险预警及控制体系显得尤其重要。当前,部分地方小额贷款公司正在陆续接入征信系统,但是电商小额贷款更多地依靠自身平台积累的客户信用及行为数据对企业的还款能力和还款意愿进行评估,并结合贷后监控和对网络店铺、账号关停的方式提高客户违约成本,以此来控制信用风险。电商小额贷款主要以卖方的交易数据作为主要的信用等级判断依据,但网络交易比假冒贸易更容易实现,如果单纯基于交易数据而忽视真实贸易审查以及相关抵押、质押物的检查,可能会使电商小额贷款持续处于高风险中。

2. 违规经营风险

电商小额贷款主要由电商企业成立的小额贷款公司来经营,由于电商企业的特殊性,可能存在违规经营风险,主要体现在"跨区域经营"和"外部融资比例"方面。在跨区域经营方面,根据 2008 年中国银监会和央行颁布的《关于小额贷款公司试点的指导意见》有关规定,只能在"本省(区、市)的县域范围内开展组建小额贷款公司试点"。此后各省市陆续出台小额贷款公司管理办法,均参照上述条款执行,但是阿里金融的贷款商户遍及全国,阿里小贷对工商注册地在上海、浙江省内(除温州)、江苏省的会员或供应商会员开放,显然违背了小额贷款公司试点的相关规章制度。此外,在外部融资比例上,《关于小额贷款公司试点的指导意见》规定"从银行业金融机构融资比例获得融资资金的余额,不得超过资本金额的50%"。浙江、重庆等地出台的管理办法表示满足一定条件后,融资比例可达资本净额的 100%;而阿里小贷最大的放贷额度是注册资本的两倍。在此背景下,电商小额贷款可能通过多种融资渠道来规避政策限制,甚至可能直接违规经营。

3. 监管政策风险

与违规经营风险相对应的是监管风险,电商小额贷款利用政策上的漏洞,打政策"擦边球"。例如,阿里小贷认为相关文件监管的是业务发生所在地,而不是客户所在地,阿里小贷的放贷操作行为均在杭州、重庆,并没有跨区经营。由于电商平台是跨区域的,甚至是跨境的,限制电商小额贷款的区域其实是不现实的,未来相关部门可能更多地从放贷金额、融资比例、服务群体等方面来限制公司的业务范围。在融资比例上,相关文件只是规定通过从银行业金融机构的融资比例不得超过 50%,并没有规定通过其他融资渠道融入的资金比例,未来政策上将可能更加明确。这些监管政策的改变,都可能给电商小额贷款的发展带来一定的风险。

4. 法律风险

电商平台涉及数据的采集、处理以及应用。在为客户提供金融服务的过程中,积累了大量客户个人信息,其所隐含的商业价值逐渐被人们发现和利用。在利益驱使下,越来越多的机构和个人采取种种手段获取他人信息,加之部分企业保护意识和保护能力不强,导致近年来对个人信息的侵权行为时有发生,已引起社会广泛关注。造成此种风险的一个很大原因是,目前我国尚无一部专门的法律对个人信息数据特别是个人金融信息的收集、使用、披露等行为进行规范,立法散乱,不成体系。

另外,政府虽本着金融创新、加快金融改革的理念在态度上对电商小额贷款的发展表示支持,但是金融监管机构尚无明确的法律法规以及规章制度出台给予规范。电商和金融机构在商业规范、运营模式等方面都存在差异,这就要求电商必须在认真学习传统金融机构的监管政策的同时,要根据政府出台的监管措施,对业务进行调整。

5. 信息安全风险

随着互联网的迅速发展,在线交易、在线对话等在线互动越来越多,社交网络、智能、终端已经是人们生活中不可或缺的一部分。尽管数据量的激增以及社会各领域对大数据重要性的认识的提升,数据安全问题成为我们不得不关注的重要议题。

数据一旦泄露,现在对整个企业可以说是巨大的损失,不仅会导致声誉受损、造成巨大的经济损失,严重的还要承担法律责任。

6. 数据分析风险

电商的大数据是依托于从积累的海量交易数据中对用户行为习惯、思维方式的总结,进而对其可能发生行为的一个判断。也就是说大数据分析方法依赖于大数据"过去决定未来"的特点。这一前提在大部分情况下都是成立的,但如果遇到需要突破性创新的情况就会暴露出弱点。而造成这种状况的原因不仅是数据依托于过去的分析基础,还在于数据封闭的问题。从笔者的观点来看,大数据分析是希望通过将数据信息进行实体化,对每个人从职业、喜好、人脉等方面进行全方位的解读。例如在电商平台上,对用户进行信用审核后贷款,这种数据审核的背后是希望通过数据了解企业的真实情况,通过了解雇用职工数目估算企业真实营业收入,了解企业的还款能力。在数据封闭的情况下,电商企业不能接触到平台用户以外的客户群,也难以了解在平台之外用户的数据。

思考题:

1. 解释电商进入小额贷款领域的原因以及其所具备的优势。
2. 分析电商小额贷款两种模式各自的优势和劣势。
3. 通过网上查阅资料,分析电商小额贷款与其他形式的小额贷款有什么区别。

第七章

其他模式

互联网金融除了之前介绍的 P2P 网络借贷平台、众筹新股权筹集模式、电商小额贷款、第三方支付,还有很多其他形式,下面将重点介绍几种模式。

一、供应链金融

随着社会化生产方式的不断深入,市场竞争从单一客户竞争转变为供应链之间的竞争,同一供应链内部各方相互依存。同时,赊销成为交易的主流方式,处于供应链中上游的供应商很难通过传统的信贷方式获得银行的资金支持,资金短缺直接导致后续环节停滞,出现"断链"现象。部分节点的资金流瓶颈带来的"木桶短板"效应已经部分抵消了分工带来的效率优势和财务供应链管理价值发现过程。为了维护供应链的生存,提高供应链资金运作的效率,降低供应链的整体管理成本,供应链金融应运而生。京东创始人刘强东提出的"十节甘蔗"理论形象地解释了供应链,如图 7-1 所示。

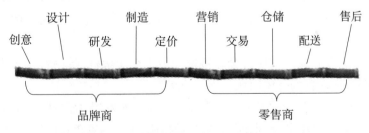

图 7-1　十节甘蔗理论

供应链金融是指一条供应链上的核心企业与商业银行合作,其上下游企业在经过核心企业统一的条件下,以核心企业为担保与合作银行进行融资业务,具体体现在电子商务企业与银行间,表现为电子商务企业将平台数据转化为银行认可的信用额度,银行依此完成独立审批进而发放贷款的金融创新模式。图 7-2 展示的是供应链产业链的运行机制。

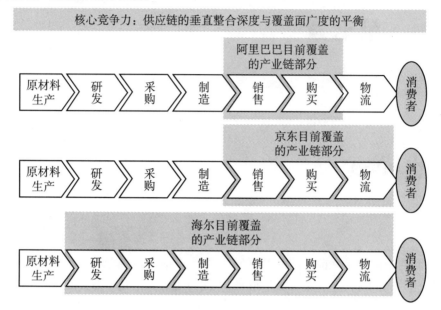

图 7-2 供应链产业链

京东、苏宁等电商平台利用其海量交易数据,快速打开供应链金融的市场。传统银行业受到冲击后大力发展创新工具,发挥传统金融客户的优势,开始布局抢滩供应链金融。图 7-3 展示了银行与电商合作的情况。

传统商业银行涉足供应链金融的好处主要有三点:

(1) 控制风险。通过围绕核心企业,管理上下游中小企业的资金流和物流,并把单个企业的不可控风险转变为供应链企业的整体可控风险,通过立体获取各类信息,将风险控制在最低水平。

(2) 增强中小商业银行竞争力。商业银行通过核心企业的信用介入和商业银行的战略伙伴关系拓展银行业务,如信用卡捆绑销售可以获得额外存款。供应链金融涵盖传统授信业务、贸易融资、电子化金融工具等,为银行拓展中间业务提供较大空间。

(3) 带来潜在收益。供应链金融可增加中小企业融资,带来银行表内业务和表外业务收益;还能咨询等中间业务。

银行涉足供应链金融逐渐步入正轨,要继续深入发展,需要提供更多创新产品,包括订单融资、保单融资、电商融资、金融物流、担保品管理、保兑仓、保理仓、贸易融资、应收账款质押融资等。如招商银行针对"特色结算支持方案"推出银商转账通、商务支付通、跨境支付易、银 E 理财通,针对电商平台会员推出网供通、网盟通、在线订单贷、在线流量贷。京东商城针对采购、入库、结算前、再扩大四方面融

2012-11-27
京东商城供应链金融服务推介会,而且与中国银行北京分行签署全面战略合作协议。
该平台将结合京东供应商评价系统、结算系统、票据处理系统、网上银行及银企互联等电子渠道,是传统银行跨足移动支付的开始。

2013-05-20
华夏银行同业首推"供应链金融"业务模式,通过互联网技术寻找与电子商务模式的契合点。

2014-04-08
中信银行与海尔集团签署供应链网络战略合作协议,双方将拟合各自平台资源,搭建线上线下相融合的供应链网络平台。

2014-06-25
招商银行"智慧供应链金融"获在线供应链金融创新大奖,随后在北京发布"电商和物流行业在线供应链金融解决方案",从商流、物流、资金流、信息流四个层面推出管理方案。

……

图 7-3 银行与电商合作的时间轴

资产品,提供具体服务如应收账款融资、订单融资、委托融资、信托计划等。

同时,在大数据环境下,银行完善供应链金融要做到以下三点:①速度化,要求供应链金融业务交付的速度尽可能快;②流程化,先流程化进而信息化,规则透明化进而平台化;③四业融合化,包括制造业、商贸业、金融业、物流业的四业融合。

企业聚焦

华夏银行的"平台金融"

时间	2013 年 5 月 20 日
主体	华夏银行
行为	首推同业"供应链金融"业务模式
定位	中小企业金融服务商;"烧饼上找芝麻""精准营销、链式开发、平台对接"
基本职能	信用中介、支付中介、信用创造、金融服务
附加功能	在线融资、跨行支付、现金管理、资金结算、资金监管
特点	紧密联系金融机构、生产/贸易企业、物流企业
核心	支付融资系统、网络贷产品、创新银企合作模式

平台客户	核心企业(供应链金融)、物流企业(物流金融)、大宗商品交易市场(B2B 电子交易平台)、电商(互联网金融,B2C、C2C 电子交易平台)、融资租赁公司、市场商圈、园区、担保公司、小贷公司、保理公司
合作伙伴	企业供应链金融　　国际金融服务　　小企业金融服务　　个人理财品牌　　电子银行品牌
评价	(1) 经过四年的摸索实践,华夏银行的"平台金融"在"大宗商品交易平台""供应链金融"和"市场商圈"三个领域成功应用,实现了电子国内保理、电子订单融资、未来提货权电子保兑仓、交易市场优先权处置、交易市场保值项下动产质押/买方融资、交易市场保兑仓等电子化融资业务模式,实现了资金流——资金流+信息流——资金流+信息流+物流的模式转变。 (2) 通过支付融资系统将银行金融服务嵌入企业日常经营全过程,实现企业经营信息、交易信息、结算资金、信贷资金的整合与实时交互,服务平台客户及其上下游和周边的小微企业。 (3) 解决速递物流方案:①针对分包商的电子保理服务。该服务的特点包括分享收益;无需担保,仅需确认付款;缓解分包商融资。②针对卖方发放贷款,即代收货款。③针对供应商的代理采购,可解决核心企业"零"库存。 (4) 为核心企业 ERP 提供现金管理,实现银企直联,同时为核心企业及其上下游客户提供资金结算、财务对账、在线融资等全面的金融服务。
平台数据	截至 2014 年 3 月末,华夏银行对接 265 个平台,服务小企业 10 119 户,平均用款期限 50 天左右,实际利率是名义利率下浮 30%。具体数据见表 7-A。

表 7-A 华夏银行平台数据一览

累计交易		累计放款			累计还款		
笔数/万笔	金额/亿元	笔数/万笔	金额/亿元	平均每笔/亿元	笔数/万笔	金额/亿元	平均每笔/亿元
31	110.75	1.97	75.28	38.22	2.74	50.34	18.37

二、互联网金融产品搜索门户

互联网金融产品搜索门户指利用互联网提供金融产品和金融服务的信息汇

聚、搜索、比较,以及为金融产品提供第三方销售服务的平台。

根据服务内容及方式,可以将门户平台分为以下三类:

(1) 第三方资讯平台。它指提供全方位、权威的行业数据及行业资讯的门户网站。典型代表为网络借贷之家、和讯网等。

(2) 垂直搜索平台。通过金融产品的垂直搜索门户,消费者可以快速地搜索到相关的金融产品信息。典型代表为融360、安贷客等。

(3) 在线金融超市。其业务形态是在线导购,提供直接的购买匹配。该类门户集聚着大量金融类产品,利用互联网进行金融产品销售,并提供与之相关的第三方服务。典型代表为格上理财、91金融超市以及软交所科技金融超市等。

根据汇集的金融产品、金融信息,可以将门户平台分为五类:P2P网络借贷类门户、信贷类门户、保险类门户、理财类门户以及综合类门户。

企业聚焦

融360

融360成立于2011年10月,是融资贷款及信用卡的搜索、推荐与服务平台,为小微企业和风刃消费者免费提供便捷、划算、安全的金融服务。

定位:为广大中小企业和个人用户免费提供最可靠、最便捷、最划算的贷款推荐。

平台上的金融产品:国有银行、股份制银行、外资银行、城市银行、小额贷款公司等国家认可的金融机构,同时引入大量银行从业人员,亲民惠民。

模式分析:

关键业务	客户关系	重要伙伴	核心资源
问题解决方案 网络平台服务 ……	个人网站简介 个人助理 自助服务	金融机构 第三方外包商 云计算提供商	轻资产运营 专利版权 客户数据库

价值主张	渠道通路	客户细分
新颖性设计 定制化服务 便利性平台 ……	PC客户端 移动客户端 线下通道 ……	双向:个人&中小企业 金融机构

成本结构	收入来源
网络运营费 平台扩张 人力资源 ……	营销费 撮合交易费 广告费 ……

垂直搜索比价：

图 7-A 融 360 垂直搜索比价页面

合作机构：

图 7-B 融 360 的合作机构

三、互联网基金

2013 年 6 月，支付宝推出对接货币基金的互联网理财产品——余额宝。到 2013 年 12 月底，余额宝用户数达到 4 303 万人，资金规模达到 1 853 亿元；截至 2015 年 12 月底，用户数增至 2.6 亿，资金规模超过 6 207 亿元，成为全球四大货币基金之一。

在余额宝成功的推动下，各电商银行相继推出各种理财产品，比如财付通、理财通、添益宝等。

分析图 7-4 发现，我国货币型基金净值规模由 2013 年 6 月的 3 038.7 亿元快速增至 2014 年 4 月的 1.75 万亿元，增长 4.8 倍，超越股票型基金成为我国市值最大的基金品种。

在高利率环境下，货币型基金成为绝对主力，但是利率下行可能对货币型基金带来冲击，下一个风口或可能是股票型基金。

四、比特币

(一) 缘起

2008 年一名化名为"中本聪"的人在互联网上一个讨论信息加密的邮件组

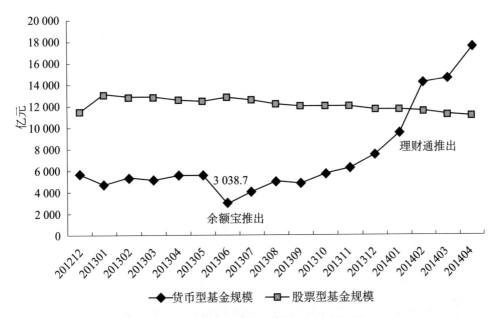

图 7-4 我国货币型基金与股票型基金的发展情况

(metzdowd.com)上发表了一篇文章《比特币：一种点对点网络中的电子现金》，勾画了比特币系统的基本框架。2009 年 1 月 3 日，他为该系统建立了一个开放源代码项目(open source project)，正式宣告了比特币的诞生，他挖出最开始的 50 个比特币。

比特币(bitcoin)的命名源于 bit(比特)，比特是计算机中的字节单位。比特币本质上是一种电子货币，由计算机生成的一串串复杂代码组成，是一堆复杂算法生成的特解，是一种全球通用的加密电子货币，不依赖于特定的中央发行机构。它使用遍布整个 P2P 网络节点的布式数据库来记录货币的交易，使用密码学的设计保证货币流通的环节安全性。最早使用密码学进行网络支付的可以追溯到 David Chaum 提出的密码学网络支付系统，他在 1982 年提出该理论，并在 1990 年将这种想法扩展为最初的密码学匿名现金系统。

(二) 比特币的发展特点和缺陷

比特币作为互联网迅速发展的产物，有以下几个特点：

(1) 去中心化。比特币是一种用开源的 P2P 技术的软件而生成的电子货币。P2P 技术即对等网络技术，相对于客户机/服务器(C/S)模式的一种网络信息交换方式。C/S 模式中数据一致性易控制，系统易管理，但容易出现单一失效点，同时服务的客户端有限，可扩展性差。P2P 网络中，每个节点既可以从其他节点得到服务，也可以向其他节点提供服务，庞大的终端资源被利用起来。节点之间的服务使得比特币去中心化，快速便捷，是比特币安全和自由的保证，确保了货币所有权与流通交易的匿名性。

（2）全球流通。比特币是基于一套密码编码、复杂算法产生的,可以通过任意一台接入互联网的计算机实现在全球范围内的流通,任何人都可以挖掘、购买、出售或者收取比特币。

（3）专属所有权。比特币只能被它的真实拥有者使用,而且仅仅一次,支付完成后原主人立即失去对该份额的所有权。操控比特币需要私钥,私钥可以被隔离保存在任何存储介质中。每个比特币地址在生成时,都会有一个相对应的该地址的私钥。这个私钥可以证明你对该地址上的比特币具有所有权。我们可以简单地把比特币地址理解成为银行卡号,该地址的私钥则理解成为所对应银行卡号的密码。

（4）数量固定。比特币可以理解成复杂算法产生的特解,每一个特解都能解开方程且是唯一的。用人民币打比方的话,比特币是人民币上的序列号,唯一且同一批号的人民币数量有限。新比特币需要通过预设的程序制造,随着比特币总量的增加,新币制造的速度减慢,到2140年将达到2 100万个的总量上限。目前被挖出的比特币总量已经超过1 200万个。

（5）发行不受控。比特币的产生是由P2P网络节点进行计算产生的(俗称"挖矿"),创造过程没有人为干预。这也是比特币与其他虚拟货币的重要区别,不归属于任何一个经济实体。

（6）交易方便,费用低廉。全球的P2P网络节点7×24负责比特币的正常进行,有网络即可进行买卖交易,知道对方的比特币地址即可支付,没有额度和手续限制,每笔支付的费用非常低。比特币地址是大约33位长的、由字母和数字构成的一串字符,总是由1或者3开头,如"1DwunA9otZZQyhkVvkLJ8DV1tuSwMF7r3v"。

尽管比特币有诸多优势,但它也存在很多弊端:

（1）偷挖现象严重。中本聪作为第一个吃螃蟹的人,快速持有50个比特币。2009年比特币诞生时,每笔赏金50个比特币,当总量达到1 050万个(2 100万的50%)时,赏金减半为25个;当总量达到1 575万个(新增525万,即1 050万的50%)时,赏金再减半为12.5个。

（2）交易平台脆弱。虽然比特币市场火爆,但交易平台较脆弱,系统容易崩溃。若不小心格式化,比特币将全部消失,且无法找回。

（3）交易确认时间长。虽然只需要知道对方的比特币地址,但确认时需要与P2P网络进行交互,得到全网确认后,交易才算完成。

（4）价格波动大。比特币是一种投机商品,受到炒家的介入,价格波动较大。

（三）发展

1. 第一次当作货币使用

在早期,比特币只是程序员手中的玩具,而它第一次被当作货币是在2010年5月。Laszlo Hanyecz是佛罗里达州的一名程序员,使用1万比特币购买到两块棒约翰比萨,这是第一次有记录的把比特币当作现实生活中的货币进行交易,同时这项交易也诞生了比特币第一个公允汇率。现在比特币最为主要的参考汇率为 Mtgox 交易所(总部在东京,控制全球76%的比特币交易)内比特币与美元的成交汇率。

2. 比特币的第一次"狂欢"

2011年1月,比特币交易价格为1.06美元,突破1美元。同年6月,比特币冲到历史最高点——31.91美元。

3. 黑客们闻风而动

2011年6月19日,Mtgox 比特币交易中心的安全漏洞遭到黑客攻击,导致比特币交易价格一度跌到1美分。几分钟后,Mtgox 关闭并取消黑客的不正常交易,使得比特币价格弹回到15美元,最终比特币的价格也回升到崩溃前,而这次攻击相当于超过900万美元的账户受到影响。

2011年7月,世界比特币第三大交易中心 Bitomat 的运营商宣布,丢失价值1.7万比特币(合22万美元)的 Walltet.dat 文件的访问权限,决定出售服务弥补用户损失。

2011年8月,MyBitcoin 比特币交易中心宣布遭黑客攻击,随之关闭系统,之后超过7.8万比特币(合80万美元)下落不明。

2012年3月1日,黑客从一台虚拟机上窃取了5万比特币。

4. 比特币已发行一半

2012年11月28日是比特币发展史上一个重要的里程碑时刻,自此比特币在全球的发行量已经占总发行量(2 100万)的一半。

5. 新一轮疯狂的增长

图7-5为比特币市场价值走势图,纵坐标为市场价值,横坐标为时间,跨度为2012年4月12日到2013年4月13日。

2013年2月19日,比特币客户端 Bitcoin-Qt0.8.0 版发布,该版本作了重大变动,以改进性能,并控制日益增长的交易数据体积。

2013年2月28日,比特币价格第一次突破32美元,之前最高纪录为2011年6月31.91美元的交易价格。

2013年3月12日,比特币网络故障导致价格大跌。

2013年3月29日,比特币交易价格达到92美元,并且市场上流通的比特币整体价值超过10亿美元。

2013年4月1日,各大科技公司纷纷推出了各种产品,比特币的交易价格也空前般冲到了100美元。

2013年4月10日,比特币的交易价格一度上升到266美元。

2013年4月11日,比特币的交易价格为180美元。

6. 比特币中国应运而生

比特币中国(BTCChina)是中国最大的比特币交易平台,其主体为上海萨特西

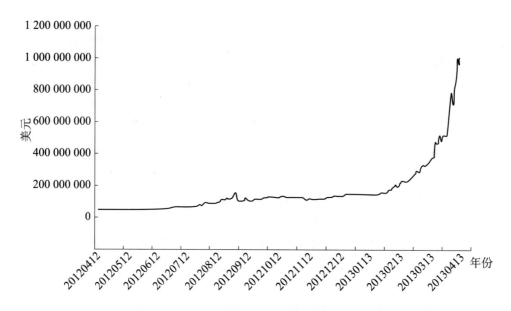

图 7-5 比特币市场价值走势图

资料来源：biockchain.info。

网络有限公司，法人代表为 Bobby Christopher Lee（中文名为李启元），注册日期为 2013 年 7 月 9 日，注册资本为 120 万元人民币。

比特币中国的交易量超越了世界前两大比特币交易平台——Mt. Gox 和 BitStamp，成为全球交易量最大的比特币交易平台。其单日最高交易量接近 9 万比特币，最高日交易额已超过 2 亿元。

表 7-1 列示了比特币中国交易平台的发展过程中的标志事件。

表 7-1 比特币中国大事记

时间	事件
2011-06-09	交易平台上线，比特币中国价格达 150 元
2012-05-09	日交易量突破 2 000
2012-05-27	注册用户突破 8 000，日交易量跃居全球第二
2012-05-29	30 天交易量世界排名第八
2012-08-28	推出双重认证功能
2013-02-15	比特币中国价格重回 100 元
2013-04-10	日交易量达到 28 600，比特币中国价格达到 1 944 元
2013-04-21	联合壹基金发起比特币捐款，并向壹基金捐赠 15 比特币，用于四川救灾；截至 2013 年 4 月 24 日晚上 7 点，官方称收到 233 比特币，折合人民币 22 万元
2013-10-22	日交易量突破 50 000，比特币中国价格达到 1 300 元，第一本比特币季刊《壹比特》创刊号发行
2013-11-09	比特币中国价格达到 2 630 元
2013-11-19	比特币中国价格达到 3 490 元

7. 主流网站开始支持比特币支付

2013年2月17日,社交新闻网站 Reddit 表示,会接受通过虚拟货币比特币的付款。此前,博客平台 WordPress 已宣布接受比特币付款。Reddit 的 Gold 服务已接受用户通过 PayPal 和谷歌钱包的付款,在支持比特币支付之后,Reddit 将可以接受来自世界任何国家用户的付费。

2013年2月18日,云存储服务 Mega 创始人 Kim Dotcom 通过 Twitter 宣布,开始支持 Bitvoucher 的比特币结算,用户可以用比特币购买 Mega 的付费服务。

2013年3月5日,域名注册网站 Namecheap 开始接受比特币支付,客户可以通过比特币,购买 Namecheap 的一系列服务,包括域名、虚拟主机、SSL 证书和安全程序。

2013年6月8日,中国香港特别行政区政府正式批准 GBL 交易平台经营虚拟货币兑换业务,包括比特币。

2013年8月19日,德国成为首个承认比特币合法货币地位的国家。

2013年10月28日,世界上第一台比特币自动提款机在加拿大温哥华投入使用,由美国内华达州的 Robocoin 和温哥华的 Bitcoiniacs 公司运营。

2014年1月,Overstock 开始接受比特币,成为首家接受比特币的大型网络零售商。

2014年9月9日,美国电商巨头 eBay 宣布公司旗下支付处理子公司 Braintree 将开始接受比特币支付。Braintree CEO Bill Ready 在旧金山 TechCrunch Disrupt 大会上表示,该公司已与比特币交易平台 Coinbase 达成合作,开始接受这种相对较新的支付手段。

纽约州最高银行监管机构为比特币初创企业获得比特币业务经营牌照铺平了道路。它同意为这些企业提供更多时间,以满足获得牌照的规定。这是美国国内首例关于比特币业务牌照的规定。

8. 监管加严

央行2013年12月下发的《文化部、商务部关于加强网络游戏虚拟货币管理工作的通知(文市发〔2009〕20号)》中要求,中国各金融机构和支付机构不得开展与比特币相关的业务。各金融机构和支付机构不得以比特币为产品或服务定价,不得买卖或作为中央对手买卖比特币,不得承保与比特币相关的保险业务或将比特币纳入保险责任范围,不得直接或间接为客户提供其他与比特币相关的服务,包括:为客户提供比特币登记、交易、清算、结算等服务;接受比特币或以比特币作为支付结算工具;开展比特币与人民币及外币的兑换服务;开展比特币的储存、托管、抵押等业务;发行与比特币相关的金融产品;将比特币作为信托、基金等投资的投资标的等。表7-2 列示了国内有关比特币监管的标志性事件。

表 7-2　国内对比特币的监管情况

时间	事件
2013-10-31	著名互联网律师雷腾发文建议"尽快立案调查 GBL 比特币交易平台关闭"事件,分析了比特币具有的"价值功能"和"使用功能",提出比特币应受相关法律监管
2013-12-05	央行等五部委联合发通知防范比特币风险,消息发布后一个小时内比特币价格跌幅达 35%,后连续四日大跌
2014-04-10	比特币交易网称其已经收到中国农业银行杭州科技城支行的电话通知,于 4 月 15 日停止使用公司账户进行比特币相关业务的结算,若逾期,则冻结银行账户
2014-04-24	央行约谈了部分商业银行和第三方支付公司,部署下一阶段比特币风险的防控工作,希望彻底切断比特币交易的资金链条
2014-04-25	支付宝发出公告,明确表态不会为比特币等虚拟货币提供充值和提现服务,也不允许通过支付宝购买或销售相关交易充值码

而从国际范围内来看,2014 年 6 月,加利福尼亚州(以下简称"加州")州长 Jerry Brown 签署了一项法令,去除了对非美元货币的限制。加州旧的《企业法》第 107 条款禁止企业或个人发行非美元的货币,也就是虚拟货币和奖励点数(如 Amazon Coins 和 Starbucks Stars)从技术上说都是非法的。新的法令废除了这一条款,法案提起人 Roger Dickinson 指出,条款忽略了日益增长的替代货币的现实,已不合时宜。

2014 年 8 月 10 日,继以比特币为基础的电子签名在 8 月 5 日发布后,英国财务大臣乔治·奥斯本(George Osborne)放出信号表示英国意欲把比特币或其他类似的货币系统作为数字货币合法化。

2014 年 8 月 11 日,美国消费者金融保护局(CFPB)就比特币等虚拟货币的风险发出警告,包括成本不明、汇率波动、易受黑客和垃圾邮件攻击等。CFPB 认为,比特币仍处于实验性阶段,且虚拟货币账户不设政府存款保险,一旦出了问题,没有相关部门会出手相助,用户将自己承担后果。

(四) 争论

1. 比特币与其他虚拟货币的区别

虚拟货币是指非真实的货币。它没有法偿性、强制性等真实货币的特征,除了在特定环境中,没有流通的价值,不能购买商品。

虚拟货币可以分为三类:一是游戏币,以前的单机游戏中,玩家可以通过积累游戏币购买草药和装备,但只能在自己的游戏机中使用,实现游戏联网后,玩家之间可以交换游戏币;二是门户网站或即时通信工具服务商发行的专用货币,可购买本站内服务,如腾讯公司 Q 币可以购买会员资格、QQ 秀等增值服务;三是互联网上的虚拟货币,典型代表为比特币,有种说法"比特金、莱特银、无限铜、便士铝",它可以用于互联网投资,也在实体购买中出现过。

比特币与其他虚拟货币的区别在于：比特币没有发行主体，数量总数是固定的，它是唯一具有投机价值的虚拟货币；不依赖任何公司，对网络上的无政府主义者的吸引更大，在现实中可以流通，流通的依据来源于密码学。而其他虚拟货币如游戏币、Q币等只能在特定的环境中使用，不能在现实社会中购买其他商品。

2. 比特币能否抑制通货膨胀

凯恩斯学派的经济学家们认为政府应该积极调控货币总量，利用货币政策的松紧来为经济适时地加油或者刹车。因此，他们认为固定总量的比特币牺牲了可调控性，而且更糟糕的是将不可避免地导致通货紧缩，进而影响整体经济。奥地利学派的经济学家们的观点却截然相反，他们认为政府对货币的干预越少越好，货币总量的固定导致的通缩并没什么大不了的，反而是社会进步的标志。

凯恩斯学派的经济学家们认为，物价持续下跌会让人们倾向于推迟消费，因为同样一块钱明天就能买到更多的东西。消费意愿的降低又进一步导致需求萎缩、商品滞销，物价变得更低，从而步入"通缩螺旋"的恶性循环。同样，通缩货币哪怕不存入银行本身也能升值（购买力越来越强），人们的投资意愿也会升高，社会生产由此陷入低迷。从这点来看，比特币是一种具备通缩倾向的货币。在以比特币为主要货币的经济体中，以比特币定价的商品价格将会持续下跌。

3. 比特币易滋生违法交易

《高客》（Gawker）杂志的编辑亚德里安·陈发表了一篇题为《能买到任何毒品的地下网站》的文章。他的博文点击量超过150万次，并且引发了一场轰动，西弗吉尼亚州参议员Joe Manchin和纽约州参议员Chuck Schumer向美国司法部长和缉毒局领导义正词严地上书，呼吁关闭"丝绸之路"①。

2011年，Chuck Schumer和Joe Manchin致信美国的药品管理局，要求对"丝绸之路"和比特币展开调查。Schumer说"丝绸之路"运用比特币从事洗钱等违法行为。2013年10月，"丝绸之路"被关闭。FBI正式宣布已逮捕站主Ross Ulbricht并缴获他所有的2.6万比特币。

路透社报道，这家网站自2011年运营起，为不法分子搭建了交易平台。网站有海洛因和其他毒品售卖，甚至提供杀手。超过90万名的注册用户用比特币进行毒品交易。法庭文件显示，这家网站在两年运营时间里达成价值12亿美元的比特币交易，每笔交易收取8%—15%的手续费。

思考题：

1. 除了本章详细讲解的四种模式，你还熟悉哪些模式？请了解这些模式的发展情况。

---

① "丝绸之路"是一个匿名化的黑市，市场内的唯一交易货币为比特币。

2. 目前,多数知名电商平台都推出了互联网金融产品的搜索平台,请比较它们的区别,你更关注哪一个平台?并说明理由。

3. 余额宝是互联网基金的典型代表,针对余额宝收益率逐年降低,你认为未来互联网基金的优势在哪里,应该如何发展?

4. 你如何看待比特币?

第三部分　互联网金融之影响篇

第八章　互联网金融对传统银行业的影响
第九章　互联网金融对证券行业的影响
第十章　互联网金融对保险行业的影响
第十一章　互联网金融对基金行业的影响

第八章

互联网金融对传统银行业的影响

2013年以来,互联网金融的蓬勃发展及其对传统银行业的冲击已经成为当下最热门的话题。其中的佼佼者当属以百度、阿里巴巴和腾讯三家为代表的互联网企业,它们将互联网平台资源与金融产品或服务进行整合,创新出了包括P2P小额信贷、移动支付、余额宝等众多新型的互联网金融业务模式及产品,这些业务模式及产品一经推出便产生了巨大的反响。以余额宝为例,虽然是2013年6月支付宝与天弘基金合作推出的新产品,但仅用8个月的时间余额宝用户数就突破了8 100万,根据天弘基金发布的数据,2014年年底余额宝规模已经突破5 000亿元,其规模已经相当于一家国内中型银行的总资产规模。由此可见,互联网金融既通过互联网特色的用户体验优势迎合了广大客户对便利的金融服务的需求,也凭借互联网本身强大的媒介影响力改变着客户的传统金融行为和资金流转方式。

一、互联网金融对商业银行业的影响

在我国,银行业一直是金融业的主体。互联网金融的快速发展给传统金融业带来越来越大的影响,以商业银行为代表的传统金融机构正面临前所未有的挑战和冲击。互联网金融给商业银行带来的影响主要表现在以下这些方面。

(一) 对商业银行金融地位的影响

1. 弱化商业银行的金融中介功能

商业银行在传统金融业务往来中扮演着金融中介的角色。商业银行之所以能够担当金融中介的角色主要有两个原因:第一,银行具有资金清算中介的功能。银行是货币流通的媒介,银行业间有配套及成型的清算、支付系统,便于银行与客户、银行与同业间的清算,同时能降低资金融通的交易成本。第二,银行又具有信息中介的功能。银行为客户办理业务的过程中,在客户信息的收集、处理、分析等方面有较强的能力,能够缓解储蓄者与资金短缺者之间的信息不对称。而互联网金融的产生及快速发展,使商业银行面临金融中介角色弱化的风险,主要体现在以下两个方面:

第一,互联网技术的高速发展,使得各种信息的获取成本和交易成本都有所降低,因此弱化了商业银行信息中介的功能,从而降低了其作为金融中介的服务需求。互联网技术的快速发展,诞生了移动支付、社交网络和搜索引擎等,市场信息的不对称问题将大大改善,交易双方能够很便捷地找到匹配的对方,资金供求双方相应分担的交易成本非常低。因此,银行的信息中介的功能将被削弱。

第二,面对互联网金融的冲击,商业银行资金中介的功能也将被削弱。随着互联网金融加速脱媒,互联网金融模式下的资金供求双方可不再通过商业银行来进行匹配,而是通过互联网企业提供的金融搜索平台,使供求双方能快速地实现匹配。后续的资金交易过程也将由供求双方自行完成,而完全脱离了商业银行这个资金融通的中介平台,接连银行的资金中介功能被弱化了。在支付过程中,第三方支付平台已经可以跨过商业银行,利用自身的支付手段完成支付与结算。由此,互联网金融对商业银行的资金中介功能的冲击是巨大的。

2. 互联网技术冲击了商业银行的支付中介地位

商业银行作为支付环节的中介,主要是依赖于债权债务清偿活动中人们在空间上的分离和在时间上的不匹配,但自 2011 年 5 月央行颁发首批第三方支付牌照(《支付业务许可证》)到 2015 年 4 月,已有超过 270 家企业获得第三方支付牌照,业务涉及货币兑换、互联网支付、数字电视支付、预付卡发行与受理以及银行卡收单等多种类型。第三方支付模式打破了商业银行对于线下支付的垄断,商业银行的垄断收益将被持续分流。目前第三方支付模式已经成为电子商务领域运用最广泛的支付模式。以充值业务为例,只需通过支付平台将该账户中的资金划转到收款人的账户中,即可完成支付。

第三方支付涉及的客户数量越来越多,互联网技术的高速发展,第三方支付平台的功能越来越重要,将银行支付结算功能弱化。交易量也越来越大。2014 年的第三方支付交易量已达到将近 23 万亿元。在弱化银行支付结算功能的同时,互联网金融公司又相继推出了各自的快捷支付产品。该产品无须登录商业银行的网上银行即可完成支付,解决了以往没有开通网银、没有开立借记卡等限制网上支付的问题,仅凭一张信用卡即可在网上任意消费,完全撤除了商业银行最基本也是最重要的支付功能。

(二) 对商业银行经营理念的影响

互联网金融独有的竞争优势,将对商业银行的经营理念与经营行为产生重大的冲击,在银行业发展中发挥鲶鱼效应,倒逼商业银行迅速作出调整。无论是宏观上还是微观上,无论是从经营理念上还是业务结构、盈利模式、客户群体、服务水平等方面上都要进行大规模的调整。尤其是商业银行的价值创造和价值实现方式将被互联网金融改变。

首先,商业银行的发展模式和盈利方式方面。近十年来,中国商业银行虽处在快速稳定的发展阶段,但目前为止,仍是传统上"重投入轻效益、重数量轻质量、重规模轻结构、重速度轻管理"的外延粗放式增长模式。在盈利方式上,利差仍然是商业银行的主要收入来源,我国银行业利息收入仍占大头,非利息收入占比仍较少。

其次,客户的价值诉求发生根本性转变。在互联网金融模式下,客户的消费习惯和消费模式发生了变化,目标客户类型也悄然改变。客户更为大众化,参与各种互联网金融交易的人群包括中小企业、企业家和普通大众。互联网技术的日新月异,使得客户更多地关注效率与成本,同时追求多样化、差异化和个性化服务,注重方便、快捷、参与和体验成为客户的基本诉求。

最后,商业银行的竞争基础发生了改变。商业银行为客户提供的是复杂技术的金融产品,而互联网金融机构依托互联网技术,提供的是简单、快捷、成本低的金融产品。互联网金融模式下,互联网金融的发展也将由安全、稳定、低成本和低风险转向快捷、便利,进而对银行核心业务发起猛攻。

(三)对商业银行经营模式的影响

互联网金融对商业银行经营模式的影响主要体现在以下两个方面:

第一,银行信贷供给格局被改变。网络借贷平台提供的贷款模式已不同于商业银行的操作模式,资金供求双方依赖平台寻找与其资金期限、金额、利率相匹配的对方,即可完成资金的借贷。这种模式不仅手续简便、操作简单,也适合个性化的要求,能够很好地满足客户的需求,由此受到大众的认可。截至2014年上半年,仅"阿里小贷"发放的贷款已累计超过2 000亿元,互联网的直接融资模式正在形成,这对商业银行的信贷业务尤其是中小微企业贷款业务给予了重创。

第二,银行客户基础被动摇。伴随互联网技术的高速发展以及金融脱媒,银行赖以生存的客户群体也受到了互联网金融的冲击。大量的客户在办理金融业务时借助互联网,摆脱了商业银行这个中介,客户信息被互联网金融企业沉淀下来。

(四)对商业银行服务模式的影响

互联网金融对商业银行服务模式的影响主要体现在以下三个方面:

第一,商业银行"以客户为中心"的服务模式需要进一步完善。商业银行一向以客户为业务开展的基础,客户是商业银行持续发展的源泉,但受到互联网金融的冲击后,互联网企业的客户数量大幅提升。互联网金融模式下,商业银行原有的物理网点的优势被弱化,客户将更多地以互联网为媒介。尤其是中小企业和个人客户,比较关注便捷性、高效性,同时又倾向于个性化的服务,在这种状况下,商业银行的客户群体一是会有所调整,二是客户数量被互联网企业抢夺走不少,因此商业银行原有的"以客户为中心"的服务模式不再适合于现有互联网金融模式下的客户群体,需要进一步的改进。互联网技术日新月异,客户积极寻找自己喜欢的终端,这些对商业银行原有的服务模式提出了挑战。原有的商业银行的服务理念与服务模式是以"物理网点"为基点,由此产生出对客户需求的满足以及客户体验的满意度。例如,银行从业人员的服务礼仪、文明用语、网点布置与设计的现代化程度等方面,这些曾是商业银行比拼的重点,但在互联网金融时代,客户的所有操作均以通过计算机等设备来完成,原来的比拼重点都显得不再重要。当前的互联网金融尊重客户体验、在平台开放的基础上体现个性化、多样性的服务模式。

第二,商业银行针对小微企业的金融服务模式尚需进一步创新。互联网金融模式下信息更加透明化,增强了人与人之间的信任,而信用恰恰是金融的本质与核心。在无抵押、无担保的情况下向陌生人成功融资,这种状况在传统金融模式下是不可想象的,而在互联网金融时代却成为现实。互联网金融企业拥有大数据、云计算等。这些技术能够帮助互联网金融企业在信贷审核时,把借款人的网络交易和信用记录作为参考和分析的指标,从而帮助降低投资者的风险。因此,互联网金融模式可以超越传统融资方式,使其资源配置更有效率,交易成本大幅减少,有力地支持实体经济的发展。中国银行在 2004 年就曾提出,将中小企业业务作为银行的转型方向,但推进难度比较大,依旧没有解决中小企业融资难的问题。但与此同时网络小微贷款模式的竞争力迅速显现出来。如"阿里小贷"结合互联网技术,针对国内小微企业数量多,融资需求频率高、需求额度小的特点,建立了以"网络、数据"为核心的小额贷款模式。该模式体现出"小额、信用、期限灵活和较高利率"的特点,在放款规模、贷款方式、社会影响力等方面,都堪称行业内的翘楚。互联网金融企业灵活多变的应对方式与积极创新的行动力,要求商业银行加快调整步伐方可不被互联网金融击败。

第三,商业银行互联网化经营进程尚待进一步加快。面对互联网金融的猛烈冲击,商业银行也不能坐等互联网企业夺走它们的业务,尤其是在有超过 270 家(截至 2015 年 3 月 26 日)互联网企业获得第三方支付牌照,有资格经营涉及货币兑换、互联网支付、数字电视支付、预付卡发行与受理以及银行卡收单等多种类型业务。近年来,商业银行利用互联网技术,将线下业务转移线上。但面对互联网金融的重大影响,商业银行要想稳住当前的市场份额,逆转互联网金融发展的凶猛势头,就要以互联网技术为依托,结合金融产品进行大胆创新,而不能将商业银行产品简单地互联网化。以网上银行为例,以往的商业银行的网上银行业务仅涉及存款、转账等几个常见业务,甚至连银行柜台代销的基金,网上银行都没有此功能。但新网上银行业务借助互联网金融平台,功能增加了,同时与金融同业也可以合作,由此在网上银行可以实现基金的购买与赎回、记账式国债的购买与出售、股票保证金账户的实时划转,现在还可与第三方公司合作平台化战略构建的服务体系。

(五) 对商业银行收入来源的影响

商业银行的收入来源主要是利差收入和中间业务收入。互联网金融的快速发展,使得价格发现功能凸显,推动利率即将市场化。互联网金融模式打破了商业银行利率固定化的特征,它能够通过市场反映供求双方的价格偏好,双方通过议价成交。利率的市场化使得商业银行的定价权不受央行基准利率指导的限制。届时互联网金融将利用它的高效、便捷、低成本等特点将商业银行的客户吸引过去,使商业银行的客户量减少,从而严重影响商业银行的盈利状况。

第一,网络借贷将影响商业银行的利差收入。网络借贷短时间得到广大中小微企业的热捧,一方面是商业银行难以利用传统的服务模式推进中小微企业的融资需求;另一方面是网络借贷公司,如"阿里小贷"不归入金融机构,不受金融监管部门的监管,因此可提供"金额小、期限短、随借随还"的小额贷款,非常适合中小微企业的发展现状。于是这些资金需求者都投奔手续简单、便捷高效的互联网企业,商业银行的潜在信贷客户大量流失。由此产生的利差收入也就被互联网企业吞噬了。

第二,第三方支付服务内容的不断增加将影响商业银行的中间业务收入。第三方支付牌照的发放,使得第三方支付的业务范围不断扩大,向商业银行分一杯羹的机会也更多了。第三方支付模式打破了商业银行对于线下支付的垄断,商业银行的垄断收益也将被互联网公司持续分流。在互联网金融企业快速抢占线上业务后,又掉转车头向线下业务发起进攻。第三方支付牌照的发放,可以使互联网金融企业受理银行卡收单等业务,势必会与银行争夺 POS 刷卡手续费收入。目前多家第三方支付公司在翘首以待基金第三方支付牌照的取得。截至 2014 年 12 月,证监会已经审批了 28 家公司,它们将成为基金公司的直销渠道,届时势必会分流商业银行的基金代销业务,商业银行的代销手续费收入也将锐减。

二、银行应对互联网金融冲击的对策

(一) 银行需要确立准确的互联网金融战略定位

商业银行的互联网金融战略定位需要向互联网金融企业学习,从三个方面来确定:一是目标顾客,二是提供什么产品和服务,三是如何提供产品与服务。围绕这三个方面,商业银行需要突破思维定势,不断质疑和审视自身的业务,确立适应互联网特征的战略定位。

(1) 目标顾客。在"2013 年外滩国家金融峰会"上,阿里巴巴 CEO 马云表示:银行服务 20% 的客户并取得了 80% 的收益,而他看到的是 80% 没有被服务的客户。这些客户大都是年轻的网络用户,第 33 次中国互联网络发展状况统计报告显示,我国网民主要是中青年,余额宝使用者平均年龄只有 28.3 岁,其中大学生年龄段(18—22 岁)占 1/4(见图 8-1)。因而银行互联网金融的目标顾客应该倾向于年轻化、大众化。互联网网民具有以下特征:

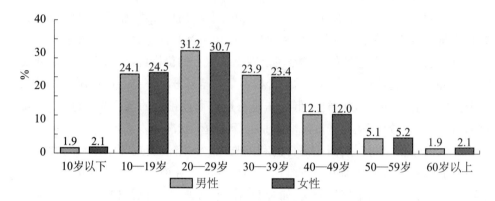

图 8-1 中国网民年龄结构

资料来源:《2014 年我国网民数量和上网时间统计数据分析》

(2) 产品和服务。现在商业银行往往是从自身出发,从盈利出发,把银行已有的产品和服务提供给客户,而不考虑这些产品和服务是否满足客户的需求。在互联网金融时代,商业银行必须从客户出发,分析目标客户有哪些没有满足的需求和没有意识到的潜在需求,从而设计相应的产品和服务满足客户需求。

(3) 以何种方式提供服务。确定了目标顾客,设计了产品和服务后,银行需要思考如何把合适的产品和服务更好地提供给合适的目标顾客,使用户拥有更好的体验。众所周知,银联在线支付之所以在互联网支付方面不如支付宝,一个重要的原因就是用户体验感不佳,使用起来不够便捷。

(二)调整组织架构、优化管理模式

商业银行应该改变其原先的发展互联网金融的方式即让原有的部门、员工遵循原有的业务流程使用原有的思维进行互联网金融业务,而应该根据竞争和业务的需求,通过新立、收购和联盟等多种方式建立互联网金融组织机构。

开展互联网金融,应该以用户需求为中心,根据互联网的特点,重新梳理银行业务,为客户打造零距离银行、智慧银行和全能银行,增强客户体验感。必须改变中规中矩的管理模式,改革银行的激励机制和企业文化,以适应互联网特点。

(三)构建互联网金融战略联盟

在发展互联网金融业务方面,很多公司都积极开展战略联盟,华夏基金与百度合作推出"百发""百赚",光大保德信基金与中国银联推出"天天富"等,这些都是战略联盟的产物。其中阿里巴巴与天弘基金合作推出的"余额宝"是最为成功的例子。

因而商业银行要想发展互联网金融,组建战略联盟与否就成为很重要的决定因素,正如交通银行董事长牛锡明所说:"依托互联网建立支付中介平台,与其他资质良好的金融机构、通信运营商、第三方支付公司、企业等开展广泛合作。"

（四）运用新技术，掌握移动金融

互联网金融中大量采用搜索引擎、移动支付、云计算、社会化网络和数据挖掘等技术。这些技术给互联网金融带来了金融服务和产品的创新、用户体验的改善及新的业务处理和经营管理模式，显著提升了金融体系的多样性。

因此，商业银行要进一步提升科技研发水平，积极推进数据整合，建立起人性化的客户管理和市场细分系统，提升商业银行的竞争优势。当前移动互联网已经成为互联网最显著的特征和趋势，在此基础上诞生的移动金融，正全面改变着传统金融模式。商业银行应该通过异业联盟、异业合作、金融 APP 和其他 APP 平台等多种方式构建移动金融生态，为用户提供更好的金融体验。表 8-1 展示的是国内商业银行在移动商务中的举措。

表 8-1　国内银行在移动商务中的举措

银行名称	相应举措
工商银行	推出移动生活客户端、移动在线客服、手机银行捐款和营销服务
农业银行	推出"掌尚 e 达"全系手机银行，引入理财业务产品，推进农村地区手机支付试点
中国银行	全新推出手机银行企业服务，首家推出 Windows Phone 系统手机银行客户端，保持对主流手机终端的基本覆盖
建设银行	推出新版客户端和"摇一摇"账户余额查询等功能，并在同业首家推出二维码理财产品销售。短信金融方面推出短信人工、智能客服和彩信发送服务
交通银行	推出黑莓版手机银行，受邀同步发布 Windows8 与 Surface 平板银行服务；率先采用双屏主菜单模式，梳理整合"生活门户"与"金融服务"两大板块

（五）重视客户体验，以客户为中心，变革创新产品设计

互联网金融的便捷和大众化成为更多人理财的首选，它的特性使客户体验了全新的金融服务，大量的客户流向了线上金融平台，因此商业银行应当高度重视客户体验，打造以客户为中心的经营模式，客户才有存在感和参与的动力。在研发新产品初期，应当通过数据分析，抽样调查的方式将客户的偏好分类，有针对性地根据各个客户群体研发适合他们的理财产品，同时，在不影响风险控制的前提下，可免去一些繁冗的处理环节，以小额贷款为例，互联网金融信贷平台为小微企业申请贷款从受理到发放只需要几天甚至当天就能实现，而传统商业银行则需经历多个环节，手续复杂，效率低缓，在这样一个快节奏的时代，低效、繁杂的流程直接影响到商业银行的竞争力。

正如"金融界"网总编辑黄建涛所说，"互联网金融的核心优势是能提供良好的用户体验"。因此，商业银行应对各操作流程进行效率评估，对可合并的环节进行整合，提高业务处理的效率，真正意义上为客户提供优质的金融服务。

第九章

互联网金融对证券行业的影响

互联网金融正在中国蓬勃发展。目前中国处于经济转型期,金融改革逐步深化,金融创新全面加速,加上2012年以来资本市场的诸多创新举措和政策鼓励,互联网金融的多种模式必将对传统金融行业带来极大的冲击,并对证券行业产生深远的影响。

一、证券通道业务变革、两融业务成大势

(一) 证券业务收入变化

根据中国证券业协会的数据,2013年我国115家证券公司全年实现营业收入1 592.41亿元,同比增长23%,全年实现净利润440.21亿元,同比增长33.7%。2014年我国120家证券公司实现营业收入2 603亿元,同比增长63%,实现净利润966亿元,同比增长119%。2015年我国125家证券公司实现营业收入5 751.55亿元,同比增长121%,实现净利润2 447.63亿元,同比增长153.4%。

传统的证券公司业务范围主要由四个板块组成:经纪业务、投资银行业务、资产管理业务和自营业务。各个业务增长速度,占收入比重有明显变化。

图9-1分别展示了2013、2014年度证券公司各主营业务收入占比,其中,2013年度的数据显示:经纪类业务收入(含通道收入、代销金融产品收入等)占据券商全部业务收入的半壁江山。作为主要由自营业务获得的证券投资收益也只是占到了20%,其余业务收入更加微乎其微,收入占比最少的为财务顾问、机构咨询和资产管理这三项业务。

2014年度,各大券商的主要收入仍然是来源于证券经纪业务,不过相比于

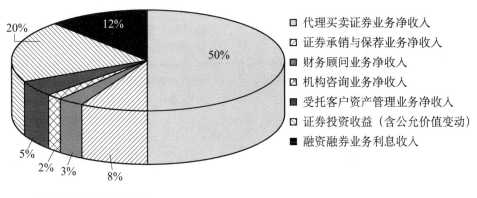

资料来源：证券业协会。

图 9-1　2013 年我国证券公司主营业务收入占比

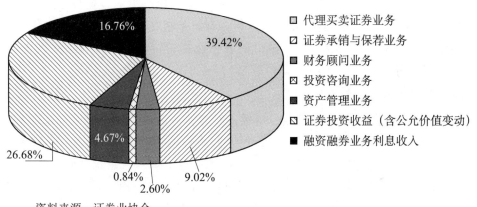

资料来源：证券业协会。

图 9-2　2014 年我国证券公司主营业务收入占比

2013 年度统计的数据,证券经纪业务收入占比有所下降,由占比过半下降至 39.42%。与此同时,承销业务所带来的收入占比也有所下降,取而代之的是两融业务收入的上升,占比为 16.76%。另外,收入占比最小的仍然是财务顾问、投资咨询和资产管理这三大业务。

图 9-3 为 2015 年证券公司各主营业务收入占比情况。各主营业务收入分别为:代理买卖证券业务净收入 2 690.96 亿元、证券承销与保荐业务净收入 393.52 亿元、财务顾问业务净收入 137.93 亿元、投资咨询业务净收入 44.78 亿元、资产管理业务净收入 274.88 亿元、证券投资收益(含公允价值变动)1 413.54 亿元。

通过 2013 年、2014 年和 2015 年的数据对比,我们发现,券商的盈利结构单一,主要依赖于经纪、承销和自营业务来获取利润。面临越来越激烈的行业竞争,这种对业务的依赖终将会使得证券公司丧失竞争优势。为了解决这一方面的问题,券商应该积极拓展业务空间,优化业务结构,在调整经纪业务的同时,开

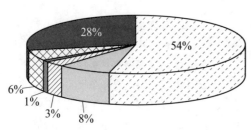

数据来源：中国证券业协会。

图9-3　2015年我国证券公司主营业务收入占比

拓投行业务，大力发展和创新财务顾问、机构咨询和资产管理业务。当然，券商不仅要在业务结构方面努力改进，还需要提供个性化、专业化的品牌金融服务。具体应从产品设计、佣金定价、销售渠道、售后服务等方面进行整体策划，建立服务品牌；遵循市场化、专业化的原则，培育一批有市场影响力的投资分析师；增加更具超前性的产品，注重用资信品牌、专业咨询服务来吸引客户；实施品牌管理，统一标识、统一业务流程、统一服务标准，真正通过有特色的品牌服务来进行竞争，赢得客户和市场。

（二）融资融券业务势如破竹

2010年出台的《关于开展证券公司融资融券业务试点工作的指导意见》释放融资融券业务增长潜力后，两融业务广受关注，融资融券余额快速增加，券商的利息收入在营业收入中比例逐渐上升。2012年两融业务收入仅占全部营业收入的4.06%，2013年融资融券业务排名仅次于代理买卖证券业务净收入和证券投资收益，占比12%，2014年两融业务收入仅占全部营业收入的17%，同比增长141.71%。

表9-1　2014年证券公司业务营业收入

收入、净利润	数值（亿元）	同比增长（%）
120家券商全年营业收入	2 602.84	63.45
代理买卖证券业务	1 049.48	38.23
证券承销与保荐业务	240.19	86.74
财务顾问业务	69.19	54.65
投资咨询业务	22.31	
资产管理业务	124.35	76.88
证券投资收益（含公允价值变动）	710.28	132.48
融资融券业务利息收入	446.24	141.71
全年实现净利润	965.54	

资料来源：中国证券业协会。

(三) 收入影响因素多,稳健差异化经营

2014年沪深两市成交总额为73.78万亿元,同比增长59.15%,而与成交金额密切相关的券商经纪业务收入仅为38.23%,明显低于两市成交额的增长,主要原因是佣金率的下滑(如图9-3所示),2013年行业平均佣金率剔除融资融券的影响后为0.079%,2014年行业平均佣金率水平为0.071%。

根据美国互联网金融的发展经验,嘉信、E·Trade等股票经纪商通过网络化运用实现自身成本优化,也积极推行低佣策略,迫使行业佣金水平逐渐下滑。对比十余年前30美元左右的交易佣金,2011年美国网上股票单笔交易的平均佣金仅为8.27美元,下滑了72.4%。而在我国,随着2014年一码通、新型营业部、网上开户等业务的开展,券商对于经纪业务客户的争夺更加激烈,从而导致佣金率下滑。随着互联网技术的发展以及相关政策的配套,未来券商佣金率水平还将进一步下滑。

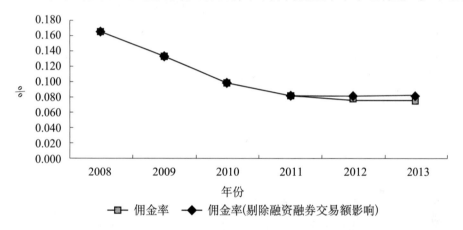

图9-4 我国证券行业2008—2013年佣金率走势

对券商而言,佣金率下滑虽然不会立即对主流客户形成分流,但互联网金融提醒了券商对长尾市场的重视,同时应该加快提升对高端核心客户的服务层次。经纪业务是资产管理的基础,经纪业务受冲击后,全民理财时代借助网络入口和移动客户端优势,随之而来的大量长尾资金是极大的诱惑。理财营销渠道也将发生变化。两融业务利润主要来源于每笔交易的佣金和利息,利息收入占2/3,佣金率下滑也会波及两融业务,虽影响不大,但融资融券业务的交易费用还是不可避免地掀起了价格战,目前北京地区两融交易费用浮动空间在0.1%左右,在上海、深圳等营业部相对饱和的地区,两融交易费率与股票佣金率已基本持平。

我国证券业盈利模式以经纪、自营和承销等传统业务为主,行业的收入和利润与证券市场变化趋势依赖程度较高,图9-5显示了上证综指与行业营业收入的高相同趋势性,单一通道业务占比过高带来证券公司收入不稳定,受股票指数波动影响大。近年来,随着我国多层次资本市场建设的不断推进,互联网金融的多种思维

和技术创新不断涌现,证券公司加快创新转型和业务多元化、差异化,降低收入利润对股票市场的依赖度,从而有利于稳健中国金融市场。

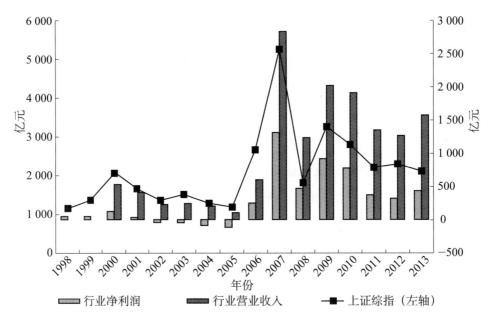

图 9-5　我国证券行业利润水平与市场走势相关性

二、互联网金融的"鲶鱼"式搅局

（一）"佣金宝"引发的佣金战

表 9-2 呈现了佣金宝的产品信息。

表 9-2　佣金宝简介

产品名称	佣金宝
上线日期	2014 年 2 月 20 日
上线平台	腾讯股票频道
产品特征	首个"1+1+1"互联网证券服务产品,低佣金+余额宝+咨询服务
产品口号	"万二"佣金炒股,"10+"倍活期收益
核心功能	网上开户、炒股,保证金余额理财
官方网站	http://www.yongjinbao.com.cn/

2014 年 3 月 7 日,佣金宝手机开户上线。名为"全能行"的客户端(佣金宝客户端)已经在腾讯应用宝、360 手机助手等软件市场上线,客户下载安装后就能实现开户和交易。

2014 年 3 月 24 日,佣金宝开通创业板投资权限在线转签功能。

2014 年 5 月 20 日零时起,佣金宝新开户客户佣金上调至万分之二点五,2014

年5月20日零时前开户的股民,仍享受万分之二的沪深A股、基金交易佣金率。

2014年7月7日,佣金宝官方微信正式上线,实现闲散资金理财份额微信取现、理财收益查询、账户持仓信息查看等功能,其中成交回报提醒与银证转账提醒功能是其他券商不具备的。微信端服务中的最大亮点是实现了货币基金微信一键快速取现,成就了佣金宝再一次互联网式的颠覆。佣金宝开启微信服务,一方面表现了国金证券的互联网创新意识,另一方面也标志着国金证券与腾讯的战略合作再度深化。

2014年11月17日,佣金宝沪港通业务正式起航,其港股交易佣金为万分之一点五。

面对国金证券的大动作,券商反应不一。2014年2月20日,华泰证券在其官网上挂出了"炒股光2是不行的!"华泰证券客户目前可以选择上海武定路营业部在网上开户,基础佣金万分之三起,并且近期客户完成开户申请并成功激活后,则赠送一个月"成交回报(短信)"资讯信息,算是对国金证券的回应。

2014年3月27日,中山证券以"零佣金"的噱头吸引客户眼球,后被叫停,但中山证券仍奉行超低佣金策略,誓将佣金战进行到底。一些大券商也在暗暗降价。

随着券商佣金战的全方位开战,券商经纪业务的利润率也经历了从高到低的过程。2010年,券商经纪业务利润率基本上能维持在50%—60%的水平,到了2013年平均水平已降至不到40%。互联网金融搅局的"触手"已经开始发挥威力,"鲶鱼"式的佣金革命一触即发。由于交易规费近万分之二的刚性成本,零佣金是不可能的,但市场平均万分之七的佣金水平的确有下降的空间。互联网证券加速客户分层,仅需要通道的客户会从传统营业部转移到网络渠道,对服务有需求的客户会得到更好的服务,自然不会抵制低价策略。但在投资者机构化的趋势下,定位高端业务的券商也同样有巨大发展空间。

(二)互联网证券四大体系——腾讯体系为首

1. 互联网三巨头布局金融

如今,互联网发展迅猛,中国互联网市场已经形成三股力量:BAT(百度 Baidu、阿里巴巴 Alibaba、腾讯 Tencent)巨头公司、海量创业公司、变量公司(小米、美团互联网企业以及传统企业)。虽然这三股势力此消彼长、相互博弈,但是这市场中占据最大份额的一直是三巨头 BAT。作为龙头老大的 BAT 不甘于只是作为互联网巨头,它们纷纷涉足金融领域,试图进入金融行业分一杯羹。事实上,BAT 早已开始布局金融领域,图9-6、图9-7足以说明它们的布局战略和路线。

图9-6表明了2013年度 BAT 纷纷进入金融领域,推出金融服务的事件时间轴。其中,最受人瞩目的当属阿里巴巴推出的余额宝货币基金理财服务。看到了余额宝的巨大成功后,腾讯推出了微信支付功能和微信理财通服务。百度的动作虽小,但也有推出相应的理财服务。

图 9-6 BAT 布局金融时间轴

图 9-7 刻画出了 BAT 布局金融的领域范围。其中,阿里巴巴独占鳌头,布局范围最为广泛,涉及第三方支付、基金、保险、担保等领域,包括用户熟知的支付宝、余额宝、阿里小贷和阿里保险;百度也推出相应的理财和贷款服务;腾讯则最少,只有财付通、微信支付和基金超市三项。

图 9-8 是 BAT 旗下金融产品的优劣势比较分析,其中优势最多的是腾讯,不仅拥有海量用户,而且大量用户基于移动支付,旗下的微信和 QQ 使得用户具有较强的社交属性,社交能力强,再加上腾讯是一家大企业,拥有雄厚的资金流量作为支撑;阿里巴巴次之,不过阿里拥有大量商户的信用信息和资源,可以利用大数据进行分析对客户进行甄别,从而提供个性化的服务;至于百度,在三者里面拥有最强的搜索能力和流量入口,但是相比其他两家,百度劣势更为突出,不仅晚一步进入金融领域而错失了先机,而且用户在百度上消费金额较低,更重要的是百度缺乏较为完整的布局金融领域的思路。

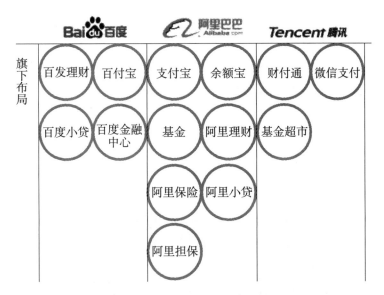

图 9-7　BAT 布局金融的领域范围

	优势	劣势
Baidu百度	☑ 流量入口 ☑ 搜索能力 ☑ 大数据分析能力 ☑ 比传统金融机构和用户更近	✗ 发力晚 ✗ 没有账户信息 ✗ 用户没有花钱习惯 ✗ 整体思路不定
阿里巴巴 Alibaba.com	☑ 比传统金融机构更多小企业信用 ☑ 排他性的生态圈 ☑ 大数据能力	✗ 对券商关注较少
Tencent 腾讯	☑ 海量用户 ☑ 基于移动支付 ☑ 社交关系能力强 ☑ 资金流充足 ☑ 微信的可能性	✗ 战略不如阿里清晰

图 9-8　BAT 旗下金融产品的优劣势比较

2. 互联网证券已成体系之争

随着互联网企业逐步涉足移动支付、理财、保险、基金和信贷等金融领域,也有不少互联网企业将触角伸到了证券行业。如今,互联网企业与券商开展合作的例子已经屡见不鲜,券商纷纷牵手互联网巨头,向互联网证券迈进。比如,方正证券在天猫商城开设了泉友会旗舰店,国金证券联手腾讯推出"佣金宝",华泰证券与网易展开深度战略合作等。随着互联网证券的形成和初步发展,目前国内的互联网证券业已经划分为四大体系,分别为腾讯体系、阿里体系、大智慧体系和东方财富体系。

(1) 腾讯体系。该体系由腾讯自选股 APP 接入 7 家券商。腾讯自选股 APP 于 2014 年 3 月 27 日发布安卓 3.0 版本,新版本中增加股票交易功能,首批接入的 7 家证券公司为国金证券、中山证券、中信证券、海通证券、同信证券、民族证券、湘财证券。腾讯自选股交易功能采用了外部模块接入,自选股只提供入口,交易模块功能由各券商自主开发。用户的交易行为完全通过券商进行,腾讯不介入其中任何环节。

- 腾讯与国金证券合作

2013 年 11 月 22 日,腾讯与国金证券签署《战略合作协议》,双方将在网络券商、在线理财、线下高端投资活动等方面展开全面合作。合作期间,腾讯将向国金证券开放核心广告资源,协助其进行用户流量导入,并开展证券在线开户和交易、在线金融产品销售等服务。国金证券则每年向腾讯支付 1 800 万元的广告费。2014 年 2 月 12 日,国金证券又发布了与腾讯战略合作的补充公告,披露了具体合作项目。

- 腾讯和金证股份合作

2014 年 6 月 24 日,腾讯与金证股份签署合作协议,金证股份可将定制版营销 QQ 推广给证券行业、信托行业、银行行业、保险行业、基金行业等机构,向用户收取费用后按照双方约定的标准向腾讯支付其应得的营销 QQ 分成收益,合作期限为 36 个月。同日,金证股份同腾讯以及中山证券、华林证券、华龙证券、西藏同信证券、广州证券 5 家券商共同召开了"腾讯企业 QQ 证券理财服务平台上线"发布会,5 家券商也成为首批接入平台的券商。该平台可用于实现证券业务在企业 QQ 面板右侧的全流程办理,无须业务跳转或进行 APP 下载。截至目前,该平台可实现 Q 服务、Q 咨询、Q 开户,未来还将进一步实现 Q 交易和 Q 柜台。

(2) 阿里体系。2014 年 4 月,由阿里巴巴创始人马云控股 99.14% 的浙江融信收购恒生集团 100% 股权,交易完成后将持有恒生电子 20.62% 的股份,目前已获得政府批准。恒生电子进入阿里金融版图,未来有望接手阿里巴巴所有的互联网金融项目。阿里巴巴是最早布局互联网金融的公司,进军互联网证券业务只是时间问题,而恒生电子将成为其发展互联网证券的重要资源。

(3) 大智慧体系。大智慧正在加强互联网金融方面的扩展,向基金销售、OTC 市场、彩票以及理财产品的研发与营销等方面持续发力。2014 年 8 月 12 日,大智慧发布公告,拟以股份发行方式整体收购湘财证券 96.5% 的股份,剩余 3.5% 的股份将由财汇科技以现金方式购买,后者为大智慧控股子公司。大智慧在收购湘财证券后将成为首个拥有证券牌照的互联网金融公司,未来有望发挥资源协同效应,深入挖掘互联网证券领域的"金矿"。

(4) 东方财富体系。东方财富公司以互联网财经服务为基础,逐步发展财经媒介和数据终端服务,集合了包括东方财富网财经门户、天天基金垂直频道、股吧互动社区在内的网络财经媒体业务,以及服务于个人投资者、机构投资者的金融数据终端业务。东方财富公司凭借用户规模、用户忠诚度以及品牌优势,于 2012 年获得首批第三方基金销售牌照,正式进军金融电子商务。未来它有望借助平台优势,发展证券经纪等各类证券业务。

3. 腾讯体系——互联网证券体系之争的赢家

一个互联网证券平台的建立,需要考虑诸多因素,而最主要的当属用户来源、IT 系统、证券商牌照这三大要素。

那么上述四大体系中究竟哪家体系会成为这场体系之争的赢家呢?

(1) 从用户来源这个视角来看,我们可以得到这样的关系:腾讯体系 > 阿里体系 > 大智慧体系 > 东方财富体系。随着中国"老龄化"程度的加深,A 股股民的年龄结构也呈现出了"老龄化"的趋势。股民"老龄化"暗含客户流失的风险,根据生命周期消费理论,随着股民的年纪渐长,消费倾向会升高,证券公司将流失这部分客户的资金。相对于老龄股民,年轻股民的资金实力处在上升趋势,且年轻股民交易更为频繁,成为证券公司乐于挖掘的"金矿"。腾讯、阿里巴巴平台覆盖了中国几乎所有的年轻人,可以给予证券公司充分挖掘新用户的空间,而这正是东方财富和大智慧不具备的。

(2) 从 IT 系统这个视角来看:腾讯体系 > 阿里体系 > 大智慧体系、东方财富体系。金证股份和恒生集团的金融证券 IT 技术实力处于绝对领先地位。它们都是国内最为领先的金融证券软件提供商和系统集成商,具备专业的金融证券 IT 技术实力,目前在资产规模排名前 40 名的券商中,集中交易系统的市场份额基本被 4 家主导厂商瓜分,其中金证股份和恒生电子作为行业领导者共计占据了 72% 的市场份额,而金证股份更是以 37% 的比重稳坐头名交椅。腾讯和阿里巴巴分别与金证股份和恒生电子展开合作,其优势不言而喻,而大智慧和东方财富是互联网金融信息服务商,优势在于金融数据服务,在金融证券 IT 系统的开发实力上相对较弱。

(3) 从证券牌照视角看:腾讯体系 > 阿里体系 > 大智慧体系 > 东方财富体系。腾讯平台拥有最多的合作券商。它主要依托与软件供应商金证股份的合作,由其带来券商资源。QQ 证券理财服务平台 2013 年已接入 5 家证券公司。而阿里巴巴的互联网证券平台虽然暂未与证券公司合作,但与"腾讯 + 金证股份"模式相似,阿里巴巴依托恒生电子丰富的客户资源,未来与券商的合作轻而易举。大智慧则于 2014 年 8 月收购湘财证券,成为首家拥有证券业务牌照的互联网公司。东方财富网目前仅有第三方基金销售牌照。

综合上述三方面的分析,未来腾讯体系有望成为互联网证券平台中的领军者,根据 IT 行业赢者通吃的理论,未来腾讯体系很有可能占到互联网证券平台 50% 以上的市场份额,简单换算,即腾讯体系有望拥有整个证券市场 25% 以上的市场份额。

4. 腾讯体系内部 PK:"腾讯 + 金证股份"完胜"腾讯 + 国金证券"

腾讯体系内部目前有"腾讯 + 金证股份"和"腾讯 + 国金证券"这两种合作模式。在这两种合作模式中,腾讯与金证股份的合作无论是合作层级上还是合作深度上皆优于与国金证券的合作。国金证券获得的仅仅是腾讯门户网站和自选股 APP 导入的流量,而金证股份则是直接与核心平台 QQ 合作,且未来有望攻占微信;国金证券与腾讯合作实质上不过是广告资源的购买,而金证股份与腾讯合作则是对腾讯自身证券服务功能的扩充。

在 QQ 证券理财服务平台上,金证股份的盈利模式为对证券公司收入抽成,并与腾讯五五分成。平台首期已经上线开户、交易、理财产品销售和股权质押贷款四大业务,预计 2017 年前后,有望为金证股份带来近 2 亿元的净利。在为金证股份带来巨额收益的同时,这次合作也会给腾讯带来超级利好。无论是从定制版营销 QQ 还是利益分成,都将使得腾讯在未来三年得到更快速的发展和更加丰厚的利润回报,尤其是在互联网证券之争中赢得领军地位。

三、证券行业的主动应对

(一) 主动争取试点资格,积极开展新业务

证券交易在网上已经开展多年,但证券行业与互联网金融行业的真正融合是在 2013 年下半年。2013 年 3 月 15 日,中国证券业协会发布《证券公司开立客户账户规范的通知》,取消了证券开户客户本人必须到营业部现场的硬性规定;10 天后,中国登记结算公司发布了《证券账户非现场开户实施暂行办法》,这两个规定为券商开展互联网金融业务清除了最主要的障碍。在此政策的鼓励创新下,证券公司采用多种方式争夺客户,进军互联网金融。证券公司也逐步在适当监管下取得互联网证券业务试点,具体名单如表 9-3 所示。

表 9-3 获得互联网证券业务试点资格的券商名单

批次	时间	券商名单
第一批	2014 - 04 - 08	中信证券、国泰君安、长城证券、平安证券、华创证券、银河证券
第二批	2014 - 09 - 19	广发证券、海通证券、申银万国、中信建投、国信证券、兴业证券、华泰证券、万联证券
第三批	2014 - 11 - 24	财富证券、财通证券、德邦证券、东海证券、方正证券、国金证券、国元证券、长江证券、招商证券、浙商证券

以上获得资格的券商提供的方案都是根据客户不同需要分别开设消费类、理财类、交易类服务,其中消费类和理财类账户可为客户通过互联网工具提供场外服

务,围绕账户管理为核心的行业革命终于打响。

(二) 证券与互联网的结合

证券业的专业加上互联网的思维,其前景一片光明。

1. 搭建网上商城,入驻电商平台,借道网络开展新模式

最早建立网上商城的是华创证券,但该平台的金融产品屈指可数,且脱离金融主线。华泰证券建立的股票服务网站"涨乐",主要销售基金、信托类产品。广发证券自主开发了网上金融超市"易淘金",实现了理财产品一站式申赎和便捷转换,主要包括网上理财、网上业务办理、网上开户、网上咨询等服务,致力于打造以顾客为中心的线上服务模式,未来的"易淘金"也将成为广发证券为客户提供综合金融服务的网上平台。国泰君安也推出了金融商城,凭借加入央行支付系统的自身优势打造了"君弘一户通",实现了证券账户的支付功能,同时提供了丰富的理财产品,甚至引入团购模式,使金融产品像一般产品一样销售。

新的销售模式拓展了市场,将服务范围进一步扩大,地域限制的不利因素逐渐缩小,同时拥有庞大的高学历客户群体,为证券行业奠定了更广泛的优质客户资源。主打网上商城的券商逐渐将重点转移到"账户"上,理财账户和证券账户相互独立,流程不同,赢得市场的关键是重新开发账户系统。

建立网上商城耗时耗力,直接入驻电商平台也是不错的捷径选择。表9-4 为各证券公司入驻电商平台的时间表。

表9-4 证券公司入驻电商平台的时间表

时间	证券公司	内容
2013-02	齐鲁证券	入驻淘宝网,设立"齐鲁证券融易品牌店" 销售投资研究报告和资讯类产品,成本较低,但销量一般
2013-03-13	方正证券	入驻天猫,设立"泉友会旗舰店" 提供资讯、软件、理财咨询、会员服务以及旺点数据宝,以产品资讯为主
2013-11-29	长江证券	入驻天猫商城 向中小客户开放销售、提供资讯策略,主打包括"专家财智汇""牛股大搜罗东""长江大视野"以及"资讯抢鲜读"四类产品,具体产品有投资顾问策略报告、短信资讯、投资组合、量化投资策略等
2014-04-09	华泰证券	网易 网上开户,佣金为万分之三
2014-05-08	国元证券	Wind 开展手机移动开户、理财产品销售和对冲基金头等舱等业务
2014-06-25	中山证券、华林证券、西藏同信证券、广州证券、华龙证券	加入腾讯QQ证券理财服务平台 旨在打造一个基于企业QQ,集证券开户、交易、营销、客服、互动、社交传播于一体的全新金融服务平台;未来会推出Q客服、Q开户交易、Q柜台在内的"3Q"功能

(续表)

时间	证券公司	内容
2014-07-09	东吴证券	同花顺 在互联网渠道、大数据服务和互联网信用平台等领域合作。
2014-08-18	中信证券	资讯解读、在线开户、实盘交易等服务
2014-10-21	中山证券	百度
2014-12-02	广发证券	与新浪进行战略合作 合作领域涉及产品合作、账户对接、投顾创新、交易通道、流量导入
2014-12-25	太平洋证券	京东

2. 开发新产品，进行差异化经营

我国证券行业业务的差异性较低，随着互联网金融的发展，中小证券公司发展机遇较多，有利于差异性的出现。"佣金宝"的推出使国金证券一个月内市场占有率上升到0.66%，依托微信客户端的庞大用户群体，预测其市场占有率会进一步上升。

券商行业正面临客户结构转型和社会功能转型的双重挤压，再加上互联网金融的业务冲击，中小型券商更应该注重差异化定位，利用互联网开辟冲出重围的蹊径，实现"弯道超车"，强者恒强与创新者逆袭都符合演进规律。

以中山证券、上海证券为例，虽然中山证券的"零佣金"被叫停了，但主打中小投资者融资需求的"小贷通"却获得了认可。而上海证券更直接自主开发了投融资一体化的"速e融"，股票微质押直接在手机应用软件上即可实现。

（三）美国市场的借鉴

美国证券行业从20世纪70年代就开始了佣金自由化，80年代末随着IT技术的发展开始了电子化交易，典型代表为E·trade、嘉信等。到了90年代末，传统的券商（如美林证券）也开始了电子化交易。网络经纪商由于只为客户提供交易通道服务，其产品标准化程度高、运营成本低、价格优势明显，因而市场份额快速提高，对传统券商的经纪业务份额有明显的侵蚀效应。互联网证券的发展也显著降低了交易成本，从1994年到1999年，美国证券市场的佣金率从0.19%下降到了0.09%。

经过20年的发展，美国互联网证券公司基本形成了三种稳定的盈利模式，如表9-5所示：

表9-5 美国互联网证券公司盈利模式分类

模式	收入来源	代表商	特点
纯通道服务经纪模式	主要为客户提供证券交易通道服务，获得佣金收入	Iteractive Broker	只提供通道服务，业务单一，成本低，客户专一

（续表）

模式	收入来源	代表商	特点
财富管理模式	提供通道服务、财富管理服务获得经纪佣金和服务收入	嘉信 富达	嘉信通过设立对个人和普通投资者免费的"共同基金全账户"，提供基金买卖双方的渠道
银证合作模式	与银行合作为客户建立资产保证存款账户获得业务收入	E*Trade	账户集理财和现金账户为一体

根据美国市场的经验，多种价格策略，降低定价透明性，网点以小而精取胜。同时，互联网证券要发展，吸引客流是第一步。互联网平台的导流能力强大，联姻互联网平台是最优通道，2013年证券投资商开展非现场开户、构建网上平台和开发移动终端等活动为公司创造了新的经济增长点。搜索引擎、第三方支付及各社交网站提供的客户数据，为客户定制特定需求的个性化产品，改变原有组织结构，提供全方位服务。证券销售的电商化不仅是销售渠道形式的扩展，更是充分发挥互联网平台的优势，致力于解决证券公司产品创新能力与社会投融资需求不匹配问题。

除提供创新的产品和业务之外，国内大多数中小券商应该向美国中小券商"小而精"的服务体系取经。根据研究发现，并不是每个券商都能够实现综合化、国际化发展，在高盛、摩根大通等知名投行之外，也有很多独具特色的"不知名"中小型专业化证券公司。这些成功实现综合化和国际化的中小证券公司存在共性：①在某项传统或新业务上具有极强的专业能力，甚至专注于发展某一项业务的某一细分领域（如经纪业务的折扣市场）；②业务和产品创新能力强，有抓住新业务机遇的能力；③各业务单元间协调能力强。为此，国内中小券商应该专注于自己所擅长的业务范围，在此基础上提供优秀专业的服务，细分客户市场，进行客户分层管理，进而在专业、精细的框架下赢得客户市场、取得利润，实现发展。

美国市场的发展道路到现在来看仍脉络一致，盈利模式开始形成并逐渐成熟。但从美国市场成熟的互联网经纪业务发展路线来看，后续的平台转型更是成功与否的关键之所在。低价获客容易，找到盈利模式的新方向则很艰难。

思考题：

1. 互联网证券发展后对证券公司的通道业务产生较大的影响，除此之外，还有哪些传统业务会产生大的变革？

2. 请对互联网证券的四大体系给出自己的看法，并提出可能的改进方法。

3. 美国市场的互联网证券的发展如何？值得我们借鉴吗？如果需要借鉴，应该怎么借鉴到中国内地的证券业？

第十章

互联网金融对保险行业的影响

出身"名门"的众安保险

众安保险于2013年9月29日获得中国保监会同意开业批复。据了解,众安保险所获得保监会审批的牌照是国内第一家也是全球第一个网络保险牌照,公司注册资金10亿元人民币。

马云、马明哲、马化腾联手,中国第一家互联网保险公司"众安保险"上线。"众安保险"业务全程在线,没有任何分支机构,纯粹通过互联网进行承保和理赔服务,开启了互联网保险业的新平台。交易安全、账户安全、网络金融、网络信用等,都是"众安保险"所服务的对象。

众安保险内部结构和保险公司有着很大差异,内部所有部门都是围绕产品来运转的,按照众安保险首席执行官陈劲的说法,传统金融公司是一个金字塔结构,而众安保险则是一个蜂群组织,即去中心化的网络型结构。

众安保险的保单普遍"小而微",通过对小微险种的开发,众安保险的投保客户数量得以迅速积累,前三季度其保费收入为3.6亿元。

拥有腾讯、阿里巴巴、中国平安这样的股东背景,也经历了"双十一"一天保费过亿的喧嚣,众安保险却也难免投诉量高企、产品被叫停的尴尬境遇。

根据众安保险此前披露的数据,2014年11月11日,众安保险当天保单量突破1.5亿,保费突破1亿,平均每份保单大约为五毛钱。而"双十一"的热闹过后,众安保险再度因为每亿元保费投诉量15.51件,远超行业平均的1.59件/亿元,成为市场关注的焦点。

"大数据"风口的众安保险

众安保险成立之初即选择将自身核心系统建立在阿里云端,通过云存储、云计算、云安全等技术运用,实现以较低成本、高效地应对互联网业务海量、碎片化、高频的挑战。2014年"双十一"当天,众安保险单日服务保单件数超过1.5亿件,相当于普通财险公司单日系统承载能力的将近二百倍。硬件优势以外,众安保险还拥有占公司一半人数以上的IT人员,以支持产品的技术开发和升级迭代。一般而言,众安保险一款新产品从立项到上线,只需要15天,相较于一般保险公司2—3个月的产品上线周期,几乎缩短四至五倍。众安保险开放平台,可基于标准化的保险产品,深度拓展O2O领域,满足各种长尾市场中小而美的保险需求;正因产品标准化可复制,开放平台在开发速度和运营成本上更具优势。

无限想象空间引发高溢价

根据相关数据显示,众安保险2014年实现收入7.9亿元,综合收益3 300万元。众安保险成立仅一年多便实现盈利,这在保险行业十分罕见。并且在成立一年多的时间,众安保险每个季度都出现高复合增长,这让该公司在制定业务时,在数字上颇为激进。2015年,公司预计现有产品的保费将增加220%以上。

根据规划,众安保险还将拓展车险、寿险、健康险、信用保险等业务领域,目前已经与不少机构建立了合作关系。

差异性也是众安保险获得高溢价的重要原因。在对公司的描述中,众安保险经常会提到"用互联网思维重新打造保险的价值链"。目前保险业内的一个共识是,互联网保险并非通过互联网销售保险产品,然而真正有能力将互联网与保险深度融合的公司并不多,众安因为拥有独立专业的互联网牌照,因而获得了独家优势。

众安保险对于自身的估值可能采取两种方式进行参照:一种是对比当前国内大型互联网公司P/E(市盈率)倍数的中位数而定,认为公司的估值倍数应在15倍到20倍;另一种估值方式,是结合公司成立财年与市盈率综合考虑法。依此方法预测,到2019年第一季度,众安保险的估值将在2 000亿至3 350亿元。综合这两种估值参考,众安保险对自身的估价在首轮融资前不高于550亿元,在融资后是640亿元。

预计2017年启动上市

众安保险首轮融资或将引入中金公司、摩根士丹利、惠理基金等参与认购。一份从机构投资者中流传出来的融资项目文件显示,众安保险估值640亿元,首轮融资额为90亿元人民币或等值美元。众安保险对未来会保持开放性的态度,增资是未来各种发展可能性的备选选项之一。根据目前的安排,增资之后投资者将通过上市来退出。此前从机构投资者手中流出的商业计划书中显示,众安

> 保险此次融资的目的是满足各项新业务的资本金以及业务发展的需求。预计此次引进 90 亿人民币或等值美元之后,在 2018 年以前都符合资本充足率的要求。众安保险预计在 2017 年启动上市,上市前不再进行融资。这意味着本次融资或许是外部投资者唯一的机会。
>
> 　　如今,网销保险正成为各大险企争夺的重点,众安保险针对互联网领域所开发的险种也陆续为其他险企所涉足,作为国内唯一一家互联网保险公司,众安保险是否适合如此高的估值的,未来尚待时日检验。

一、互联网金融对保险企业经营的影响

　　保险企业经营的价值链主要包括产品开发、销售、承保、理赔、服务、后援、风控等。互联网金融对保险业的影响涉及保险价值链上的各个环节。

　　通过前述对互联网金融主要特征的分析,结合互联网保险发展现状,互联网金融及其所蕴含的思维和技术将对保险企业经营的"价值三要素"——产品、销售和客户,以及对保险的风险管控产生较为深刻的影响。

(一) 对保险产品开发的影响

　　首先,互联网金融的发展将催生新的保险需求。互联网金融已然渗透到人们生活的各个领域,保险的使命就是让生活更美好,因此,保险产品也必然是互联网金融发展中不可缺少的一环。新的保险需求既包括保障需求,比如支付领域的消费者个人信用保险、网购领域的退货运费损失保险、网络借贷领域的借款人履约保证保险等,又包括理财需求,比如互联网平台上的理财产品需求等。

　　其次,保险产品的开发体系将发生改变。互联网金融让保险企业可获取大量关于客户个性、偏好、信用的数据,而且获取的速度大大提升,成本大大降低,从而丰富了保险产品开发的"信息源头",帮助保险企业有针对性地开发相应的产品和服务。而且,互联网金融"加速度"的特征,要求保险企业改变传统的产品研发流程,缩短决策链条,以适应互联网环境下快速变化的产品生命周期。

　　最后,保险产品的形态将发生改变。互联网金融时代,要求保险产品条款简单易懂,产品说明富有人性化,这样才能有较好的客户体验。互联网金融还将使保险产品更加电子化、网络化,比如电子保单、电子签名、电子支付等。

　　目前已经出现了以下几类互联网保险产品,如表 10-1 所示。

表 10-1　互联网保险产品类型

类别	类型
第一类	通过保险专业代理公司建立的网站来销售多家保险公司产品的模式,典型网站包括慧择网、新一站保险网、大童网等

(续表)

类别	类型
第二类	主要是指保险公司通过收益率较高的资产来为客户提供高收益率、万能险等理财型险种 2013年11月,国华人寿天猫官方旗舰店推出"华瑞2号"万能型理财产品,计划供应三天(11月11日—13日),限量10亿元
第三类	总结一下类型 例如,近期泰康人寿推出的"众筹"类保险"微关爱",该产品主体为一年期防癌疾病保险;该类产品通过微信销售,平台流量极大为泰康获取巨大的广告效应

从表10-1可以看出,互联网保险产品的质量良莠不齐,特别是第一类产品,更多的是把保险产品搬到网上销售,缺乏真正的互联网保险思维。

(二) 对保险销售渠道的影响

首先,提供了新的销售渠道。互联网目前更多的是被保险公司作为新的销售渠道,这已成为行业共识。表10-2总结了互联网对保险多种模式的影响。

其次,互联网金融将对传统销售模式产生冲击。一方面,传统的个人代理和经销商代理模式将受到冲击,面临整合与转型;另一方面,电商巨头加入保险销售阵营,凭借其交易入口、客户流量、消费数据、用户体验、线上线下融合等优势,将引领保险销售渠道创新发展,促使保险企业更多地参与互联网竞争。

最后,对销售误导和异地销售的问题有所解决。互联网金融大数据和去中介的特性,有助于解决销售过程中的信息不对称,从而一定程度上有助于解决销售误导的问题,保险跨区域销售的问题在一定条件下也得以解决。

(三) 对保险客户服务的影响

首先,保险企业将改变传统模式,更好地做到"以客户为中心"。通过大数据的挖掘与分析,对客户进行细分,为客户提供质量一致的客户体验;还可以基于互联网技术的运用,提高客户交互水平,帮助改进公司客户服务,提升客户体验。

其次,保险企业客户服务方式将发生改变。互联网金融产生了两类新的客户群:一类是80后、90后,另一类是金融需求长期得不到满足的那80%的"长尾客户"。这两类客户群的消费观念、消费习惯等与以往的消费人群有很大的区别,服务对象的改变将促使保险企业思考和改变自身的客户服务方式,比如直接在互联网、APP上完成服务提供,还可以与其他社交平台如微信、微博等联合推出客服平台等。

2015年3月,国内首家互联网保险公司众安保险宣布,携手国内O2O龙头"河狸家"推出的首款美业O2O安心保障计划——"河狸家"安心保障险正式上线,该计划将全方位保障"河狸家"用户在接受上门服务时的人身和财产安全,满足各种长尾市场中的保险需求。

表 10-2　互联网对保险多种模式的影响

模式	简介	优点	缺点	营销支持子模式	举例	备注
官方网站	作为传统销售渠道的补充和辅助	增强官网功能性	难以进行不同公司产品间价格比较,获得高的公众点击率较难	传统简单产品的网上销售	平安直通保险,Progressive.com	Progressive还提供竞争对手情况和数据方便客户对比
				专属产品网上销售	天平车险,AnnuityNet.com	前者只提供车险,后者主要提供指数结合型年金保险
				互动保单网上管理	HealthAxis.com, Wincolink.ch Chubb.com	
产品销售网站	平台构架,为保险公司提供服务,包括多种产品和网站,有稳定的流量和客户,熟悉的界面,常见的有电商平台和垂直门户	标准化网站,流量稳定,界面熟悉	保险产品和服务难以精细,产品类型受限		淘宝保险,网易保险,"新一站"、"慧择"等	
分类销售网站	通过不同的主题网站销售保险,以选择性营销的目的,精选不同的产品和客户,以与保险相关的主题和事件或链接作为销售入口有效圈定潜在客户	易吸引客户注意力,产生主动购买需求	内容多而杂,销售人口效应需要增强;产品类型受限		平安好车,平安好房,babycenter.com	选择性营销,通过为金融服务组提供附属保险产品及提供与需要保险的事件接未同接圈定潜在客户
信息汇总商	作为独立供应商,精选不同保险公司的产品价格和信息,通常扮演网络保险经纪人的角色,通过转介费和销售费用盈利;目标是成为保险产品的搜索器,网上保险超市或保险购物中心	独立的价格比较	说服大量供应商提供详细、可比性的产品价格,收取佣金困难,用户忠诚度低,需要吸取更多客户访问;产品类型受限		InsWeb.com	新一站和慧择网均是焦点科技子公司

(续表)

模式	简介	优点	缺点	子模式	举例	备注
网上B2B保险	通过B2B形式提供定制产品和服务；一级代理商	风险低，服务面宽；议价能力强	依赖性强；能否快速形成规模增强议价能力		HealthAxis.com Cy-berComp	为中小型公司提供特别设计的意外险和健康保险
					Winterthur-Columna	便于中型公司管理自己的养老金计划合同
					邦讯技术	通过联合一定规模的保险中介获得较强的与保险公司议价的能力，类似一级代理商
网上风险市场	把各方风险以保险或再保险方式交换转移出去，不受地域、国别限制	空间范围广阔	前期投入巨大		GRX.com, CATEX.com	CATEX提供巨灾风险交易
反向拍卖	适用于大公司，保险客户将自己的要求作为标的，然后在其中挑选最具竞争力的报价	关注投保人实际需求，市场需求和潜力巨大	技术难度高		insureXL.de	

最后,保险企业客户服务内容将发生改变。保险企业将可以提供更多的信息查询、客户管理、移动查勘、客户提醒等服务。

(四) 对保险风险管控的影响

第一是认识层面,要意识到风险的无处不在及影响力。在社会及行业的信用体系建立起来之前,应高度重视风险管理,一旦遭受金融的杠杆及连锁反应影响,很容易"千里之堤,溃于蚁穴"。

第二是操作层面,如图 10-1 所示互联网金融的大数据、云计算在保险风险管控中将得到广泛应用。保险企业利用大数据和云计算,可以进行社交媒体及舆情分析,帮助公司实时了解市场动向,做好舆情监控和声誉风险管理;可以进行风险暴露分析和事件监测,提高风险预防能力;可以更全面地分析客户信息,减少投保信息不对称,降低逆向选择,可以更深入地评估保险标的的风险状况,制定个性化差异化的条款费率等。

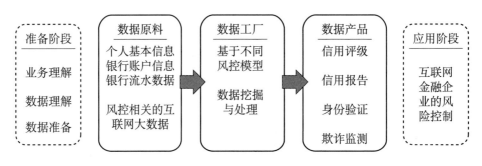

图 10-1　保险业风险管控的过程

(五) 小结

互联网金融本质上是金融,其发展速度取决于互联网技术,发展效果则取决于对金融的理解。2015 年 4 月,经营近 3 年的腾讯旗下的财付通保险超市突然宣布停止营业,虽然其在 3 年内,推出了近 500 个产品,但是仍然难逃亏损的命运,由此可见,"互联网+"不是简单的"互联网+传统产业",简单地将保险产品照搬到互联网上难以适应当下互联网金融市场,而是要把传统产业的生产及服务提供方式作适应新技术的调整,只有保险公司获取业务的成本降低了,客户的保费支出才会降低。

二、互联网保险的兴起

随着互联网金融对于保险业的不断渗透,互联网保险也作为一种新兴的模式,逐渐发展起来。表 10-3 表现了互联网保险发展的标志事件。

表 10-3　互联网保险发展的标志事件

	时间	主体	标志事件
产品开发	2013-11-11	专为网络购物退货运输损失开发的"退运险"	一天签单数量 1.5 亿单,保费收入 0.9 亿元
	2014-02-28	泰康人寿借助微信推出首款社交型保险产品"微互助",实质是保险期限为一年的短期防癌健康险	产品在测试阶段就迅速走红,凭借 1 元"求关爱"的全新互动方式,引起社会广泛关注
保险销售	2013-11-11	淘宝理财产品——国华人寿华瑞 2 号	网络销售开卖仅 10 分钟即成交 1 亿元,至 2 天后产品下线共完成近 7 亿元的销售额
	2014-02-17	苏宁经批准设立保险销售公司	首开互联网巨头进入保险阵营之先河
	2014 年度	保险行业通过互联网实现保费收入 858.9 亿元,同比增长 195%,2011—2013 年 3 年间保费增幅达 810%,年均增长率达 202%	
客户服务	2014 年年初	华安保险推出微信公众平台,开启"掌上理赔"	节省客户现场等待查勘或定损时间,改变客户本人或委托第三人到保险公司前台办理索赔的传统模式,有助于全面提升客户的服务体验

（一）互联网保险的含义

互联网保险是一种以计算机互联网为媒介的新兴的保险营销模式,有别于传统的保险代理人营销模式,实际上就是保险电子商务或者网络保险。互联网保险是指保险公司或新型第三方保险网以互联网和电子商务技术为工具来支持保险销售的行为。

图 10-2 可以帮助我们更好地理解互联网保险。

（二）互联网保险思维

1. 互联网保险的碎片化思维

互联网保险的碎片化思维,应该基于客户的细分需求,可以独立存在,并且不会增加客户的负担。绝不能为了碎片化而碎片化,如果单纯地把客户需求拆分开去设计产品,不会方便客户,反而很容易增加客户的负担。设计互联网保险新产品的本质是要真正做到产品的标准化、产品的组合化、产品信息的透明化和产品条款的通俗化。

互联网保险碎片化思维的经典案例体现就是退货运费险,其成功之处就是符合交易场景的独立需求。

2. 互联网保险的创新思维

互联网不是天马行空,也不是奇思妙想,而有其独特的逻辑和价值体系。同

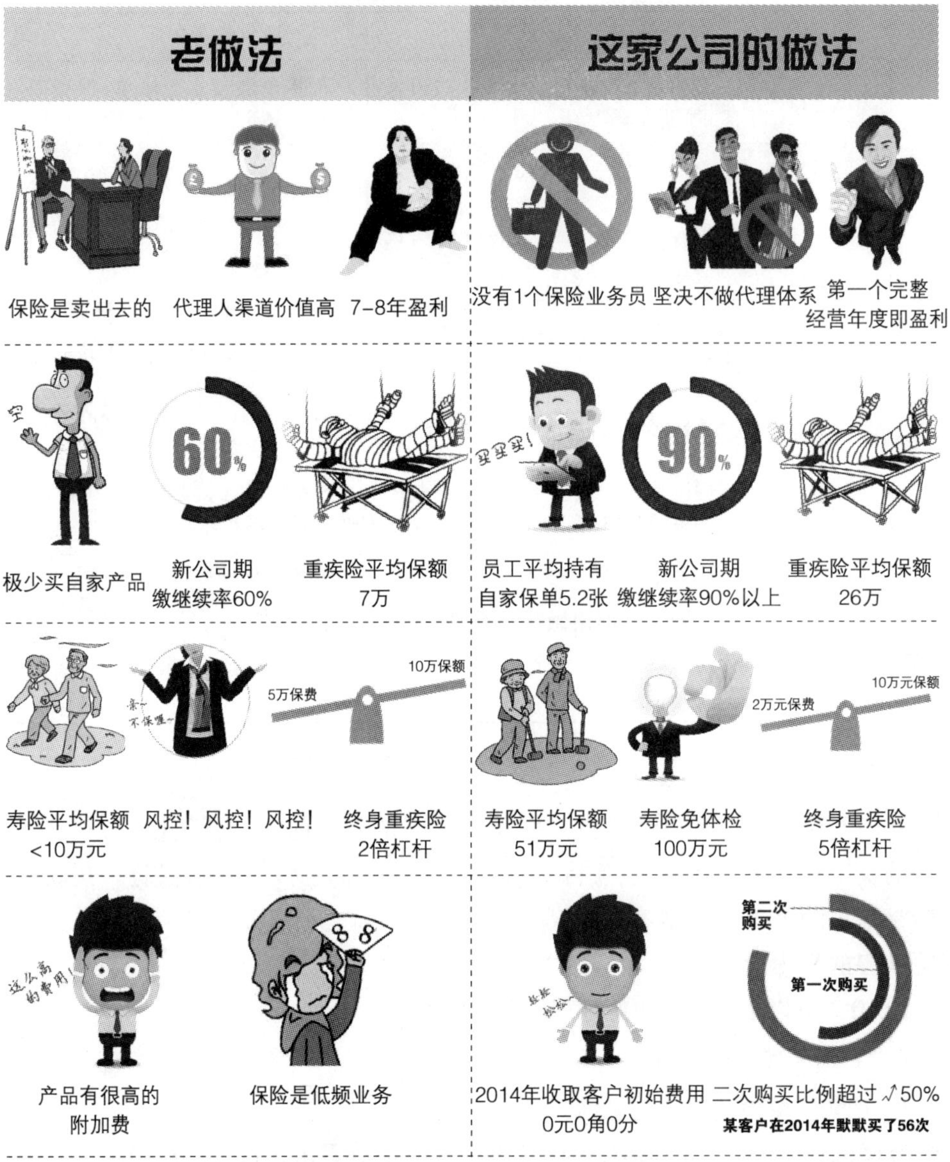
老做法
这家公司的做法
保险是卖出去的
代理人渠道价值高
7-8年盈利
没有1个保险业务员
坚决不做代理体系
第一个完整
经营年度即盈利
60%
极少买自家产品
新公司期
缴继续率60%
重疾险平均保额
7万
90%
员工平均持有
自家保单5.2张
新公司期
缴继续率90%以上
重疾险平均保额
26万
5万保费
10万保额
寿险平均保额
<10万元
风控！风控！风控！
终身重疾险
2倍杠杆
2万元保费
10万元保额
寿险平均保额
51万元
寿险免体检
100万元
终身重疾险
5倍杠杆
产品有很高的
附加费
保险是低频业务
第二次
购买
第一次购买
2014年收取客户初始费用
0元0角0分
二次购买比例超过50%
某客户在2014年默默买了56次

图 10-2　趣说传统保险与互联网保险的区别

样，互联网保险的创新思维必须是基于客户价值而创造的。互联网保险的创新是在一个足够大的市场上发掘新机会，而非在狭缝中求生存。互联网保险的创新本质是在互联网背景下，为客户创造或增加价值，提高效率和降低成本。

3. 互联网保险的免费思维

免费是互联网思维的一种逻辑模式，吸引大量的免费用户，然后转化一部分付费用户，从而实现商业模式的盈利。再看互联网保险的免费产品，无论是低价航意险,还是综合交意险,甚至是低额健康险,这些产品大都是锦上添花,不具备基础的保障作用。对于用户而言,如果是可有可无的,用户当然不会趋之若鹜,免费的效果自然也是大打折扣。总之,免费思维不能脱离独立刚需。

(三) 互联网保险的起源与发展

作为一种新兴事物,互联网保险在我国发展的历史只有短短十几年时间,但在这十几年间,互联网正深刻影响着保险业的方方面面,互联网保险也在不断地走向成熟。按照中国保险行业协会的划分,中国互联网保险的发展大致分为萌芽期(1997—2007年)、探索期(2008—2011年)、全面发展期(2012—2013年)和爆发期(2014年以来)四个阶段。

1. 萌芽期(1997—2007年):企业门户资讯作用

早在1997年年底,我国第一家保险网站——中国保险信息网建成,标志着我国第一家保险行业第三方网站的诞生。同年,该网站促成第一张网上投保意向书,我国保险业正式开启了对互联网保险的探索。

2000年8月,国内两家知名保险公司太平保险和平安保险几乎同时开通了自己的全国性网络平台。太平保险的网站成为我国保险业界第一个贯通全国、联结全球的保险网络系统。而平安保险开通的全国性网站PA18,以其开展的保险、证券、银行、个人理财等全方位金融业务被称为"品种齐全的金融超市"。

同年9月,泰康人寿保险公司也在北京宣布泰康在线的开通,该网站可以实现从保单设计、投保、核保、交费到后续服务全过程的网络化。与此同时,由网络公司、代理人和从业人员建立的保险网站也不断涌现,如保险界等。

2005年,《中华人民共和国电子签名法》颁布实行,扫清了电子记录在证据学上的法律障碍,使得数据电文等同于纸面证据,也为互联网保险业务的开展免除了后顾之忧。

2. 探索期(2008—2011年):电商平台兴起促使市场细分

这一阶段,随着大量监管政策相继出台,中国互联网保险业得到逐步规范与发展,以慧择网、优保网和向日葵网为代表的,以保险中介和保险信息服务为定位的保险网站纷纷涌现。

2011年4月,中国保监会下发《互联网保险业务监管规定(征求意见稿)》,明确保险公司、保险专业中介机构开展互联网保险业务的资质条件和经营规则。同年9月,中国保监会下发《保险代理、经纪公司互联网保险业务监管办法(试行)》,中国互联网保险逐步变得规范化与专业化。

3. 全面发展期(2012—2013年):商业模式与产品服务百花齐放

2012年,我国保险电子商务市场在线保费收入规模首次突破百亿元大关,在售互联网保险产品多达60余种,多数集中在交通意外险、综合意外险和境内外旅行险范畴。

2012年起,各保险公司开始依托官方网站、保险超市、门户网站、O2O平台和第三方电子商务平台等多种方式开展互联网保险业务。中小型保险公司倾向于借助其他平台,而大型保险集团则倾向于建立自有平台。

2013年,国华人寿、生命人寿等保险公司销售以"万能险"为代表的短期高收益理财型保险,引爆第三方电子商务平台市场。2013年11月11日当天寿险产品总销售额超过6亿元。同年,国内首家互联网保险公司——众安在线财产保险成立,开始了互联网保险责任和模式的新探索。

4. 爆发期(2014年以来):监管规范与政策支持双管齐下,可望有序爆发增长

2014年,中国保监会下发《关于促进人身险公司互联网保险业务规范发展的通知(征求意见稿)》,成为我国保险监管部门首部针对互联网金融领域的规范性文件,主要内容涉及保险公司经营范围、认可赠险或服务赠送行为的相关规定,并强调对网络销售的严格监管。

据统计数据显示,2013年我国共有90余家保险企业涉足互联网业务,2014年我国保险网销保费收入规模达到890亿元,较2013年激增198.82%。2015年我国互联网保险费收入2 234亿元,比2011年增长近69倍,互联网保费在总保费收入中的占比从2011年的0.2%上升到2015年的9.2%(见图10-3)。这标志着保险电商化时代已经到来。

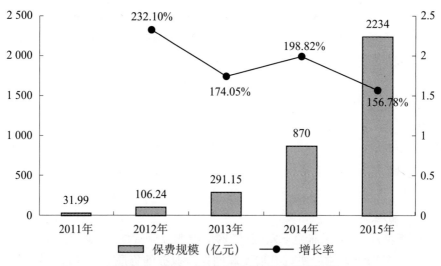

图10-3　2011—2015年互联网保险保费规模

在保险业革新的道路上,专业互联网保险模式将扮演更重要的角色。据波士顿咨询公司发布的报告称,预计到2016年年底,中国的网民人数将从6.88亿多增加到8亿。IBM预测,到2020年,保险业电子自助渠道将从2005年的0.16%上升到10%。

互联网保险虽然保持着高速发展,但其在整个保险市场中所占的比重还很低,

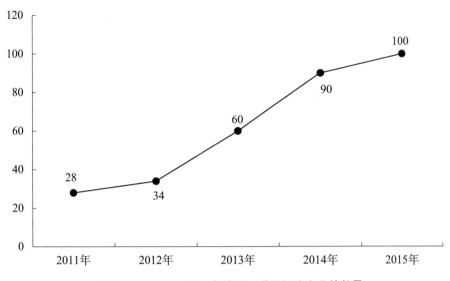

图 10-4　2011—2015 年涉及互联网保险企业的数量

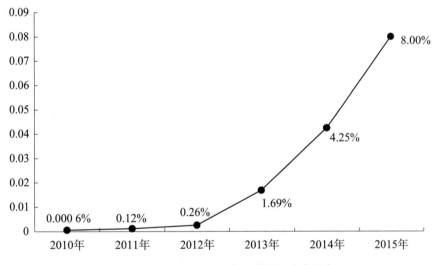

图 10-5　2010—2015 年互联网保险渗透率

不足 3%。这和欧美发达国家相比还存在巨大的差距。

2012 年 2 月 9 日,依据国家发展和改革委员会、商务部等八部委联合下发的《关于促进电子商务健康快速发展有关工作的通知》(发改办高技〔2012〕226 号)和国家税务总局 2013 年颁布的《网络发票管理办法》(国家税务总局令第 30 号)等政策,慧择网联手中国人寿推出了互联网保险电子发票。

总而言之,保险企业"触网"虽由来已久,但此前主要停留在开通企业门户网站、销售简单产品的阶段。当前,借着互联网金融的东风,保险企业拓展网络渠道迎来了有利契机。而互联网保险也出现了新的趋势,如市场进一步细分、专门销售个人人寿保险的网站平台出现等。与此同时,网络支付的普及也使得网络销售不再存在障碍,相对复杂的产品也逐渐得到投保人的认可。有些网站还获得了风险投资,在风险投资的推动下,互联网保险将取得更大更快的发展,竞争也必然加剧,一场互联网保险的市场争夺战在全国范围内打响。

(四) 互联网保险的优势

互联网保险的优势有以下三点:

(1) 拓展销售渠道。对于新兴企业来讲,可以基于互联网平台迅速布局全国市场;对于资质较老的企业而言,可以利用互联网平台树立企业形象,改善服务品质。可以缓冲保险营销员增员困难和银保渠道受限的压力。

(2) 节约销售成本。利用互联网销售保险可以减少运营营业点的销售成本和广告费用,同时减少代理人成本的佣金支出。通过互联网向客户出售保单或提供服务要比传统营销方式节省58%—71%的费用。

(3) 助推产品服务。用户通过互联网平台可以直接比较各产品的优劣势,公司要占据市场则必须采取差异化竞争策略,不断创新产品与服务。

(五) 互联网保险的平台

国内主要的独立第三方保险网站包括中民保险网、新一站、网易保险、保网、优保网、e家保险网等。其基本情况如表10-4所示。

表10-4 国内主要的独立第三方保险网站

保险平台	简介
中民保险网	总部设在深圳,是国内领先的第三方保险电子商务网站,包含意外险、旅游险、健康险等多种保险产品的在线销售
新一站	总部设在南京,注册资金1亿元,具备保监会批准的网络保险销售资格
网易保险	2011年12月6日正式上线,是由网易与知名保险公司合作推出的第三方保险直销平台;用户可以在线进行投保,涵盖车险、意外险、健康险、家财险等险种,享受一站式保险自助购买体验
保网	总部设在深圳,是国内较早、较有影响力的保险门户网站,网站大但比较杂;2010年7月29日,保网与泛华保险服务集团签约成立一家新的"泛华保网电子商务公司"
优保网	总部设在厦门,其母公司ehealth是美国最大的健康险在线投保平台;中国地区技术支持为翼华科技(厦门)有限公司
e家保险网	2006年1月推出,主要险种为旅游交通保险:国内旅行保险、境外旅行保险、航空意外保险、交通意外保险、出国签证保险等

(六) 法规

目前关于互联网保险的重要政策法规可如表10-5所示。

表 10-5　国内关于互联网保险的重要政策法规

监管部门	实施时间	法律法规	法规目的
国务院	2005.4	《中华人民共和国电子签名法》	电子签名和手写签名或印章具备同等法律效力
保监会	2011.4	《互联网保险业务监管规定(征求意见稿)》	促进互联网保险业务规范、健康、有序发展,防范网络保险欺诈风险,切实保护投保人、被保险人和受益人的合法权益
保监会	2011.8	《中国保险业发展"十二五"规划纲要》	大力发展保险电子商务、推动电子保单以及移动互联网、云计算等新技术的创新应用
保监会	2011.9	《保险代理、经纪公司互联网保险业务监管办法(试行)》	促进保险代理、经纪公司互联网保险业务的规范、健康、有序发展
发改委、商务部等八部委	2012.2	《关于促进电子商务健康快速发展有关工作的通知》	贯彻落实《国民经济和社会发展"十二五"规划纲要》关于积极发展电子商务的任务,深入开展国家电子商务示范城市创建工作
保监会	2012.5	《关于提示互联网保险业务风险的公告》	除保险公司、保险代理公司和保险经纪公司外,其他单位及个人不得擅自开展互联网保险业务
国家税务总局	2013.3	《网络发票管理办法》	加强普通发票管理,保障国家税收收入,规范网络发票的开具与使用
保监会	2014.1	《关于促进人身险公司互联网保险业务规范发展的通知(征求意见稿)》	对网络保险的机构运营、宣传、促销等方面作出详细规定,强调公司宣传和披露以及风险合规管理与其他渠道看齐,客户回访内容和标准化不低于其他渠道

思考题:

1. 随着互联网的发展,除了众安保险,还会出现什么形式的互联网保险?

2. 互联网对保险业的影响日益增强,互联网保险作为保险的分支,逐渐成长,那么如何从本质上区别互联网保险和保险的互联网?

3. 互联网金融包含许多形式,那么互联网保险作为其中的一种形式,如何参与到与其他形式,比如 P2P 网络借贷、众筹当中去?

第十一章

互联网金融对基金行业的影响

近年来,随着互联网的广泛普及和电子商务的快速发展,互联网金融逐渐步入人们的视野,融入百姓的生活。阿里巴巴、腾讯、新浪等我国大型互联网公司不断推出新业务、研发新技术,为互联网金融领域的蓬勃发展不断注入新的活力。

一、余额宝横空出世

2013年6月17日,支付宝和天弘基金联合推出的国内首只互联网基金——天弘增利宝正式上线,短短数日内便累积了数以百万计的客户。支付宝与天弘基金的跨界合作成为基金行业新的里程碑,天弘增利宝随后的强劲势头更是令人侧目。同年11月16日,天弘基金宣布,成立刚满5个月的天弘增利宝货币基金规模跻进1 000亿元,开户数超过2 900万户,成为国内首只规模跻进千亿级别的基金。年末"余额宝"规模收于1 853亿元,创下基金行业的新高。天弘基金也从一个百亿级的小型基金公司一跃成为行业内规模最大的基金公司之一,与行业领头羊华夏基金的规模差距已不到400亿元。在互联网时代,在互联网金融创新不断刷新历史纪录与人们观念的同时,400亿元只是分分钟就能实现赶超的事。

在互联网与传统金融相反的"八二效应"下,天弘基金恰恰是通过服务于这80%传统金融服务不到的小白客户,让理财最小额低至"1元",创造了"碎片化理财"的奇迹。

这也使得天弘基金在2013年首次打破银行体系对基金销售的垄断,也突破了基金公司网上直销始终不成气候的瓶颈。2013年天弘基金的直销占比和电商规模占比高达95%,成为行业内直销占比最高、电商占比最高的基金公司。

2013年年末,"钱荒"导致利率上行,包括天弘增利宝在内的货币市场基金收益整体上扬,又为火爆的互联网金融再添一把旺柴。

2013年12月31日,天弘增利宝7日年化收益率高达6.696%,再创全年新高。收益率最低的货币基金亦超过3%。百度、天天基金网等机构自掏腰包式补贴还在不断推出货币基金收益,最高的已超过10%。图11-1为余额宝七日年化收益率走势图。

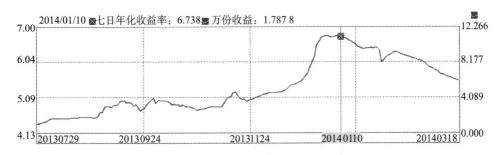

图11-1　余额宝七日年化收益率走势图

然而,机构的热情在2014年新年伊始就被当头浇了一盆凉水。2014年1月1日,杭州数米网因在宣传资料中使用了"最高可享8.8%年化收益"等不当用语,被浙江证监局要求整改。这是首个被处罚的第三方基金销售机构。

二、互联网基金快速发展的原因

(一) 不再依赖传统代销渠道,而与互联网直销平台深度合作

传统的货币市场基金购买以银行、第三方理财等代销渠道为主,投资者主动购买较少。2013年以来,基金公司普遍重视基于互联网的直销平台的建设;新型直销渠道上线后,新增货币市场基金客户中很大部分来自直销渠道的主动购买。以余额宝为例,余额宝在营销渠道上开创了基金公司在大电商平台直销基金的模式。目前,天弘基金是余额宝服务的唯一产品提供者,增利宝也是唯一与余额宝进行对接的产品。增利宝利用支付宝的渠道优势,在零推广成本下,将产品直接呈现在客户群体面前。2012年天弘基金管理的资产不到100亿元,借助余额宝,一年之内跃升为中国管理资产规模最大的基金公司。

(二) 兼具高收益和高流动性

一是高收益。截至2014年8月末,余额宝—增利宝基金七日年化收益率为4.13%,超过银行活期存款利率11倍,比上浮10%的1年期定期存款率高273个基点,明显高于银行存款和大多数银行理财产品。图11-2呈现了各理财产品七日年化收益率。

二是高流动性。天弘基金和支付宝在后台系统为余额宝提供了大量技术支持,实现增利宝便捷的"一键开户"流程。客户将钱转入余额宝,可即时购买增利宝,而客

户如果选择将资金从余额宝转出或使用余额宝资产进行购物支付,则相当于赎回增利宝基金份额,所有流程操作即时生效,便捷流畅。将产品流动性进一步提高到"T+0"的高水平,可随时用于网上消费或转出至银行卡,并且没有利息损失,其流动性接近于银行活期存款,高于绝大多数投资工具。

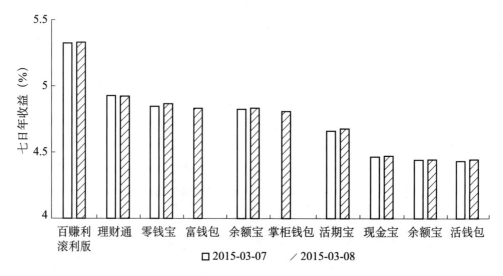

图11-2　各理财产品七日年化收益率对比图

(三) 给予客户良好的理财满足感

余额宝为了给客户提供一个极佳的购物体验,在营销策略上围绕"提升客户价值为中心"进行创新,并在营销上突出强调购买增利宝资金门槛仅需1元,是所需资金门槛最低的一只基金。余额宝让客户的备付金"每1元"天天都增值,不少客户通过余额宝尝试了人生的第一次理财,体验到"大众理财"带来的魅力和增值感,余额宝细致入微地围绕"提升客户价值为中心"的创新,得到了客户高度认同,支付宝备付金不断地流向余额宝。

(四) 采取了一定风险防范措施

支付宝客户的备付金具有小额性和流动不确定性的特点,特别是在"节日促销"期间呈现出流动爆发性特点。基金公司要吸收支付宝的备付金,难点在如何化解备付金流动性爆发而带来的风险。货币型基金虽然相当安全,但突发性大规模赎回会导致基金的流动性不足,迫使基金出售未到期的资产而发生亏损。随着信息科学技术的发展,天弘基金公司委托金证公司利用大数据技术,锁定支付宝客户,把握客户购物支付的规律,对"大促"和节前消费等影响备付金流动的因素进行事先预测,有效地解决了备付金的流动性风险,保证增利宝产品的低风险运作。天弘基金与支付宝公司合作,通过大数据技术的创新,实现了增利宝流动性与收益性的高效匹配,让客户的备付金增值得到充分保证。

三、对基金行业的影响及基金业的应对

对传统基金行业来说,面对互联网金融大潮,要么坐以待毙,要么勇往直前。从现状来看,互联网金融影响的只是基金的销售渠道,从这一点来看,互联网金融带给基金行业的更多的应该是机会。在基金行业过去的10年中,好的产品没有吸引到更多的消费者,原因是没有能够直达客户的宣传方式。基金发行严重依赖银行渠道,其最大障碍也是无法对投资者进行有效的直接营销。而互联网金融具有两个优势:一个是可直达客户进行互联网直销,突破原先的宣传约束;另一个是互联网拥有的大数据是基金公司通过传统渠道所无法获得的。

2013年下半年,华夏基金展开与各互联网平台的洽谈合作,在"百度百发"被疯抢的华夏现金增利E,截至2013年年末的规模已达437.34亿元。这也给华夏基金2013年的网上直销客户数带来爆炸式增长,其中新增客户数是2012年的9倍。

与此同时,嘉实、南方、易方达、汇添富等基金公司也不甘落后。易方达于2013年11月在淘宝店发起约定收益6%的易方达聚盈A,以首募规模3.39亿元登上"双十一"全网单店销量前三。12月,华夏、易方达、广发和汇添富四家基金公司与腾讯旗下的财付通首批合作,拟结合微信支付推出类似余额宝的产品。凭借官网直销,汇添富现金宝四季度规模实现了从2亿元到120亿元的飞跃。表11-1列示了互联网公司与基金公司的合作情况。

表11-1 互联网公司与基金公司的合作情况一览表

产品名称	推出时间	所属公司	合作方
余额宝	2013.6.13	阿里巴巴	天弘基金
百发	2013.10.28	百度	华夏基金
聚盈A	2013.11.8	阿里巴巴	易方达基金
微信理财通	2014.1.15	腾讯	华夏基金 易方达基金 广发证券 汇添富基金

南方基金总经理杨小松坦言,"互联网粉碎了金融行业的各种进入壁垒,基金业将面临更为激烈的市场竞争,快鱼将迅速吞噬慢鱼。小公司通过创造性满足客户需求可以昂首跨入大公司行列,大公司若固步自封将很快失去优势"。另外,在2015年召开的资产管理业务风险管理与创新研讨会上,证监会主席助理在会上公开表扬了广发基金于2014年发行的互联网大数据基金。这足以表明上层对互联网金融的重视,2015年不少基金公司也在互联网相关产品上发力。

在2010年证监会陆续放开基金的第三方支付和第三方销售牌照以来,基金与互联网的结合的探索从未间断并不断有所突破。天弘基金副总经理周晓明认为,互联网金融也需要金融行业和互联网各自发挥优势,以新的客户体验和产品价值

为导向进行有机结合,产生强烈的化学反应。

四、打破了基金原有渠道之间的竞争格局

与银行、保险、信托相比,由于股市行情不好,基金近6年发展平平。而互联网基金的出现,使2013年全行业规模出现爆发式增长。余额宝就是典型代表。

余额宝的成功,让原先过于倚重银行传统渠道的基金公司一下子打破了产品销售的天花板。图11-3反映了基金销售渠道份额组成的变化。

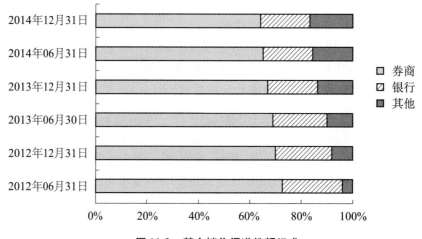

图11-3　基金销售渠道份额组成

2013年,各种与互联网和电商公司合作的高收益基金产品竞相出炉。据统计,截至2015年7月,基金业已有63只名为"××宝"的高收益理财产品。

客观说,货币基金之所以能够率先在互联网上取得成功,一方面得益于货币市场基金风险低、$T+0$和24小时不间断赎回,另一方面也与货币基金作为支付功能的日趋完善相关。以余额宝为例,从最初的"理财购物两不误"的设计,到"双十一"网购狂欢节亿级交易处理能力的展现,再到手机钱包各项功能对接,乃至购买火车票解决春运难题,余额宝的作用功能一直在优化升级。

五、互联网金融的信息优势

基金行业发展互联网直销存在先天不足,在双方的合作中,互联网企业牢牢掌握了话语权。结果是,基金公司仍然无法获得客户比较详细的资料。而这恰恰是基金最渴望借助互联网渠道获取的资源。以往,由于基金发行严重依赖银行渠道,其最大障碍也是无法针对投资者开展直接营销。

面对互联网金融大潮,想置身事外绝无可能。正是基于这种认识,多家基金很早就制定了互联网战略。南方基金成立了电商委员会,具体执行公司的互联网战略,并由公司副总裁亲自挂帅。汇添富成立了电子金融总部,由公司副总经理分

管,旗下人数增至50人。

未来,互联网对基金业更深层的影响还会继续发酵。互联网金融及其背后的海量数据,创造的是一个全新的商业模式。

2013年互联网金融的火爆虽然出乎大部分人的意料,但其实是非常合理的,也是一种趋势上的必然。开放和融合奠定了互联网的基业长青,互联网与基金行业的融合也必然会为基金行业带来新的发展机遇,促进整个行业的茁壮成长。

聚焦高管

一个基金高管的自我剖析:面对互联网金融,基金们的不淡定、焦虑、不适应,源自哪?

我主要讲三点,一是为什么在互联网金融的热潮中基金公司会这么积极;二是基金公司在向互联网转型的过程中遇到的障碍和困难是什么;三是我们该如何拥抱互联网金融或是如何向互联网金融转型。

第一,前两天有一个同行说起,在这一轮互联网金融的热潮中,金融各个子行业中最不淡定的是基金公司,最积极的是基金公司。我想了半天,是因为基金公司的业务模式。

我认为基金公司的业务模式在利率市场化和泛资产管理时代、互联网金融三重背景下,其业务模式是有自己的缺陷,这些缺陷在哪里?其实非常简单,去年到今年,基金公司权益类资产的收益并不太差,我们前两天在淘宝上发布了一个数据,广发旗下有500万的资产客户过去一年的平均收益率是9.7%左右。基金公司管销售的,证券公司卖基金的人知道,其实我们的产品是非常难销售的,尽管有这么好的收益率,我相信广发只是市场上的平均情况。

我觉得它的最大问题是存在两个错配。

一是我们卖任何基金产品时,都假设这个产品对客户而言是可以穿越所有时空的,总觉得这个产品可以、渠道也可以,你买吧。实际上做产品、做渠道的人都知道,不同的产品在不同的市场,在不同的投资周期里表现是不一样的。我们的产品一定会波动,一定是在不同的市场里有不同的表现。我们卖产品时,有一个隐含的假设前提,这个产品是永远适合你的,你买吧。这种错配,是投资需求和客户需求之间的错配。

二是和销售模式有关系,银行销售时,银行的诉求是为了收入。这两点的不匹配会形成客户不关心买哪一个产品,管你是广发、华夏,或是股票基金、债券基金,要的是资产的保值增值,不关心你给我哪个产品,我们给客户的是一个个的产品。

在这样的商业模式、业务模式里,我们还是以产品为中心,所有的任务都在发产品、做投资业绩。至于产品里能否符合客户的需求,想得还没有那么多。这样的错配导致现在的状况即产品很难卖，还有一个非常深层的原因，作为整个基金行业，我们离客户很远很远。

互联网金融与资本市场两天的研讨给大家讲了很多东西，我理解未来的互联网金融领域，或是未来互联网领域里，一定是谁离客户最近谁最有话语权，而我们现在离客户很远，所以现在心里很焦急，因为我们和客户的接触是通过渠道的，离客户是很远的，包括客户的需求我们未必能像互联网公司那么了解。证券公司说要做财富管理业务，全行业都在讲要做财富管理业务时，你手里没有客户你怎么做？最终你只是产品供应商。而产品供应商按照经济学的原理，如果只是作为产品供应商毛利率是很低的。你的上下游一定掌握在别人手里，我自己觉得，为什么基金公司会这么努力拥抱互联网，是因为这个模式有它内在的缺陷，所以基金公司都希望通过这样一种努力，利用互联网金融带来的机会，来改变我们这种状态。

第二，拥抱互联网金融的过程没有那么简单，作为比较传统的金融行业人员，在拥抱与转型过程中，遇到的障碍很大。

我讲一个例子，大家知道余额宝是一个伟大的产品，这么好的一个产品，从6月13日上线到现在，并没有第二单真正意义的余额宝出来。所有人都明白这是一个好东西，我们可以做。我想说的是，其实它不是那么容易，当我们以互联网的思维、技术和价值观来改造我们的传统业务体系时，我们会遇到很多困难，作为基金行业会遇到什么困难呢？广发基金和财付通都在合作类似的项目，包括我们在淘宝网上开店，在京东上做准备。我们遇到的困难是：

1. 价值观的挑战，最核心的，和所有的互联网公司打交道时我最深刻的体会是，不管你告诉他能给他赚多少钱，给他带来多大的好处，如果对他的用户体验上可能有负面影响时，他会说这个事我们不要谈。他是真正地在血液里拥有用户至上的观念。我不认为是他们个人的道德比我们个人的道德高尚，而是市场的机制，在市场化的竞争领域与环境让它形成赖以生存的价值观，我觉得最核心的挑战是价值观的挑战。虽然所有的金融行业人士也都在讲我们是以客户为中心。但在实际运作上并非如此，需要好好向互联网公司学习。

2. 商业模式的改变。互联网前项免费，后项收费，先圈客户再圈钱，如果你理解我刚才讲的，你就可以理解为什么百度会做这件事情，我们做金融的人都相信有自己的想法。这一点和我们传统的金融行业的做法也是不一样的。我们要刀刀见血，我们每一步要问你的预算，你的投资回报分析，不是说互联网公司不要这个，而是商业模式有一定的差异。

3. 行为模式的挑战。互联网我用最典型的两句话说明对速度和行为的表现，在奔跑中调整姿势。我现在就起跑了，我的姿势是不标准、不美的，我会在跑动的过程中修正我的做法，或者是快速迭代。而我们作为金融企业，非常严谨，在做这个业务时一定会想要整体规划、系统推进，这里面文化上是有冲突的。

4. IT系统。其实这次基金公司上类余额宝的项目,在互联网这一端,变化不是那么大,真正最大的改变是基金公司的IT体系,要把我们非实时的系统向实时的系统改变,这对我们的IT系统的改造是非常大的,我看今天很多搞IT的领导也在这里,这是我们整个业务体系底层的构架,我们要做一些改变。

5. 营运模式。早上九点半到下午三点是开市与交易时间,剩下的时间不交易,我们的清算一天做一次,净值一天报一次。当你要做余额宝时,你会发现你要做 7×24 小时的营运体系,这对我们IT是很大的挑战。

我只是简单列了这几种情况,我们前进中每一步都会遇到很大的困难。也许在这样一种焦灼与推进过程中,才会让很多人说互联网金融到底是金融互联网还是互联网金融,我觉得争论这个词没多大的意义,最核心的还是我们如何用互联网的思维、技术和价值观来改造我们的业务体系,包括我刚才讲的各个方面,只有这样我们才真正能在金融互联网的领域找到自己的位置。

第三,传统的资产管理行业也好,证券公司也好,怎么来做互联网金融。

我觉得有八个字"入口、流量、产品、服务",和我们原来传统的方式不一样,不管是移动互联网还是互联网,你会发现入口是如此重要,应该比银行的垄断更高,哪些是入口?为什么需要有入口?是因为你要有流量,以前很多的同行说,在网上卖东西我们早就卖了,同时我们银行的网银上各个产品也是应有尽有,但是这个产品,我们是不是真的按照互联网金融做这件事情?

入口和流量对于我们未来要做的事情来说,证券公司可能还好一点,有那么多的营业部和客户群。基金公司的角度来讲,自己的入口和流量还是很少的,长期做不起来也有这个原因,基金公司直销做不起来也有这个原因。

针对产品和服务,我还是想讲一下余额宝,余额宝出来的时候,当时觉得我可以做比它更好的东西,在它推出之后做。但是我们一堆人研究了很长时间后,发现就产品本身、客户的体验而言,我们已经没有办法为它再做优化了。我们也是财付通的合作伙伴,有几家大的基金管理公司和财付通商讨,我们能不能把体验做得这么好。就这个产品本身,我觉得它的特点是把互联网金融的典型意义演绎得淋漓尽致。它是一个金融产品,其实是最常规的金融产品,货币基金每家基金公司都有。以后很大的空间是在于各种金融工具和各种互联网工具的整合。它是构筑在支付宝的流量平台上,这也是很重要的。基金公司在淘宝上线好像没有什么量,它们的流量级别是不一样的。它有着非常极致的用户体验,而就这种用户体验,我们基金公司不能那么做,我们的法规要求是很严格的。

可是前两天,有一个领导把我抓到一边,语重心长说:肖雯,我在京东上买一个台灯,随时告诉我货到哪儿了,我在你这儿买基金花了200万元,我一个单下去也不知道我买到了没有,大家知道我们是 $T+1$ 才确认。这个问题对我触动是非常深的,我们可以在产品和服务上做得更好,尽管我们有很多约束,我们没有像互联网一样追求极致。不能说 200 万元买单下去什么音信都没有了,所以我想在产品和服务上,我们所有的人还任重道远。

最后我想说,按照马云的话,不管我们是否看得见,不管我们是否看得起,不管我们是否看得懂,它终是要来的,我们除了改变别无选择。

资料来源:本文来自广发基金副总经理肖雯在中国资本市场学院互联网金融与资本市场研讨会上的发言,具体可见 http://www.huxiu.com/article/23009/1.html。

思考题:

1. 目前互联网销售的主要是低风险基金,未来若拓展到高风险产品,应如何解决销售适用性以避免误导投资者?

2. 互联网金融的实质是以新的手段争夺客户,对基金业而言最核心的竞争力是投资管理能力和产品开发能力。两者之间能否实现融合,你有什么建议?

3. 以百度百发 100 指数为例,思考大数据、互联网、基金三者融合的大数据基金的发展前景。

4. 有人说在互联网上"免费"才有未来,但支付宝正反其道而行之。从 2013 年 12 月开始实施 PC 端支付结算收取手续费,到现在开始向货币基金收取渠道服务费。你如何看待这一现象?请思考互联网金融的可持续盈利方式。

第四部分　互联网金融之监管篇

第十二章　互联网金融的监管
第十三章　互联网金融与新三板

第十二章

互联网金融的监管

位于北京国贸CBD的中欧温顿,这家看起来高端大气上档次的基金公司,其总经理李晓涌在2014年3月初失联。受此影响,约2 000名投资者近4亿元资金无法赎回,与此同时,中欧温顿多位高管也相继失去联系。

北京的彭先生是2 000多名投资者中的一员,他被套住的资金高达100多万元。他于2013年5月份开始接触到中欧温顿,由于朋友是中欧温顿的员工,彭先生在经过一番调查后,选定了一个一年期的品种,收益率为12%,该收益率是在国家规定的范围内,这也是彭先生产生信任的判断依据。可随着中欧温顿事件的发生,经调查发现,他的资金所购买的债券投资产品全部是虚假的。

相比于彭先生,另一位投资者王先生显得更加谨慎。王先生2013年通过朋友介绍,开始接触到中欧温顿,经过初步了解后,受P2P平台出事较多的警示,王先生在项目的选择上,既不敢做多,也不敢选择长期限的项目,最终选定了三个月期限的产品。很快王先生尝到甜头,又开始追加资金。不过千算万算,王先生还是难逃中欧温顿人去楼空的骗局。

中欧温顿向投资者营造了一个"高大上"的假象,该公司官方网站显示,公司成立于2012年7月,并在北京、河北、内蒙古、上海、深圳均设有分公司及办事处。该公司自称为一家公募基金公司,注册资金1亿元,主要产品包括P2P、基金、PE;并宣称其董事长陈立秋为"深圳政协委员",高管更具有海外留学和金融机构工作背景。然而,其法人却是使用一个假身份证注册的,客户就算要进行民事诉讼也找不到起诉的主体。

一位关注P2P跑路事件的律师告诉记者,P2P网络金融存在的问题很新,目前还没有出台具有针对性的法律。大多数问题都是通过刑事报案来解决的,但现在很多案件都还在侦查和审查起诉阶段,尚未进入投资者索赔阶段。

一、互联网金融监管的必要性

互联网金融的快速发展在给人们带来融资便利的同时,也暴露了许多问题,例如跑路现象、缺乏门槛、非法吸收公众存款、非法集资、投资陷阱等。目前,国内第三方支付需持有央行发放的牌照,不同监管部门对网络销售也有相关规定。P2P服务平台的监管目前主要依靠行业自律,由央行牵头检测,但这些并未形成完整的监管体系,且缺乏具体的政府监管机构。因此,加强互联网金融监管是我国当前经济发展中亟待解决的问题。

(一)互联网金融面临诸多风险

央行副行长刘士余指出互联网金融存在三大风险:

一是法律定位不明,可能"越界"触碰法律"底线"。现有法律规定还没有对互联网金融机构的属性作出明确定位,互联网企业尤其P2P网络借贷平台的业务活动,还没有专门的法律或规章对其业务进行有效的规范。谬误与真理只有一步之遥,一个是不能非法吸收公众存款,另一个是不能非法集资,P2P网络借贷平台的产品设计和运作模式略有改变,就可能"越界"进入法律上的灰色地带,甚至触碰"底线"。我们支持互联网金融的创新发展,但是不允许碰触这两个底线。

二是资金的第三方存管制度缺失,存在安全隐患。现在一些P2P网络借贷平台没有建立资金第三方托管机制,致使大量投资者的资金沉淀在平台账户里;如果没有外部监管,就存在资金被挪动甚至携款跑路的道德风险。近两年来先后发生的"淘金贷""优易网"等一些P2P网络借贷平台的携款跑路和倒闭事件,给放贷人造成了资金损失,也影响了整个行业的形象。

三是内控制度不健全,可能引发经营风险。我们可以把内控制度看作互联网企业的"防火墙",好的内控制度可以有效防范经营风险。实践中,一些互联网金融企业片面追求业务拓展和盈利能力,采用了一些有争议、高风险的交易模式,也没有建立客户身份识别、交易记录保存和交易分析报告机制,容易为不法分子利用平台进行洗钱等违法活动提供条件;还有一些互联网企业不注重内部管理、信息安全保护水平较低,存在个人隐私泄露的风险。

(二)监管缺失将导致市场失灵

市场失灵是加强互联网监管的主要原因,目前互联网金融存在大量非理性行为。

一方面,对于个人来说,投资者难以充分认识到网络借贷平台的信用程度和投资风险,致使到期无法提现情况的出现。例如,在P2P网络借贷中,投资者购买的是针对借款者个人的信用贷款,即使P2P平台准确揭示借款者信用风险并且投资足够分散,该投资仍存在高风险,投资者不一定能充分认识到投资失败对个人的影响。所以,对P2P网络借贷,一般需要引入投资者的适当监管。

另一方面,从公众行为来看,一家网络借贷平台的倒闭可能引起投资者纷纷抽离资金的"多米诺骨牌"效应,从而对整个金融市场产生负外部性,甚至可能引发金融危机。例如,以余额宝为代表的"第三方支付+货币市场基金"合作产品中,投资者购买的是货币市场基金份额。投资者可以随时赎回自己的资金,但货币市场基金的头寸一般有较长期限,如果货币市场出现大幅波动,投资者将为控制风险而赎回资金,若赎回达到一定规模,货币市场基金就会遭遇挤兑,从而导致市场失灵,这都将严重影响金融市场的稳定性。

(三)有效监管促使互联网金融健康发展

近两年来,许多投资者及金融机构不断参与到互联网金融行业当中,互联网平台贷款迎来了发展的高峰时期。但目前国内的"P2P网络借贷平台"绝大部分是小贷公司,民间投融资等中介机构运作不规范、技术不达标、缺乏风险的自控能力使得自身走向倒闭。与此同时,更多网络借贷平台的负责人非法利用投资者资金实现"自融"跑路事件频频发生,这些行为削弱了投资者对参与我国金融活动的信心,制约了我国金融市场的健康发展。

因此,不能因为互联网金融发展不成熟,而对其采取自由放任的监管理念;相反,应该以监管促发展,在一定负面清单、底线思维和监管红线下,鼓励互联网金融创新。互联网金融是一把"双刃剑",在带来风险的同时也给整个金融行业带来新鲜的血液。相信伴随相关监管政策的成型和出台,互联网金融的发展将更规范化、阳光化、健康化。与此同时,追赶互联网金融也将成为传统金融机构加速转型的动力。

二、互联网金融监管的核心原则

互联网金融机构,如果实现了与传统金融类似的功能,就应该接受与传统金融一致的监管;不同的互联网金融机构,如果从事了相同的业务,产生了相同的风险,就应该受到相同的监管。否则,就容易造成监管套利,既不利于市场公平竞争,也会产生风险盲区。根据《中国金融稳定报告(2014)》,互联网金融监管应遵守五大核心原则:

第一,互联网金融创新必须坚持金融服务实体经济的本质要求,合理把握创新的界限和力度。包括互联网金融在内的金融创新必须以市场为导向,以提高金融服务能力和效率、更好地服务实体经济为根本目的,不能脱离金融监管、脱离服务实体经济抽象地谈金融创新。互联网金融中的网络支付应始终坚持为电子商务发展服务和为社会提供小额、快捷、便民的小微支付服务的宗旨;P2P和众筹融资要坚持平台功能,不得变相搞资金池,不得以互联网金融的名义进行非法吸收存款、非法集资、非法从事证券业务等非法金融活动。

第二,互联网金融创新应服从宏观调控和金融稳定的总体要求。包括互联网金融在内的一切金融创新,均应有利于提高资源配置效率,有利于维护金融稳定,有利于稳步推进利率市场化改革,有利于央行对流动性的调控,避免因某种金融业务创新导致金融市场价格剧烈波动,增加实体经济融资成本,也不能因此影响银行体系流动性转化,进而降低银行体系对实体经济的信贷支持能力。

第三,要切实维护消费者的合法权益。互联网金融企业开办各项业务,应有充分的信息披露和风险揭示,任何机构不得以直接或间接的方式承诺收益,误导消费者。开办任何业务,均应对消费者权益保护作出详细的制度安排。

第四,要维护公平竞争的市场秩序。在市场经济条件下,公平竞争是保证市场对资源配置起决定性作用的必然要求。把线下金融业务搬到线上的,必须遵守线下现有的法律法规和资本约束。不允许存在提前支取存款或提前终止服务而仍按原约定期限利率计息或收费标准收费等不合理的合同条款。任何竞争者均应遵守反不正当竞争法的要求,不得利用任何方式诋毁其他竞争方。

第五,要处理好政府监管和自律管理的关系,充分发挥行业自律的作用。抓紧推进"中国互联网金融协会"的成立,充分发挥协会的自律管理作用,推动形成统一的行业服务标准和规则,引导互联网金融企业履行社会责任。互联网金融行业的大型机构在建立行业标准、服务实体经济、服务社会公众等方面,应起到排头兵和模范引领作用。

三、互联网金融监管的国际经验

(一)各国互联网金融发展情况

表12-1列示了国内外互联网金融业态及其代表性公司。

表12-1 国内外互联网金融业态及其代表性公司

类型	海外	中国
第三方支付	Eway(1998,AU)、PayPal(1998)、Google Wallet(2011)	支付宝(2004)
众筹融资	Kickstarter(2009)	点名时间(2011)
P2P	Zopa(2005,UK)、Prosper(2006)、Lending Club(2006)	拍拍贷(2007)、宜信(2006)
网络银行	SFNB(1994)	
信用卡服务	Credit.com(1994)	
互联网基金	PayPal MMF(1999)	余额宝(2013)
互联网保险	Insweb(1995)	众安在线(2013)
互联网证券	E·Trade(1991)	国泰君安支付(2013)

注:括号内的年份表示该种业态出现的时间。

互联网所呈现出来的高效性、规模性、惠普性优势使得金融资源能实现更有效的配置,从全球范围看,互联网金融在各国出现了不同的发展路径,形成了不同的互联网金融生态。

1. 美国：传统金融业自发地与互联网金融相结合

美国的互联网金融对传统金融的冲击十分有限，其主要原因在于美国金融体系发展历史悠久，产品和服务都较为完善，并且在互联网诞生之初各金融机构便抓住机遇，自发进行信息化升级以巩固传统金融的地位。从美国信用卡的发展可以看到，信用卡市场的成熟加之其方便快捷的特征有效地抑制了第三方支付的发展。另外，美国银行方面也作出了积极的努力，推出了信用卡移动支付、手机银行等业务，从而提高了传统业务的覆盖率同时抵御了互联网对银行的冲击。独立的互联网金融企业在传统金融体系的包围下只能在狭小的空间里谋求发展。

（1）货币市场基金。典型的例子是 PayPal 于 1999 年推出的将余额存入货币市场基金的服务，也就是中国余额宝的美国版。PayPal 作为第三方支付平台，拥有一张支付牌照，在财政部注册，受联邦及州政府的两级反洗钱监管，其资金托管也受到 FDIC 的监管。在 2005—2007 年利率上行期间，该基金规模曾达到 10 亿美元，但在 2008 年金融危机后，其流动性和保本两大优势纷纷丧失，2008 年后美联储降息至接近 0%，该产品最终在 2011 年退出市场。事实上，美国的货币市场基金在 1980—1986 年的利率市场化期间，出现过爆炸式的扩张，而 20 世纪 90 年代其与互联网的结合并未带来"第二春"，可见，货币市场基金长期是否繁荣并不在于营销渠道，而主要取决于利率市场的格局。

（2）网络银行。建立于 1995 年的 SFNB 是世界上第一家纯网络银行，受美联储和各级政府监管。由于成本低及费用和存贷款回报率都很有竞争力，创建初期发展迅猛，曾一度通过收购成为全美资产规模第六大的银行。不过，随着花旗、大通等老牌银行加快网络银行布局，SFNB 的优势不再，加之其内部风险管控不善，最终于 1998 年被加拿大皇家银行收购。此后，美国的商业银行体系又回到了传统大银行割据的局面。

（3）网络经纪商。20 世纪 90 年代中期，折扣经纪商嘉信理财（CharlesSchwab）在已有营业部业务的同时推出网上经纪业务。1996 年，纯网络经纪商 E·Trade 上线，开创了完全基于互联网交易的模式。1999 年，以美林为代表的传统券商全面开展网络业务。美国 SEC 对网络经纪商实行备案制，认为这只是传统经纪业务的延伸。时至今日，这三类经纪商针对不同客户形成了差别的盈利模式。纯网络经纪商通过极低的交易佣金吸引客户，尤其是个人投资者；嘉信理财等则在提供经纪通道服务的同时，附加咨询服务；而美林等则针对机构投资者提供全套金融服务，收取高额佣金。目前这三种模式三分天下。

（4）P2P 借贷。美国的 P2P 借贷平台受 SEC 的严格监管，典型的例子是 LendingClub（LC）。LC 成立于 2006 年，2013 年该平台的贷款规模已经达到 20 亿美元。LC 只收中介费不提供担保，借款人主要依靠信用融资，筹款主要用于支付信用卡债。该平台平均违约率为 4%。

（5）众筹。在美国，众筹业务由 SEC 直接监管。典型的例子是 Kickstarter（KS）。KS 于 2009 年成立，主要面向公众为小额融资项目募集资金，致力于支持和鼓励创新。2012 年美国通过 JOBS 法案，允许小企业通过众筹融资获得股权资本，使得众筹融资替代部分传统证券业务成为可能。

2. 日本：网络公司主导互联网金融变革

图 12-1 呈现的是日本互联网金融模式。

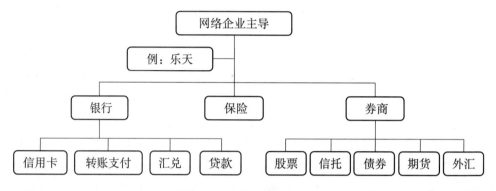

图 12-1　日本互联网金融模式

与美国不同，日本的互联网金融由网络企业主导，并形成了以日本最大的电子商务平台——乐天为代表的，涵盖银行、保险、券商等全金融服务的互联网金融企业集团。

乐天公司是于 1997 年成立的电子商务企业，它于 2005 年通过收购建立了乐天证券，开始打造互联网金融业务。利用其规模巨大的电商客户群，乐天证券目前是日本稳居第二位的网络券商，主营业务涵盖股票、信托、债券、期货、外汇等。其中，对七成交易都是通过信用卡来支付的"乐天市场"而言，信用卡业务是乐天金融的核心，信用卡于乐天而言就好比支付宝在阿里巴巴的位置一样重要。消费者在"乐天市场"的消费记录可以成为发行信用卡的授信依据；信用卡业务将为乐天带来手续费收入等营收增长点；另外，信用卡不仅可以在线上消费，也可以在线下消费，形成一张卡片打通线上和线下的消费场景。2009 年 2 月乐天收购了日本第二个诞生的网络银行 eBANKCorporation，2010 年 5 月将其更名为乐天银行，目前乐天银行是日本最大的网络银行。

3. 英国：以 Zopa 建立为标志的 P2P 借贷发源地

图 12-2 呈现的是英国 Zopa 的风险管理模式。

英国是 P2P 借贷的发源地，全球第一家提供 P2P 金融信息服务的公司始于 2005 年 3 月英国伦敦一家名为 Zopa 的网站。Zopa 网络借贷平台为不同风险水平的资金需求者匹配适合的资金借出方，而资金借出方以自身贷款利率参与竞标，利率低者胜出。而这一信贷模式凭借其高效便捷的操作方式和个性化的利率定价机

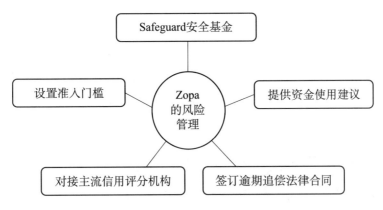

图 12-2 英国 Zopa 的风险管理模式

制常常使借贷双方共同获益。自此 Zopa 得到市场的广泛关注和认可,其模式迅速在世界各国复制和传播。2008 年金融危机爆发后,主导信贷市场的大银行都提升了资本金充足率,对中小微企业的服务严重不足。在此背景下,英国 P2P 借贷、众筹等互联网金融发展迅猛,为解决小微企业及个人创业者的融资难题发挥了较大作用。

4. 法国:第三方支付与众筹市场高速增长

法国的互联网金融业发展很早,并呈现出第三方支付、众筹、在线理财、网上交易所、小额信贷等多种服务类型。在第三方支付方面,PayPal 在法国占据 48% 的市场份额,为此,法国巴黎银行、兴业银行和邮政银行等三大银行于 2013 年 9 月共同研发了新型支付方式以争夺在线支付市场;在 P2P 信贷领域,法国仍处于起步阶段,有营利和非营利两种模式,其中非营利模式的代表是 Babyloan,用户可以选择感兴趣的项目或个人进行公益投资,贷款人不收取利息;在众筹方面,法国起步较晚,但发展很快,2013 年法国境内通过众筹平台共筹集了 8 000 亿欧元,比 2012 年翻了一倍;在比特币方面,2013 年 5 月,法国出现了第一家允许在线支付比特币的商家 Achanet.pro。截至 2013 年 12 月,法国允许在线支付比特币的商家已经达到 34 家,法国央行报告对比特币风险提出警告,指出比特币是不受监管保护的合法货币,具有高投机性,一些网上的比特币支付平台不能对比特币的价格和流动性做任何保证。

5. 德国:P2P 借贷有不同的风险承担模式

图 12-3 反映了德国互联网金融格局。

德国的 P2P 网络借贷处于发展初期,目前该市场主要由 Auxmoney 和 Smava 两家公司垄断,它们均成立于 2007 年。德国的 P2P 公司普遍都不承担信用风险。在 Auxmoney 平台上,由贷款人承担所有风险;而在 Smava 平台上,贷款人可采用两种方式规避风险,一是委托 Smava 将不良贷款出售给专业收账公司,通常可收回

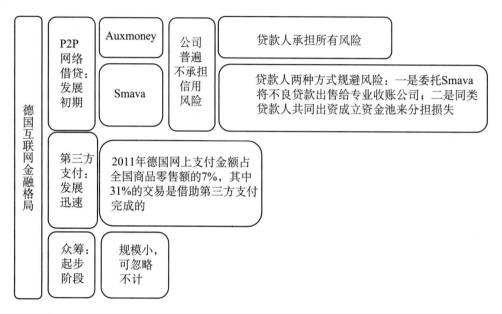

图 12-3 德国互联网金融格局

15%—20%的本金,二是同类贷款人共同出资成立资金池来分担损失。第三方支付在德国发展较快,2011 年德国网上支付金额占全国商品零售额的7%,其中31%的交易是借助第三方支付完成的。德国的众筹融资尚在起步阶段,规模几乎可以忽略不计。

(二) 国际上互联网金融监管的做法

1. 监管体系上,将互联网金融纳入现有监管框架

作为新生事物,互联网金融监管在全世界都面临挑战。国际上普遍认为互联网金融是传统金融业务信息化的产物,重在渠道的升级,而非产品与内涵的创新,因此互联网金融并未改变金融的本质,从功能上来看仍脱离不了支付、融资、投资、金融产品销售的范畴,既然属于金融业务,那么就理应接受监管。同时,由于国外成熟市场对各类金融业务的监管体制较为健全和完善,体系内各种法律法规之间互相配合协调,能大体涵盖互联网金融新形式,不存在明显的监管空白。因此,国际上普遍的做法是,将互联网金融纳入现有监管框架,不改变基本的监管原则。例如,美国证监会对 P2P 贷款公司实行注册制管理,对信用登记、额度实施评估和管控。英国从 2014 年 4 月起将 P2P、众筹等业务纳入金融行为监管局(FCA)的监管范畴,德国、法国则要求参与信贷业务的互联网金融机构需获得传统信贷机构牌照。

2. 监管内容上,根据业务性质划归部门

互联网金融业务交叉广、参与主体来源复杂,以往侧重市场准入的机构监管模式难以完全满足监管需求。因此,国际上的普遍做法是,采用行为监管,针对不同

类型的互联网金融业务,按照其业务行为的性质、功能和潜在影响,来确定相应的监管部门及适用的监管规则。美国、意大利、西班牙将互联网融资分为股权、借贷两种模式,分别由金融市场监管机构、银行监管机构实施监管。法国根据众筹机构是否同时从事支付和信贷发放,来确定负责监管支付行为的金融审慎监管局是否参与。

3. 监管过程中,根据形势发展及时调整法律法规

在将互联网金融纳入现有监管体系的同时,世界各国也在根据形势发展,不断创新监管理念,针对互联网金融出现后可能出现的监管漏洞,通过立法、补充细则等手段,延伸和扩充现有监管法规体系。例如,美国、澳大利亚、意大利通过立法给予众筹合法地位,美国、法国已拟定众筹管理细则。英国 FCA 在正式接受互联网金融监管的同时,配套推出涵盖众筹、P2P 等产品的一揽子监管细则。加拿大则已启动《反洗钱和恐怖活动资助法》修订工作,打击利用网络虚拟货币从事洗钱和恐怖融资活动等内容。目前多数发达国家已将虚拟货币纳入反洗钱监管体系。

4. 监管渠道上,补充行业自律标准与企业内控流程

在行政监管的同时,各国也在积极发展各类互联网金融的行业自律监管组织。国际上,很多行业协会通过制定行业标准,推动同业监督,规范引导行业发展。英国三大 P2P 平台就建立了全球第一家小额贷款行业协会,美、英、法等国积极推动成立众筹协会,制定自律规范。很多企业本身,也通过制定企业内部监管规定、规范交易手续、监控交易过程,实施自我监管。如澳大利亚众筹网站 ASSOB 注重筹资流程管理,为长期安全运行发挥了关键作用。

5. 监管方法中,结合征信体系实现信息双向沟通

美国、英国分别利用三家市场化的征信公司建立了完整的征信体系,可提供准确的信用记录,实现机构与客户间对称、双向的信息获取,如美国 P2P 平台 LendingClub 与多家银行实现征信数据共享,将客户信用等级与系统中的信用评分挂钩。德国、法国则发挥政府主导征信体系的权威性和完备性,大大降低了市场的违约风险。

四、我国互联网金融监管探析

互联网金融有别于传统金融创新式的发展,这使得现有的监管体系和法律法规难以对其进行有效的监管,从而暴露出一系列问题和风险隐患。

一方面,我国缺乏明确的法律规范和完善的行业自律规则,加之互联网金融未形成体系,其金融主体的资格和经营规范都不明确,整个行业缺乏有效的内外部约束。以 P2P 贷款平台的监管为例,由于将其归类为网上民间借贷中介而未纳入监管体系,缺乏明确的准入和运营规则,导致行业自由发展极度混乱,一些 P2P 机构已严重偏离金融中介的定位,转化成线下违规甚至非法集资的网上版本。

另一方面,我国征信体系尚不完善、信息交换困难、交易违约成本低,这使得金融消费者权益得不到有效保护。此外,互联网金融跨区域虚拟化的交易行为,使得交易主体难以确认交易各方的合法身份,加之网络安全漏洞、个人隐私泄露,交易信息被非法盗取或篡改等问题,一旦出现风险,消费者将遭受巨大的损失。

总的来说,面对互联网金融,明确划分监管机构对应职责和出台具体监管规则至关重要。至于具体的实施上应当做到:第一,监管不留空缺,对于互联网金融的各门各类悉数划分定位和整理归类;第二,互联网金融对促进中国金融改革、提升金融体系效率有积极作用,应减少管制、放松准入,以鼓励促发展;第三,推动互联网金融与传统金融的融合与竞争,形成金融行业的良性创新发展;第四,监管机构要牢牢守住不发生系统性风险的底线。

我国相关部门也正在紧锣密鼓地制定相关法律,2015 年也成为互联网金融监管元年。

图 12-4 反映了国内互联网金融监管的发展。

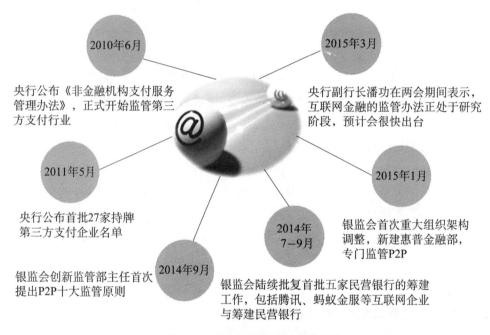

图 12-4　国内互联网金融监管发展

思考题:

1. 我国互联网金融监管面临的困境有哪些?

2. 互联网金融监管力度的加强对中小企业的展有哪些影响,对投资者又有哪些影响?

3. 你如何看待我国监管当局对于互联网金融的态度?支持还是不支持?

4. 2015年7月18日,由央行联合十部委推出的《关于促进互联网金融健康发展的指导意见》正式出台。作为互联网金融行业发展的顶层设计文件,指导意见的推出将极大地推动互联网金融行业向着更加创新、稳定、健康的方向发展,请结合该意见,指出还有哪些需要进一步加强或者完善的?

第十三章

互联网金融与新三板

一段时间以来,多伦股份更名为"匹凸匹",进军互联网金融领域,让各位看官直呼咂舌的同时,也让我们对于互联网金融的吸引力有了更深的好奇。自2013年以来,金融市场上最火的两个词莫过于"互联网金融"和"新三板"了。这两年各种互联网金融模式层出不穷,同时各大互联网企业纷纷布局互联网金融领域,甚至连原本业务没有任何关联的企业也希望分一杯羹,最后倒腾出个"匹凸匹"。

而新三板更是在短短的两年内经历了从无人问津到节节暴涨。2014年是新三板资本市场发展的元年,新三板在融资金额、成交水平、估值水平及挂牌数上都实现了飞跃式的发展。而时下的这两位金融市场的宠儿相聚时,能碰撞出怎样的火花?

一、新三板的出现

新三板是我国多层次资本市场重要的组成部分,是中国证监会统一监管下的全国性场外交易市场。2013年年初,全国中小企业股份转让系统作为经国务院批准设立的第三家证券交易场所正式揭牌运营,标志着全国场外市场建设从试点走向规范。新三板便是面向中小企业的一个高效、便捷的全新投融资平台。

2012年8月《非上市公众公司监管办法》的出台,为新三板公司的公众性扫清了法律障碍,之后相继开放了北京中关村、天津滨海、上海张江、武汉东湖高新区进行试点。2013年2月,全国中小企业股份转让系统经国务院批准正式挂牌运营,京、沪、深三足鼎立的交易所局面形成。2013年6月19日,国务院常务会议确定将新三板试点扩大至全国,体现了国家利用新三板扶持中小企业,鼓励创新、创业型中小企业融资发展的政策导向。2016年以来,国务院总理李克强证监会主席刘士余在多个场合都强调建设多层次资本市场的重要性,而市场对新三板"促进多层次资本市场健康发展"也寄予厚望。

(一)从"三板"到"新三板"

1992年7月,为了解决法人股的流通问题,全国证券交易自动报价系统(STAQ)启动。1993年4月,全国电子证券交易系统(NET)也在北京启动。这两个市场被称为"两网"市场。

在1993年治理整顿和控制通胀过程中,STAQ和NET两网市场被治理。1993年6月证监会停止了两网市场的新股挂牌。1997年,NET更名为"中国国债登记结算有限责任公司",不再进行股票交易。1999年9月,STAQ和NET暂停交易,并实质上进入关闭状态。

两网关闭后,其挂牌交易的法人股仍有流通的需要,同时主板退市公司的股票交易问题也需要解决。2000年,为解决主板市场退市公司与两个停止交易的法人股市场公司的股份转让问题,由中国证券业协会出面,协调部分证券公司设立了代办股份转让系统。为此,中国证券业协会于2001年6月正式启动证券公司代办股份转让业务,俗称"三板"市场。由于在"三板"中挂牌的股票品种少,且多数质量较低,要转到主板上市难度也很大,因此很难吸引到投资者,多年处于被冷落的状态。

为了改变中国资本市场这种柜台交易过于落后的局面,同时也为更多的高科技成长型企业提供股份流动的机会,有关方面后来在北京中关村科技园区建立了新的股份转让系统。2006年1月,中关村非上市公司股份报价转让启动试点,因其挂牌企业均为高科技企业而不同于原转让系统内的退市企业及原STAQ、NET系统挂牌公司,故被称为"新三板"。

2012年8月,新三板试点扩容正式启动。按照总体规划分步推进、稳步推进的原则,首批扩大试点除中关村科技园区外,新增上海张江高新产业开发区、湖北武汉东湖新技术产业开发区和天津滨海高新区。

2013年年底,证监会宣布新三板扩大到全国,对所有公司开放。2014年1月24日,新三板一次性挂牌285家,并累计达到621家挂牌企业,这宣告了新三板市场正式成为一个全国性的证券交易市场。到2015年3月6日已有累计2026家公司在新三板挂牌,从数量和总市值上来说已经较为庞大。

(二)多层次资本市场

新三板与主板、中小板、创业板一起构成了中国多层次的资本市场,其中新三板是中国多层次资本市场的重要组成部分。

新三板市场的发展改变了单一依赖银行贷款或股权融资的状况,迅速打开了企业融资渠道;同时,有助于企业提高知名度和美誉度,增加企业社会信用度,从而帮助企业扩大市场份额;并通过借助外部力量规范企业治理结构,防范风险,提高公司内部运作效率。此外,通过市场化定价机制发现企业真实价值;使得企业的创新和发展能够从市值上得到反映。最后,通过"介绍上市"与中小板和创业板更顺畅地衔接。挂牌公司已经通过证监会核准成为公众公司,这些公司只要不公开发行,今后就可以通过"介绍上市"的方式直接向沪深交易所提出上市申请,不再需要证监会的审核。

二、新三板中的互联网金融公司

(一)新三板互联网金融的分布情况

然而,互联网金融虽火,但是新三板中,与互联网金融相关的企业并不多。目前新三板挂牌的 2 395 家企业中涉及互联网金融相关概念的公司不多,从目前业务来看,汇元科技、联讯证券、现在支付、中搜网络、艾融软件、九恒星、凌志软件这七家公司是新三板中为数不多的业务中包含互联网金融概念的企业,仅占新三板上市企业的 0.29%。

七家企业主要集中在支付、以游戏币为主的虚拟货币和互联网金融支持技术,其中有三家涉及支付、两家涉及虚拟货币、三家涉及互联网金融信息技术服务、一家涉及互联网理财产品销售。然而,时下最火的 P2P 和众筹却在新三板中不见踪影。表 13-1 为七家企业所属产业链一览。

表 13-1　七家企业所属产业链一览

公司	所属产业链
汇元科技	网上第三支付、虚拟货币交易
联讯证券	互联网券商、互联网理财产品销售
现在支付	手机第三方支付
中搜网络	虚拟货币、虚拟货币金融理财
艾融软件	互联网金融软件产品技术开发服务
九恒星	资金管理增值服务、第三方支付
凌志软件	互联网金融平台方案提供商

从企业涉入互联网金融的时间来看,这七家企业可划分为:上市前便是互联网金融企业,以及上市之后在原有业务上向互联网金融领域业务拓展的企业。划分情况如表 13-2 所示。

表 13-2　七家企业接入互联网金融时间划分情况

前期原有业务含互联网金融	后期发展互联网金融业务
现在支付	中搜网络
艾融软件	九恒星
联讯证券	
汇元科技	
凌志软件	

（二）具体企业情况介绍

1. 汇元科技

北京汇元网科技有限责任公司（以下简称"汇元网"）是中国最具规模的互联网金融网站之一，旗下王牌支付产品"骏卡"独占90%以上的互联网游戏市场及全部话费支付服务。公司一直致力于成为行业领先的支付服务提供商，专注于预付卡发行与受理、互联网支付、移动电话支付、银行卡收单等互联网金融服务。目前，公司拥有五大平台：汇付宝平台（www.heepay.com）、junka平台（www.junka.com）、800jun供货系统平台（sup.800jun.com）、800jun交易平台（www.800jun.com）、365jw平台（www.365jw.com）。通过上述平台，公司打造了一套完整、有效的业务体系结构，具体分为供货层、交易层和推广层，并通过汇付宝平台的支付贯通，提供产业链一条龙的交易支撑及用户支付服务。汇元网在全国拥有24家全资控股子公司。

（1）深耕互联网游戏垂直领域，行业龙头。公司资金实力雄厚，旗下第三方支付公司于2012年6月取得央行颁发的第三方支付业务许可证，是国内互联网游戏渠道唯一获得预付费卡支付牌照的公司。依托对游戏市场近九成的覆盖率，汇元科技盈利能力始终保持在同行领先水平。根据公司2015年年报显示，公司实现营业收入1.57亿元，同比增长18.72%；归属于母公司股东的净利润为0.78亿元，同比增长27.44%；总资产为11.07亿元，同比增长100.80%；归属于上市公司股东的净资产为7.67亿元，同比增长184.99%。

其合作的游戏企业更是包括腾讯、网易、搜狐畅游、完美世界、巨人网络、蜗牛、360、小米等几百家国内知名游戏及移动运营商，是迄今行业内合作对象最多、最广的支付公司。

（2）加速行业布局，布局整体互联网金融领域。汇元科技秉承"汇支付、慧金融、惠生活"的战略定位和"开放、平等、协作、分享"的互联网经营理念，在公司已有的业务内，继续布局整体互联网金融，致力于为企业定制营销支付服务，搭建轻应用、轻结算支付系统平台及互联网金融产品分销平台，提供互联网金融支付账户绑定服务、互联网金融普惠消费服务等，进一步扩大服务对象范围，完善自身立体化综合营销服务。

（3）涉猎P2P，开展多元服务。汇元科技以旗下品牌汇付宝为依托，为P2P参与方提供支付账户绑定、"一对多"支付及"多对一"支付等定制化支付服务方案。汇付宝除了为用户提供多元的支付服务，还为用户提供账户资金余额增值类产品及服务。"汇元宝"是汇付宝为个人用户打造的一款余额增值产品，通过标准金融产品与互联网技术的紧密结合，实现在不影响用户账户资金流动性的前提下，为其提供具有市场竞争力的资金收益。

2. 艾融软件

上海艾融软件股份有限公司成立于2009年3月，主要从事金融IT领域细分的互联网金融软件产品开发。艾融软件作为行业领先的互联网金融软件产品开发商，公司专注于服务信用度高、投资额度大的金融企业，为用户提供互联网金融服务、系统设计，搭建用户与金融机构的互动平台。艾融软件主要为中国的银行等大型金融机构提供互联网金融的软件技术。其产品包括：互联网金融电子商务平台（i2Shopping），企业互联网资金管理软件（i2Cash），第三方支付平台（i2Pay），企业级即时通信平台（i2Message）等。艾融软件于2014年6月9日起在新三板挂牌交易，于2015年3月19日起采取做市交易方式交易，其中做市商为光大证券和国信证券。2016年3月4日，艾融软件正式在新三板公开发行股票60万股，募集基金1 200万元。

（1）客户体验为中心，构建网上银行六边形理论模型。国有四大银行是艾融软件的重要客户。只有拥有独特的产品，才能够吸引用户群。注重互联网用户体验，不断加强银行与用户的互动，是强化客户黏性、提升银行品牌、获取忠诚客户的最重要手段之一。艾融软件创造了互联网银行的客户体验六边形模型，逐步形成了以"平台级互联网金融系列软件产品＋专业咨询设计＋100%贴身定制专业技术服务"为核心竞争力的业务模式。

（2）构建平台型产品，实现金融业务与互联网的整合。艾融软件在互联网金融业务领域处于国内领先地位。产品紧紧围绕互联网金融应用领域，以金融为核心，通过平台型产品将传统金融机构已有的品牌资源、客户资源、信用资源、金融服务产品资源、存量数据资源进行整合利用，借助互联网思维进行业务流程、业务产品的创新和重新设计，并通过互联网渠道提供给传统金融机构的客户，从而帮助传统金融机构实现互联网金融的战略转型。公司的i2Shopping电子商务平台产品是基于J2EE技术的平台级产品，面向金融电子商务领域。

（3）立足稳定客户群，促进开发新产品及扩大业务范围。公司与服务的银行客户建立了长期稳固的合作关系。自2010年起，公司以"平台级互联网金融系列软件产品＋专业咨询设计＋100%贴身定制专业技术服务"为核心竞争力，携手中国工商银行、中国建设银行、交通银行、民生银行、中信银行、上海农商银行、上海银行、广州农商银行、韩国友利银行等银行完成互联网金融应用领域的多个创新项目，并得到业内外人士的一致好评。在与大型商业银行的合作过程中，公司取得了成熟的互联网金融系统开发经验。公司通过各个项目的研发与实施过程，将项目经验积累逐步转化为核心竞争力。

3. 九恒星

北京九恒星科技股份有限公司（NSTC）是一家软件产品及互联网信息技术服务的提供商，致力于通过互联网信息技术的应用，帮助企业改善现金流；在金融机构与企业之间架起桥梁，让企业的资金流更加顺畅。

九恒星成立于2000年，于2009年在新三板挂牌。九恒星作为中国目前最大的资金管理系统供应商，拥有400多家大型集团企业客户，占有资金管理领域五成以上的市场份额。2014年起,九恒星涉入互联网金融服务领域。

(1) 内联手天弘,开启管理增值新模式。2014年,九恒星和天弘基金联手推出"星计划"资金管理增值服务。7月28日,在九恒星资金管理系统平台上上线了全新的资金管理新模块——"金在投资理财"模块。该模块嵌入了天弘基金直销系统,首期对接的是天弘基金旗下的货币基金——天弘现金管家。跨行业联手,实现无缝接入九恒星现有产品平台上的400多家大型集团企业客户,在归集资金的同时可以帮助企业"闲钱理财"。

(2) 外交 SWIFT,开拓跨境资金管理。九恒星与金融同业合作组织 SWIFT(环球银行金融电信协会)于2015年4月正式签约,启动对中国大型企业集团跨境资金管理解决方案项目的正式合作。九恒星自主研发的"全球资金集中管理+跨境融通"产品解决方案初步成形。该方案依托境内和境外资金池的建设来实现集团总部全球账户及资金的掌控,通过外债和对外放款实现境内外资金的跨境融通,最终会为集团建立全球统一结算、统一融资、统一运作的资金运作体系。

(3) 收购中网支付,布局产业转型。九恒星通过直销及渠道的模式开拓业务,盈利模式已从单一的"产品+服务"模式逐渐步向互联网金融转型。2015年3月,九恒星宣布正式进入互联网金融领域,以1.26亿元的对价收购中网支付100%股权,为公司互联网金融业务取得第三方支付入口。九恒星把握其在系统供应商中的资源,及庞大的供应链中蕴藏的资金管理、融资、理财等多元化需求。九恒星在金在平台上全面接入供应链金融系统,为集团客户提供多元化的供应链金融整合服务。

4. 凌志软件

凌志软件股份有限公司于2003年1月在苏州成立,是国家规划布局内的重点软件企业,专注于向国内外客户提供高端金融IT服务。凌志软件为亚太最大的证券公司持续稳定地提供了10年以上的软件服务,已成为金融领域IT企业的行业翘楚。近年来,凌志软件不断开拓国内市场业务,实施上线的项目包括在线小额贷融资平台、券商移动3G微信业务平台、数据挖掘解决方案、实时大数据解决方案、股权众筹平台和综合金融服务平台解决方案,业务领域涉及互联网金融、移动数据端、大数据分析、页面交易等领域,其中在互联网金融领域能够提供包括数字营销、网上访客用户行为分析、实时动态信息推送等一揽子解决方案。产品得到国内外金融行业知名券商的认可,国内排名前十的证券公司中有八家已采用了凌志软件的产品,在金融软件市场处于领军地位。

(1) 拥有强大的金融软件研发和外包能力,成为金融领域IT企业的翘楚。凌志软件主要面向国内外高端金融、电商客户,提供基于互联网、移动等分布式技术的软件产品及高端外包服务。公司业务涵盖证券、银行、保险、房地产、电信和电子商务 等重要行业,涉及咨询、设计、开发、测试、验收上线、运营、维护等软件全生命周期作业。凭借强大的金融行业软件产品研发能力及外包服务能力,已成为金融领域IT企业的行业翘楚。

（2）证券服务拥抱互联网，证券业创新催生软件解决方案需求。随着互联网与证券行业的加速融合，证券业互联网化程度不断加深，虽然2013年我国证券行业IT费用总体投入微幅下降1%，但是其内部结构发生了巨大变化。证券公司在硬件、软件和外包人员费用的投入均有所提高，其中软件投入和人员外包费用增幅更是达到19.1%和23.1%，表明了传统证券行业正在针对互联网金融积极进行自我改造和创新。

（3）立足外包服务优势，布局国内市场，实现全面转型。凌志软件作为金融IT服务提供商，利用多年服务经验，立足外包服务市场优势，在继续巩固外包服务的同时，全面布局国内行业应用解决方案市场；并借力资本市场，转型互联网金融IT服务。面对未来，凌志软件制定了"内生增长和外延扩张并举"的战略。

5. 中搜网络

北京中搜网络技术股份有限公司（以下简称"中搜网络"）的前身为北京慧聪网网络技术有限公司，于2004年6月21日成立，并于2011年8月17日转为股份制公司。2013年11月8日，中搜网络正式挂牌新三板。公司是国内领先的第三代搜索引擎服务及技术应用提供商。公司对外提供的主要服务包括：通用搜索服务、行业搜索服务及企业互联网解决方案服务。

（1）进行模式创新，优化搜索结果。中搜网第三代搜索引擎平台将搜索结果以知识图谱化的方式呈现给用户，能够充分满足用户对搜索结果全面、准确、智能、互动、美观的深度需求，使搜索结果同时具有了媒体价值。现阶段的知识图谱化的搜索结果需要人工手动构建，中搜网络将搜索结果的图谱化工作外包给社区，与社区分享红利。截至2013年6月30日，中搜网络能够提供34万余个关键词的知识图谱化搜索结果展示。

（2）依靠移动云平台，打造闭合生态圈。中搜搜悦是中搜网络精心打造聚搜索、社区、商业为一体云应用平台的手机APP。它作为用户的移动入口，成为拥有第三代搜索、个性化阅读、社交、网站导航、APP应用下载等多个网民应用的综合性平台，向移动用户提供个性化的移动互联网入口服务，并打造闭合的商业生态圈，现阶段已经和3 000多家企业进行了深度个性定制服务，其中"母婴圈""昆仑决"的知名度比较高。

（3）开拓互联网领域，进军虚拟货币市场。中搜网络于2014年年初推出虚拟币系统，仅仅半年后，即2014年9月，正式推出"聚宝盆"互联网金融产品。它是国内首款对虚拟币进行金融理财的产品，自此宣布进军互联网金融。

6. 现在支付

现在（北京）支付股份有限公司成立于2005年，是一家致力于支付创新的高科技公司。公司主要为移动电子商务提供"安全、快捷、方便"的移动支付解决方案。自2011年开展业务以来，先后与京东商城、携程网、小米手机、美团、糯米网、乐淘网、乐蜂、库巴、PPTV、尚品网、百合网、乐视网等几百家全国优质企业及互联网公司签订移动支付合作协议,为合作伙伴提供移动支付解决方案,推动公司业务快速发展。它已成为全国移动支付领域的领军企业。

(1) 致力聚合支付服务。不同于支付宝、微信支付等第三方支付工具,现在支付的支付服务是在这些支付工具之上,提供聚合支付服务——将多种支付方式聚合,为商户提供统一支付入口和统一对账平台的解决方案。"聚合支付"将银联卡、外卡、扫码支付、分期付款、验券核销,以及类似 Pay 的智能硬件支付,通过现在支付的核心支付系统,将不同的支付方式提供给有收款需求的客户。商户不必再逐一对接银行、银联或第三方支付公司。在前端,通过智能 POS 可以实现统一接入,全面打通。后台管理上,来自不同的支付终端和渠道都汇总在一个管理后台,用户交易数据既可以并表呈现,也可以分户管理。同时,现在支付还支持包括移动支付、线下收单、互联网支付和跨境支付等多种支付场景。

(2) 覆盖多种支付业务。公司也拓展经营线下支付业务。自 2012 年起,线下合作商户数量已突破 1 000 家,并持续以每月超过 100 家的数量增长。现在支付与各行业合作伙伴加深合作,共同致力于新一代移动支付的技术发展和市场推动,加速新一代移动商务产业的进程。现在支付推出了自己的线下聚合支付产品,如 M-Pos、手持验证、智能收银台等,成功实现了线上线下的双线运营。

(3) 立足支付,拓展相关金融服务。除了建立多个分公司,它还在深圳设有保理业务公司,主要从事相关金融服务。现在支付以支付为入口,帮助商户去接触和管理会员,包括商户自身的运营(例如电子菜单、后厨响应、库存管理等)为商户提供整套的解决方案。同时,由于在支付服务过程中会产生交易信息的流转,以此可以判断客户的经营风险和资金状况,为商户提供合适的金融产品。

7. 联讯证券

联讯证券有限责任公司成立于 1988 年 6 月。公司经营范围为:证券经纪、证券投资咨询、证券投资基金代销、财务顾问。公司以规范经营为前提,致力于在传统业务中创新,推行"营销、咨询、客服、IT"四位一体的服务模式,组建专业化的投资顾问团队和营销团队,为客户提供差异化、个性化的专业服务,从而实现财富增值。

(1) 重点布局新三板,加速互联网金融建设。联讯证券在投行业务全面拓展新三板市场,提供挂牌、定增、做市等全业链的综合金融服务,有效开拓中小企业机构客户;互联网金融业务方面,组建互联网业务队伍,引进外部优秀人才。经营模式上,嫁接互联网金融,建立互联网特性的服务体系和资讯体系,建立互联网金融的后台支撑系统,开通银联支付、移动商城的建设,开发互联网明星产品。

(2) 构建一站式理财服务。联讯证券在线开户、网上营业厅、在线商城、移动终端应用软件、微信几大互联网平台等方面均作出了部署。2013 年,联讯证券推出了联讯金融 APP,客户既可以很方便地进行证券交易、理财产品购买,还可以享受资讯订阅、交易提醒、精准消息推送等服务。公司从客户体验入手,贯以互联网的思维方式,以客户需求为导向,应用虚拟化、云计算、大数据等技术打造移动互联网服务平台。联讯证券在近两年陆续取得了多项业务资格。

三、主板上的互联网金融企业

通过对主板上市公司情况的整理,编者共找到 22 家互联网金融相关的企业,涉及基础设施层面、业务入口层面以及产品应用层面。表 13-3 具体列示了这 22 家企业的情况。

表 13-3 22 家互联网金融企业简介

企业名称	企业特点	企业简介
		基础设施层
恒生电子	阿里强大背景,唯一金融 IT 全牌照服务商,互联网金融大平台	深耕金融领域信息服务,阿里旗下重要互联网平台,公司互联网金融大平台初步成型:七朵云助力金融数据全面云端化,iTN 将打通金融机构与巨量互联网数据万亿资产规模重要平台
金证股份	稀缺独立第三方地位	金融 IT 领域产品线较全的龙头之一,依托与腾讯战略合作和自身金融 IT 解决方案能力,布局互联网金融
京天利	唯一一家具备互联网保险业务牌照的公司	市场唯一一家具备互联网保险业务牌照公司,拟定增募资加强互联网保险平台建设
银之杰	银行信息化,大数据征信、精准销售	银行业信息化龙头,票联系统开启对公业务自助服务的先河;布局大数据征信,搭建大健康电商平台,利用大数据实现精准销售
赢时胜	估值系统市场占有率高,互联网票据交易平台	传统的估值系统在资产管理和资产托管领域拥有大量基金、银行客户,金融 IT 技术积累丰富,投资成立互联网票据交易平台解决行业痛点,打造闭环金融服务
安硕信息	多年信贷系统开发经验,布局征信与小贷云平台	银行信贷系统市场占有率高,依托信贷与风控系统开发经验切入征信、小贷云和供应链金融服务
中科金财	多年银行信息化业务经验,建设互联网银行平台	超过 150 家银行客户资源,增资期货与资产交易所获取第三方支付入口,利用第三方优势搭建互联网金融云中心
汇金股份	进军 P2P 平台和个人征信	借助公司在金融机具行业经验,挺进互联网金融(P2P 领域)和个人征信领域
卫士通	中国银联试点移动支付平台安全支付服务运营商	手握手机移动支付牌照,开发 Mo 宝钱包,进军手机支付安全平台
		业务入口层
大智慧	互联网券商	大智慧互联网平台 + 湘财证券,流量导入湘财证券陆家嘴全业务牌照营业部,开创互联网券商新模式
东方财富	互联网券商	最具社区性的证券行情、交易和交流平台,收购西藏同信后,凭借东财优质客户资源进行导流,做强互联网券商

(续表)

企业名称	企业特点	企业简介
苏宁云商	O2O平台+供应链金融	公司以互联网+零售为主要发展路径,搭建O2O平台,同时战略转型嫁接以苏宁小贷、苏宁保理为主的供应链金融
生意宝	"小门户+联盟"产业平台	公司"小门户+联盟"模式聚集了上百个行业的垂直资讯,携手美亚财险,生态更为完善
产品应用层		
用友网络	企业信息化入口与数据资源,互联网金融流量变现	公司拥有150万大众型企业客户及超过13万小微企业客户,云平台拥有大量企业进销存及支付数据,以此为征信与风控的基础开展P2P业务
汉得信息	近2 000家大型核心企业客户资源,供应链金融模式务实可靠	高端ERP实施锁定大型核心企业,并以核心企业订单做背书,为上游供应商开展供应链融资服务,以自有资金成立保理公司,未来将接入银行、P2P、资产证券化等多种资金渠道
熊猫金控	烟花领域的P2P	以烟花产业链为平台,嫁接P2P
中国平安	传统金融触网典范,围绕金融业务打造"医食住行"入口	保险、银行等传统金融业务品质居行业前列,估值显著低于同行;互联网布局广泛,"医食住行"多互联网入口全面导流,互联网用户突破1.4亿
锦龙股份	最彻底的互联网券商	旗下中山证券先后与BAT等互联网巨头合作进行导流,触网同时进行合伙制改革,民营激励到位,转型最为彻底
国金证券	与腾讯战略合作导流	民营券商互联网体制灵活,通过与腾讯战略合作导流,业内率先降低佣金率
欧浦钢网	钢铁综合服务商转型产业链金融	从钢铁综合服务商积极转型,现在已经布局钢贸B2B、家具B2C第三方电商平台
安源煤业	煤炭行业电商平台	旗下江西煤炭交易中心为纯电商平台,引入P2P解决经销商资金短缺的痛点;业务由区域向全国拓展、品种由煤炭向多品种渗透;合作方昆明泛亚有成功经验
怡亚通	互联网供应链O2O	自2008年开始战略性转型互联网供应链业务,公司380分销服务平台维持高增长态势,平台已经具有一定壁垒

通过对比主板与新三板互联网金融公司的情况,针对新三板上市企业,我们在主板公司中分别找到了相应的标的公司,基本情况如表13-4所示。

表13-4 各公司对应的主板标的公司

公司	所涉及产业链	主板类似概念公司
汇元科技	网上第三支付、虚拟货币交易	金证股份
联讯证券	互联网券商、互联网理财产品销售	国金证券
现在支付	手机第三方支付	卫士通
中搜网络	虚拟货币、虚拟货币金融理财	暂无
艾融软件	互联网金融软件产品技术开发服务	安硕信息
九恒星	资金管理增值服务、第三方支付	赢时胜
凌志软件	互联网金融平台方案提供商	用友网络

通过对比主板和新三板的互联网金融相关概念公司,我们发现所有主板中目前有互联网金融概念的公司其原有的主营业务并非互联网金融,而是在互联网金融兴起之后,业务转型而来;而新三板中大多数互联网金融公司在上市之初,其业务就是互联网金融及其相关产业链。可见目前互联网金融公司上市的主要途径还是新三板,而主板是企业互联网金融转型的主战场。

四、互联网金融企业应借力新三板

和主板相比,新三板上互联网金融企业的数量较少,但是新三板对于企业而言绝对是一个待采的金矿。据《第一财经日报》统计显示,截至 2014 年 12 月 29 日,新三板 1 534 家挂牌企业中,共有 71 家股价涨幅超过 10 倍;挂牌企业累计成交 126.40 亿元,其中九鼎投资成交额 45.49 亿元,占比 36%;做市交易贡献 28.91 亿元成交额,并催生 12 只十倍股。其中九鼎投资以 45.49 亿元的成交额居市场首位,占据 36% 的份额;新产业、中搜网络、卡联科技、中科软、兆信股份、行悦信息、沃捷传媒、四维传媒、纳晶科技、凯立德等 21 家挂牌企业成交额在 1.0 亿—3.5 亿元;此外,129 家挂牌公司股票成交额在千万元级别。可见新三板对于企业而言是一个巨大的掘金场。

而对于互联网金融企业,以艾融软件为例,作为国内专注金融 IT 领域互联网金融软件产品与技术开发服务的上海艾融软件股份有限公司(艾融软件:830799)。2015 年 3 月 19 日艾融软件正式转为做市交易,当日便以暴涨 433% 的涨幅开盘,盘中最高成交价达 81 元,当日收报 60.03 元,全日涨幅高达 1901%,创下新三板单日涨幅之最。之后三个工作日,艾融软件股价以 12.44%、18.52%、7.5% 的涨幅持续攀升,截至 3 月 24 日报收 86 元,成为当日新三板做市第一高价股,并且创造了 5 个交易日股价上涨 2 766.67% 的奇迹,可见市场对互联网金融行业及艾融软件未来成长性的高度认可。

与此同时,各大互联网金融企业也纷纷谋求登陆新三板,而地方政府也是大力推动企业的挂牌之路。武汉市金融办出台《互联网金融产业发展意见》鼓励有条件的互联网金融企业登陆进行股权交易。2014 年,东莞市副市长贺宇表示东莞市政府及相关职能部门将支持本地 P2P 平台——团贷网挂牌新三板,力争让东莞本土互联网金融企业团贷网成为中国 P2P 行业首家新三板上市平台。可见,助力互联网金融企业登上新三板是目前地方政府的一项工作重点。

在互联网金融和新三板两者相汇时,互联网金融企业借助新三板这个资本的翘板,一是实现自身融资,获得发展的资金需求;二是通过登陆新三板这个过程规范企业运作,同时扩大企业的知名度,以更好地实现公司价值。

五、新三板适合互联网金融公司的原因

（一）互联网金融企业的特点

从目前市场情况来看，互联网金融企业主要分布在三个领域：一是在支付方式方面，以移动支付为基础，无论机构和个人都可通过移动互联网进行金融活动，例如基金的申购与赎回、支付清算完全电子化；二是在软硬件方面，互联网生成和传播信息、搜索引擎组织与管理信息、云计算保障即时高度处理海量信息、平台搭建、互联网金融系统建设等；三是在资源配置方面，资金供需信息直接在网上发布并匹配，供需双方可以直接联系和交易，形成了"充分交易可能性集合"，实现透明、公平的交易环境，中小企业融资、民间借贷、个人投资渠道等问题更容易解决，如P2P、众筹等。

而这些互联网企业又有这样的特征：一是存续时间短。自2013年互联网金融"元年"开启，互联网金融如雨后春笋，喷涌而出，至今不过三年。以P2P和众筹为例，P2P平台中2013年成立的占到40%左右，而股权众筹大部分是在2014年成立的。

二是盈利能力不确定性大。由于互联网金融尚属发展阶段，其在业务模式上不是十分成熟，同时在盈利模式上也未形成稳定的盈利方向。目前互联网金融企业的收入模式主要有：向金融机构推荐贷款客户，并收取相应的推荐费、撮合交易与手续费收入、广告费，给金融机构做客户信用评估的收费服务，或者是协助金融机构给风险定价，收取定价费及资金管理费等，但这些尚未能使互联网金融企业具有符合交易所市场需要的盈利要求和其他要求。

三是从法律角度来讲，对于互联网金融企业，特别是P2P和众筹，要想在中小板、创业板直接上市，主要障碍在于合规经营。迄今为止，国家并没有制定P2P监管方面的法律法规、部门规章，以何种标准判定经营的合规性，而对于股权众筹的管理办法只有一部《股权众筹融资管理办法（试行）》，这对于如何判断此类互联网金融的合规性是一个问题。另外，无论是系统性风险还是个体性风险，这些互联网金融平台都不易把控，P2P平台跑路事件时有发生，而众筹平台的持续经营能力还有待时间检验。

（二）主板市场、中小板、创业板以及新三板上市条件差异

目前我国资本市场的构成主要有主板市场、中小板、创业板以及新三板，不同市场对于拟上市企业的要求不同，如表13-5所示：

从表13-5可以比较直观地看出，新三板的准入门槛更低。按照目前主板和创业板的规定，新三板公司没有利润限制门槛，申报流程短，融资方式灵活。在目前注册制尚未落地、主板创业板上市需要排队等候的情况下，新三板可以较为迅速解决公司融资问题，并且也可以作为今后转板的通道。

表 13-5 不同资本市场对上市企业的要求

市场	主板	中小板	创业板	新三板
经营时间	依法设立且合法存续 3 年及以上的股份有限公司	依法设立且合法存续 3 年及以上的股份有限公司	发行人是依法设立且持续经营 3 年以上的股份有限公司	依法设立且合法存续 2 年及以上的股份有限公司
股本要求	发行前股本总额不少于 3 000 万元 股票上市交易的股份公司股本总额不低于 5 000 万元；公众持股至少为 25% 如果发行时股份总数超过 4 亿股，发行比例可以降低，但不得低于 10%	发行前股本总额不少于 3 000 万元 发行后股本总额不少于 5 000 万元	IPO 后总股本不得少于 3 000 万元	无限制
财务要求	发行前 3 年的累计净利润超过 3 000 万元 发行前 3 年累计净经营性现金流超过 5 000 万元或累计营业收入超过 3 亿元 无形资产与净资产比例不超过 20% 过去 3 年的财务报告中无虚假记载	最近 3 个会计年度净利润均为正且累计超过 3 000 万元 最近 3 个会计年度经营活动产生的现金流量净额累计超过 5 000 万元 或者最近 3 个会计年度营业收入累计超过人民币 3 亿元 最近一期末无形资产占净资产的比例不高于 20% 最近一期末不存在未弥补亏损	最近两年连续盈利，最近两年净利润累计不少于 1 000 万元，且持续增长 或者最近 1 年盈利，且净利润不少于 500 万元 最近 1 年营业收入不少于 5 000 万元 最近 2 年营业收入增长率均不低于 30% 发行前净资产不少于 2 000 万元	具有稳定的、持续经营的能力
业务经营	发行人最近 3 年内主营业务没有发生重大变化	发行人 3 年内主营业务没有发生重大变化	发行人最近 2 年内主营业务没有发生重大变化，应当主要经营一种业务	主营的业务必须要突出
公司管理	发行人最近 3 年内主营业务和董事、高级管理人员没有发生重大变化，实际控制人没有发生变更 发行人最近 3 年内主营业务和董事、高级管理人员没有发生重大变化，实际控制人没有发生变更	发行人 3 年内董事、高级管理人员没有发生重大变化，实际控制人没有发生变更 发行人已经依法建立健全股东大会、董事会、监理会、独立董事会、董事会秘书制度，机关机构和人员能够依法履行职责	最近 2 年董事、高级管理人员没有发生重大变化，不得出现其他《证券法》规定的情形 与控股股东、实际控制人及其控制的其他企业间不存在同业竞争	公司治理机制健全，合法规范经营

（三）两强相遇，恰逢其时

早在 2015 年 3 月 5 日召开的十二届全国人大三次会议上，李克强总理在政府工作报告中首次提出"互联网＋"行动计划。李克强在政府工作报告中提出，"制订'互联网＋'行动计划，推动移动互联网、云计算、大数据、物联网等与现代制造业结合，促进电子商务、工业互联网和互联网金融健康发展，引导互联网企业拓展国际市场。"随着政府对于"互联网＋"的大力支持，互联网金融也将迎来发展的高潮。资本与技术的结合将在中国打开新一轮的盛况。但是目前，登陆交易所市场对于互联网金融企业而言，依旧是门槛重重。而新三板作为一个完全符合"注册制"定义的市场，是尝试模仿 NASDAQ（纳斯达克），提供完全市场化、规则高度自定义、无财务门槛的市场。在目前互联网金融的发展阶段中，为互联网金融企业提供了一个有效的、低成本的融资渠道。

另外，从企业的估值方法上，新三板也更加适合互联网金融公司。传统的 A 股估值多从其历史数据入手，通过分析代表其盈利能力、偿债能力、成长性等方面的指标，同时参照市场上现存同类企业定价来判断其公允价值。也就是说，对于 A 股估值的办法是非常量化并且有参照物的。而在新三板挂牌的公司多为成立时间不久、产业模式和经营手段创新的公司，其本身的历史数据较少，不具有统计学意义上的代表性；并且其行业稀缺性决定了难以在市场上找到可比同类企业。这就导致其估值方法加入了很多的主观判断和"市场想象力"的因素。互联网金融公司结合"互联网＋"和普惠金融的概念，使得互联网金融公司在市场中具有极大的想象空间。

同时由于国内上市的互联网公司实在是凤毛麟角，更重要的是在中国"互联网＋"的战略之下，鼓动了国内企业"互联网＋"跃跃欲试，使得互联网金融在中国掀起一阵狂潮。

此外新三板的市场定位是为创新型、创业型、成长型中小微企业提供服务场所，其在迎合互联网概念上可以说是首当其冲。

可见，目前环境下，互联网金融企业和新三板的组合是恰逢其时。

中国互联网金融大事记

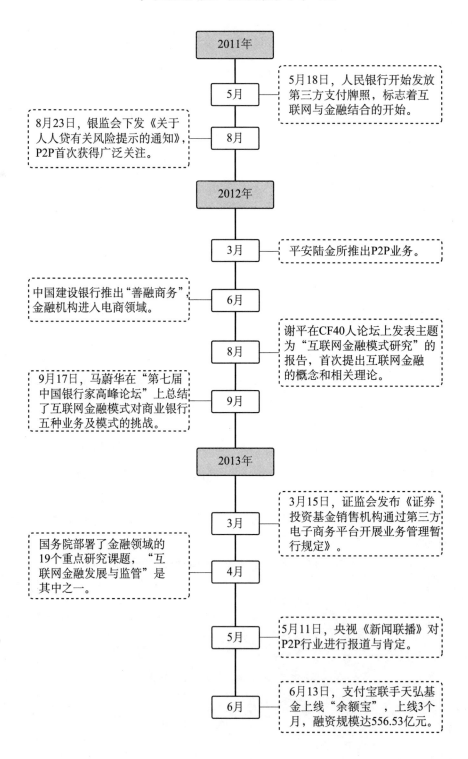

中国互联网金融大事记

- 8月1日，国内第一家银行电商——民生电商成立。
- 8月7日，微信5.0上线，增加"微信支付"功能。
- 8月8日，网盛生意宝获首块互联网金融牌照《担保许可证》。
- 8月12日，国务院发布《关于金融支持小微企业发展的实施意见》，提出"充分利用互联网等新技术、新工具，不断创新网络金融服务模式"。
- 8月13日，中国人民银行副行长刘士余出席"2013年中国互联网大会"时，对互联网金融予以公开认可。
- 8月14日，国务院发布《关于促进信息消费扩大内需的若干意见》，提出"推动互联网金融创新，规范互联网金融服务"。
- 8月央行组团赴上海、杭州等地调研互联网金融。

7月
- 7月4日，互联网金融千人会在北京正式宣告筹备成立。
- 7月18日，新浪发布"微银行"。

8月

10月
- 10月9日，阿里巴巴斥资11.8亿元控股天弘基金。
- 10月21日，百度金融宣布理财计划"百发"将上线，百度正式进入互联网金融。
- 10月23日，招商银行公布进入P2P领域，各中小银行加快互联网金融领域探索的脚步。

- P2P平台跑路频现，已经有64家P2P网络借贷平台出现提现困难或倒闭、跑路的情况。
- 12月3日，中国支付清算协会成立互联网金融专业委员会，启动行业自律。
- 12月5日，央行等五部委联合发文《关于防范比特币风险的通知》。
- 12月10日，京东"京保贝"融资业务上线。
- 12月18日，网易宣布正式推出在线理财平台"网易理财"。
- 12月31日，杭州数米基金因销售基金违规，收到互联网金融首张罚单。

11月
- 11月1日，淘宝开售基金，多家基金公司的淘宝店铺齐上线；《新闻联播》头条报道众筹平台"天使汇"。
- 11月6日，首家互联网保险公司——众安在线财产保险股份有限公司开业。
- 11月12日，十八届三中全会通过《中共中央关于全面深化改革若干重大问题的决定》，正式提出"发展普惠金融"，释放支持互联网金融的信号。

12月

2014年

- 1月16日，微信"理财通"公开测试。
- 1月17日，央视曝光支付宝"找回密码"漏洞，互联网金融安全引发恐慌。
- 1月21日，微信5.2上线，"抢红包""腾讯-阿里巴巴"的移动支付争夺战正式打响。

1月

2月
- 2月21日，央视评论员钮文新发表"取缔余额宝"的文章，引起激烈讨论。

3月
- 3月5日，李克强总理在政府工作报告中提及互联网金融。

参考文献 | Reference

1. 陈宇. 风吹江南之互联网金融[M]. 北京：东方出版社. 2014.
2. 帅青红. 网上支付与安全[M]. 北京：北京大学出版社. 2010.
3. 石现升等. 中国互联网金融报告(2014)[R]. 金融世界. 2014.
4. 宫晓林. 互联网金融模式及对传统银行业的影响[J]. 南方金融. 2013：5.
5. 何运革. 互联网企业融资模式研究[D]. 北京工业大学. 2010.
6. 杨群华. 我国互联网金融的特殊风险及防范研究[J]. 金融科技时代. 2013.
7. 胡振虎，于晓. 中国互联网金融风险及监管对策[N]. 中国经济时报. 2014.
8. 朱金玉. 京东供应链金融版图再扩[J]. 中国外汇. 2014：1.
9. 葛甲. 京东金融已跻身互联网金融双寡头之一[N]. 凤凰财经. 2014.
10. 广东省互联网金融研究会. 中国互联网金融面临痛苦的阶段性迭代. 2016.

教师反馈及教辅申请表

北京大学出版社本着"教材优先、学术为本"的出版宗旨,竭诚为广大高等院校师生服务。为更有针对性地提供服务,请您认真填写以下表格并经系主任签字盖章后寄回,我们将按照您填写的联系方式免费向您提供相应教辅资料,以及在本书内容更新后及时与您联系邮寄样书等事宜。

书名		书号	978-7-301-	作者	
您的姓名				职称职务	
校/院/系					
您所讲授的课程名称					
每学期学生人数	_____人_____年级			学时	
您准备何时用此书授课					
您的联系地址					
邮政编码			联系电话(必填)		
E-mail(必填)			QQ		
您对本书的建议:				系主任签字 盖章	

我们的联系方式:

北京大学出版社经济与管理图书事业部

北京市海淀区成府路 205 号,100871

联 系 人:徐冰

电   话:010-62767312 / 62757146

传   真:010-62556201

电子邮件:em_pup@126.com   em@pup.cn

Q   Q:5520 63295

新浪微博:@北京大学出版社经管图书

网   址:http://www.pup.cn